FRANKFURTER WIRTSCHAFTS-
UND SOZIALWISSENSCHAFTLICHE STUDIEN

Heft 25

Herausgegeben von der
Wirtschafts- und Sozialwissenschaftlichen Fakultät
der Johann Wolfgang Goethe-Universität
Frankfurt am Main

Kritische Untersuchung der Einkommensbesteuerung der deutschen, französischen, US-amerikanischen und britischen Landwirtschaft

Von

Dr. Robert Fecht

DUNCKER & HUMBLOT / BERLIN

Gedruckt 1970 bei Buchdruckerei Bruno Luck, Berlin 65
Printed in Germany

Vorwort

In der vorliegenden Arbeit wird die Einkommensbesteuerung der deutschen Landwirtschaft daraufhin untersucht, ob sie den von der Finanzwissenschaft entwickelten Steuergerechtigkeitsprinzipien entspricht und welchen Einfluß sie tendenziell auf die Faktorallokation ausübt. Die Darstellung der Besteuerungsmethoden in Frankreich, den USA und Großbritannien dient dem Zweck, eine Vergleichsgrundlage für die deutschen Verfahren zu schaffen und aufgrund dieses Vergleiches Vorschläge zu deren Verbesserung zu unterbreiten.

Die Anregung zu dieser Untersuchung verdanke ich meinem verehrten Lehrer, Herrn Prof. Dr. Drs. h. c. Fritz Neumark. Ihr Entstehen hat er durch seine wertvollen Ratschläge und seine kritischen Hinweise gefördert, wofür ich ihm außerordentlichen Dank schulde. Auch Herrn Prof. Dr. Karl Häuser bin ich dankbar für seine Anmerkungen. Mein Dank gilt außerdem meinen früheren Kollegen an der Frankfurter Universität, die durch ihr geduldiges Zuhören und ihre Diskussionsbereitschaft wesentlich zur Lösung mancher Probleme dieser Arbeit beigetragen haben. In diesen Dank einschließen möchte ich die Herren des Board of Inland Revenue in London, der Landwirtschaftskammer in Straßburg und der Oberfinanzdirektion in Frankfurt a. M., die mir Auskunft in steuerrechtlichen Fragen gaben oder Informationsmaterial zur Verfügung stellten. Schließlich habe ich der Wirtschafts- und Sozialwissenschaftlichen Fakultät der Johann Wolfgang Goethe-Universität in Frankfurt a. M. für die finanzielle Unterstützung zu danken, durch die die Veröffentlichung dieser Untersuchung erst möglich wurde.

Die Arbeit wurde Ende Dezember 1968 abgeschlossen; später erschienene einschlägige Veröffentlichungen wurden nicht mehr berücksichtigt.

Offenbach a. M., im Juni 1970 *Robert Fecht*

Inhaltsverzeichnis

Einleitung

Kapitel I

Systematische Darstellung der für die Einkommensbesteuerung der deutschen und der französischen Landwirtschaft relevanten steuerrechtlichen und Finanzverwaltungsvorschriften

Kapitel II

Die Einkommensbesteuerung der deutschen und der französischen Landwirtschaft im Lichte des Verhältnismäßigkeitspostulates

Kapitel III

Die Einkommensbesteuerung der deutschen und der französischen Landwirtschaft im Lichte des Gleichmäßigkeitspostulates

Kapitel IV

Die Einkommensbesteuerung der deutschen und der französischen Landwirtschaft im Lichte des Allgemeinheitspostulates

Kapitel V

Einige ökonomische und haushaltspolitische Konsequenzen des Einkommensteuerprivilegs der deutschen Landwirtschaft

Kapitel VI

Die Einkommensbesteuerung der US-amerikanischen und britischen Landwirtschaft

Verzeichnis der wichtigsten Abkürzungen

Abs.	Absatz
al.	alinéa
AO	Abgabenordnung
Art.	Artikel (Article)
Ausg.	Ausgabe
Aufl.	Auflage
Bd.	Band
BewG	Bewertungsgesetz
BewDV	Durchführungsverordnung zum Bewertungsgesetz
BFH	Bundesfinanzhof
BGBl.	Bundesgesetzblatt
BR	Bundesrat
BStBl.	Bundessteuerblatt
BT	Bundestag
CGI	Code Général des Impôts
CR	Code Rural
Diss.	Dissertation
DStZ	Deutsche Steuerzeitung
ed.	editor
ESt	Einkommensteuer
EStG	Einkommensteuergesetz
EStDV	Einkommensteuer-Durchführungsverordnung
F	Futterbau
FA	Finanzarchiv
Ffm.	Frankfurt am Main
GDL	Gesetz über die Ermittlung des Gewinns aus Land- und Forstwirtschaft nach Durchschnittsätzen
GF	Getreide-Futterbau
GH	Getreide-Hackfruchtbau
H	Hackfruchtbau
ha	Hektar
HF	Hackfrucht-Futterbau
HFBl.	Hessisches Finanzblatt
HMSO	Her Majesty's Stationery Office
Hrsg.	Herausgeber
hrsg.	herausgegeben

Inf. L	Information für die Landwirtschaft
IRC	Internal Revenue Code
I. R. P. P.	Impôt sur le revenu des personnes physiques
ITMA	Income Tax Management Act
JFE	Journal of Farm Economics
Jg.	Jahrgang
LN	landwirtschaftliche Nutzfläche
N. F.	neue Folge
NFU	National Farmers' Union
NTJ	National Tax Journal
OFD	Oberfinanzdirektion
p. a.	per annum
para.	paragraph
Pos.	Position
RE	Reinertrag
RGBl.	Reichsgesetzblatt
Regs.	Regulations
Sch.	Schedule
Sec.	Section
Secs.	Sections
UStDB	Durchführungsbestimmungen zum Umsatzsteuergesetz
UStDV	Umsatzsteuer-Durchführungs-Verordnung
VO	Verordnung
VOL	Verordnung über die Aufstellung von Durchschnittsätzen für die Ermittlung des Gewinns aus Land- und Forstwirtschaft
vol.	volume
WiGBl.	Wirtschafts- und Gesetzblatt des Vereinigten Wirtschaftsgebietes
WTS	World Tax Series

Einleitung

A. Der Anstoß zur Untersuchung

Die Einkommensbesteuerung der deutschen Landwirtschaft trat in den Blickpunkt einer breiteren Öffentlichkeit[1], als der Bundesfinanzhof 1964 die „Verordnung über die Aufstellung von Durchschnittsätzen für die Ermittlung des Gewinns aus Land- und Forstwirtschaft" (VOL)[2] für verfassungswidrig erklärte, weil sie gegen den Gleichheitsgrundsatz des Art. 3 des Grundgesetzes verstoße[3]. Jedoch wurden die Diskussion und die Entscheidung über die Neuregelung der Einkommensbesteuerung der Landwirtschaft in der Öffentlichkeit nicht mit der gleichen Aufmerksamkeit verfolgt. Diese Neuregelung im „Gesetz über die Ermittlung des Gewinns aus Land- und Forstwirtschaft nach Durchschnittsätzen" (GDL)[4] verdient aber nach Ansicht des Verfassers eine größere Aufmerksamkeit.

Die Untersuchung kann sich allerdings nicht auf eine kritische Analyse des derzeit (1968) gültigen Besteuerungsmodus beschränken, denn die Berechtigung der Kritik am GDL läßt sich am deutlichsten an den mit der VOL erzielten Ergebnissen illustrieren. Der Bundesfinanzhof hat nämlich zwar die VOL für ungültig erklärt, nicht hingegen das Besteuerungsverfahren verworfen, so daß nach einer Übergangszeit, in der die neue Einheitsbewertung abgeschlossen wird, das alte Verfahren der Gewinnermittlung auf der Grundlage der Einheitswerte wieder angewendet werden kann. Um gegebenenfalls Verbesserungsmöglichkeiten dieses deutschen Besteuerungsverfahrens aufzeigen zu können, sind daneben die in Frankreich, den USA und Großbritannien gebräuchlichen Methoden der Besteuerung landwirtschaftlicher Einkünfte zu betrachten.

---

[1] Vgl. dazu die bei *Friedrich Klein* (Zum VOL-Urteil des Bundesfinanzhofs. In: FA N. F., Band 24 (1965), S. 386/387, Fußnote 7) zitierte Literatur.

[2] Vom 5. Juli 1935. In: RGBl. I, S. 908; die neue Fassung datiert vom 2. Juni 1949. In: WiGBl., S. 95.

[3] BFH-Urteil IV 11/64 S vom 5. November 1964. In: BStBl. III, S. 602 ff.

[4] Vom 15. September 1965. In: BGBl. I, S. 1350.

B. Abgrenzung und Gang der Untersuchung

Der Gleichheitsgrundsatz des Art. 3 des Grundgesetzes, den der Bundesfinanzhof zur Ungültigkeitserklärung der VOL herangezogen hat, birgt, wie das VOL-Urteil zeigt[1], mehrere Aspekte steuerlicher Gerechtigkeit. Daher erscheint es dem Verfasser angebracht, die in der finanzwissenschaftlichen Literatur entwickelten steuerlichen Gerechtigkeitspostulate[2] als Beurteilungskriterien heranzuziehen. Nun ist aber zu bedenken, daß diese Postulate in einem engen logischen Zusammenhang stehen[3]: Das Verhältnismäßigkeitsprinzip (oder anders: der Grundsatz der Besteuerung nach der individuellen Leistungsfähigkeit) ist in seinen Anforderungen der strengste der drei Grundsätze. Nach der Darstellung der für die Einkommensbesteuerung der deutschen und französischen Landwirtschaft entscheidenden Steuerrechts- und Finanzverwaltungsvorschriften (in Kapitel I) ist deshalb zunächst die Frage zu prüfen, inwieweit die in Deutschland und Frankreich angewendeten Besteuerungsverfahren für die Landwirtschaft dieser Maxime entsprechen (Kapitel II). Ist diese Frage zu verneinen, so ist zu analysieren, ob Landwirte bei gleichem tatsächlichen Einkommen in gleichem Maße zur Einkommensteuer herangezogen werden wie Steuerpflichtige in der Landwirtschaft vergleichbaren Verhältnissen (Kapitel III). Wenn diese Forderung nach Gleichmäßigkeit der Einkommensbesteuerung nicht erfüllt ist, bleibt schließlich zu erörtern, ob und ggf. in welchem Umfange die Einkommensbesteuerung der Landwirte in beiden Ländern zu einer Steuerdiskriminierung führt, also der Allgemeinheitsmaxime widerspricht (Kapitel IV).

Neben den Steuergerechtigkeits- wirft die deutsche Pauschbesteuerungsmethode noch eine Reihe ökonomischer und haushaltspolitischer

---

[1] Vgl. die unterschiedliche Auslegung des Gleichheitsgrundsatzes auf S. 607 des VOL-Urteils (a.a.O.).

[2] Aus der umfangreichen Literatur sind insbesondere zu nennen: *Wagner*, Adolph: Finanzwissenschaft. Zweiter Theil. Theorie der Besteuerung. Gebührenlehre und allgemeine Steuerlehre. 2. Aufl., Leipzig 1890, S. 372 ff.; *Gerloff*, Wilhelm: Art. „Steuerwirtschaftslehre". In: Handbuch der Finanzwissenschaft. 1. Band, 1. Aufl., hrsg. von W. Gerloff und F. Meisel, Tübingen 1926, S. 449 ff.; ders.: Art. „Steuerwirtschaftslehre". In: Handbuch der Finanzwissenschaft. 2. Bd., 2. Aufl., hrsg. von W. Gerloff und F. Neumark, Tübingen 1956, S. 268 ff.; *Mann*, Fritz Karl: Steuerpolitische Ideale. Vergleichende Studien zur Geschichte der ökonomischen und politischen Ideen und ihres Wirkens in der öffentlichen Meinung 1600—1935. Finanzwissenschaftliche Forschungen, Heft 5. Jena 1937, insbesondere S. 103 ff.; *Haller*, Heinz: Finanzpolitik. Grundlagen und Hauptprobleme. 4. Aufl., Tübingen-Zürich 1968, S. 235 ff.; *Due*, John F.: Government Finance. An Economic Analysis. 3rd edition, Homewood, Ill., 1963, p. 106 seq.; *Neumark*, Fritz: Grundsätze der Besteuerung in Vergangenheit und Gegenwart. Wiesbaden 1965, S. 43 (17) ff., sowie *Koch*, Woldemar: Eine neue Deutung der Steuergrundsätze. In: FA N. F., Bd. 25 (1966), S. 317 ff.

[3] Vgl. *Koch*, a.a.O., S. 319, und *Neumark*, Besteuerungsgrundsätze, a.a.O., S. 45 (19).

Probleme auf, denen bisher in der deutschen Literatur keine Beachtung geschenkt wurde und die deshalb näher zu untersuchen sind (Kapitel V).

In den USA und in Großbritannien verzichtet der Steuergesetzgeber heute völlig auf eine Pauschalierung der Gewinne landwirtschaftlicher Betriebe. Die Frage, warum in diesen beiden Ländern eine Sonderstellung der Landwirtschaft im Einkommensteuerrecht vermieden bzw. abgebaut werden konnte, ist (in Kapitel VI) zu beantworten, bevor zum Schluß Möglichkeiten eines Abbaues der Sonderstellung im deutschen Einkommensteuerrecht betrachtet werden.

Der Untersuchung muß in einem Punkte eine Beschränkung auferlegt werden. Mit der Definition der Begriffe „Einkünfte aus Land- und Forstwirtschaft" sowie „land- und forstwirtschaftlicher Betrieb" nämlich geht es in den vier Einkommensteuergesetzen wie mit der Erklärung des fiskalischen Einkommensbegriffes: Enumeration steht anstelle der Definition[4]. Und diese Enumerationen sind in den vier Gesetzen so vielfältig und unterschiedlich[5], daß es aus Raumgründen unmöglich ist, die Erfassung und Besteuerung all der Einkünfte aus landwirtschaftlichen Sonder-, (in bezug auf pflanzliche und tierische Erzeugnisse) Monokultur- und Nebenbetrieben zu beachten, die dort zu den landwirtschaftlichen Einkünften gerechnet werden, zumal deren Bedeutung weit hinter der der Einkünfte aus der „polyculture" zurücksteht. (Schon die Probleme, die sich bei der Einkommensbesteuerung von Forstbetrieben ergeben, würden eine umfangreiche Spezialuntersuchung erfordern.) Daher wird im folgenden nur die Erfassung und Besteuerung der Einkünfte aus landwirtschaftlichen Betrieben betrachtet, die „unter Ausnützung der Naturkräfte die Gewinnung (verschiedenartiger) pflanzlicher Erzeugnisse, deren unmittelbare Verwertung durch Selbstverbrauch und Verkauf und ihre mittelbare Verwertung zur Aufzucht und Haltung von Vieh (verschiedener Arten, Rassen etc.) zum Gegenstand"[6] haben.

---

[4] Diesen Mangel im Hinblick auf den fiskalischen Einkommensbegriff beklagen *Neumark* (Theorie und Praxis der modernen Einkommensbesteuerung. Bern 1947, S. 37) und *Schmölders* (Der fehlende Einkommensbegriff. In: Steuer und Wirtschaft, Jg. 37 (1960), S. 75).

[5] Cf. etwa § 13 Abs. 1 und 2 des deutschen Einkommensteuergesetzes (— EStG — in der Fassung vom 27. Februar 1968. In: BGBl. I, S. 145. Diese Fassung stimmt — von Ergänzungen abgesehen — in ihren wichtigsten Punkten sowie in der Paragraphenfolge mit dem Einkommensteuergesetz vom 16. Oktober 1934. In: RGBl. I, S. 1005, überein) einerseits, Art. 63 des (französischen) „Code Général des Impôts" (Edition à jour au 1er janvier 1966. Paris 1966—67) andererseits.

[6] Diese Definition entstammt der Studie *Edelmayers* (Die Ertragsbesteuerung der Land- und Forstwirtschaft. Veröffentlichung Nr. 19 in der Schriftenreihe des Instituts für Finanzwissenschaft und Steuerrecht in Wien. Wien 1964, S. 5); die in Klammern gesetzten, die Definition stark einschränkenden Zusätze hat der Verfasser eingefügt.

Kapitel I

Systematische Darstellung der für die Einkommensbesteuerung der deutschen und der französischen Landwirtschaft relevanten steuerrechtlichen und Finanzverwaltungsvorschriften

A. Die Einkommensbesteuerung der deutschen Landwirtschaft

a) Der Begriff des Ertragswertes und die Ertragswert-Ermittlung im Rahmen der Einheitsbewertung

Das deutsche Steuerrecht kennt zwei Bewertungssysteme. Das System des Bewertungsgesetzes findet Anwendung bei den Steuern vom Vermögensbestand und -ertrag, also der Vermögen-, Grund-, Erbschaft-, Gewerbe-(kapital-) sowie in besonderen Fällen der Grunderwerbsteuer (vgl. § 18 des Bewertungsgesetzes von 1934[1]). Dem steht das Bewertungssystem des Einkommensteuergesetzes gegenüber, daß außer für diese Steuer auch für die Körperschaft- und Gewerbe-(ertrag-)steuer gilt. Zwar stimmen grundlegende Wertbegriffe des Ersten Teiles des Bewertungsgesetzes mit denen des Einkommensteuerrechtes überein (so etwa der wichtige Begriff des Teilwertes; vgl. § 12 BewG 1934 und § 6 Abs. 1 Ziff. 1 EStG, die den gleichen Wortlaut haben), doch ist anzumerken, daß die besonderen Bewertungsvorschriften der §§ 20 bis 66 BewG 1934 gemäß § 18 Abs. 1 und 2 des gleichen Gesetzes *nur* für die obengenannten Steuern vom Vermögensbestand und -ertrag gelten.

In § 31 Abs. 2 BewG 1934 ist der *Ertragswert* definiert als *„das Achtzehnfache des Reinertrages*, den der Betrieb seiner wirtschaftlichen Bestimmung gemäß *im Durchschnitt der Jahre nachhaltig* erbringen kann. Dabei ist davon auszugehen, daß der Betrieb *unter gewöhnlichen Verhältnissen, ordnungsmäßig, gemeinüblich* und *mit entlohnten fremden Arbeitskräften* bewirtschaftet wird. Außerdem ist zu unterstellen, daß der Betrieb *schuldenfrei* ist“[2]. Analysiert man die Bedingungen, unter denen der Ertragswert zu ermitteln ist, so ergibt sich eine erste Gruppe von Annahmen, bei denen der Gesetzgeber von der Fiktion ausgeht, der Betrieb werde „unter gewöhnlichen Bedingungen, ordnungsmäßig, gemeinüblich“ bewirtschaftet, worunter eine „in der Gegend übliche

[1] Vom 16. Oktober 1934. (BewG 1934). In: RGBl. I, S. 1035.

[2] Hervorhebungen vom Verfasser.

Wirtschaftsweise mit normalem Bestand an totem und lebendem Wirtschaftsinventar ... ohne Raubbau und ohne Vernachlässigung, aber auch ohne Musterbewirtschaftung“ [3] zu verstehen ist. Der Gesetzgeber stellt also nicht auf den tatsächlichen Ertragswert des Betriebes unter Einbeziehung des effektiven Bestandes an sachlichen Betriebsmitteln, sondern auf einen „im Durchschnitt einer Reihe von Jahren *erzielbaren* Ertragswert“ [4] ab. Es handelt sich daher um einen (normativ gedachten) *Soll-Ertragswert*. Weiterhin wird fingiert, daß der Betrieb schuldenfrei ist, d. h. nur mit Eigenkapital seines Eigentümers arbeitet, daß aber nicht dieser Eigentümer oder ein Pächter und dessen Familienangehörige, sondern entlohnte fremde Arbeitskräfte den Betrieb bewirtschaften. Zweck dieser zweiten Gruppe von Annahmen ist es, den objektiv erzielbaren *kapitalisierten Reinertrag* des Betriebes *(nach Abzug kalkulatorischer Lohnansätze für die Arbeitsleistung des Betriebsleiters und seiner mithelfenden Familienangehörigen)* festzustellen.

Bei der *Einheitsbewertung zum 1. Januar 1935* wurde nun aber nicht der so definierte Ertragswert jedes einzelnen Betriebes ermittelt, sondern für den einzelnen Betrieb wurde das sogenannte *gleitende (oder vergleichende) Bewertungsverfahren* angewendet. Der Maßstab des Vergleichs wurde in folgender Weise gewonnen: Ein besonders ertragsfähiger Betrieb (in Eickendorf in der Magdeburger Börde) wurde aufgrund seiner Buchführung und nach eingehender Inspektion durch den Reichsbewertungsbeirat (vgl. §§ 41 bis 44 BewG 1934) von diesem bewertet. Der *Hektar-Reinertrag* dieses Betriebes wurde auf *210 RM* festgesetzt und mit einem Zinssatz von 5,5 vom Hundert kapitalisiert, was einen *Hektar-Ertragswert* von *3 780 RM* ergab[5]. Diesem Hektarhöchstsatz wurde die Vergleichszahl 100 zugeordnet, und dieser höchste sogenannte *Reichshundertsatz* bildete den Maßstab des gesamten Bewertungsverfahrens. Vom Reichsbewertungsbeirat wurden dann in ganz Deutschland 481 sogenannte *Vergleichsbetriebe* bewertet. Bei der Einschätzung dieser „Bewertungsstützpunkte“ wurden deren tatsächliche Ertragsbedingungen in einer Vergleichszahl, dem Reichshundertsatz, ausgedrückt, und sie standen somit in einer festen Ertragsrelation zum Reichsspitzenbetrieb.

Die *tatsächlichen Ertragsbedingungen* gliedert § 31 Abs. 3 BewG 1934 in zwei Gruppen auf: zum einen die natürlichen (Bodenbeschaffenheit, Geländegestaltung und klimatische Verhältnisse), zum anderen die wirt-

---

[3] *Krekeler*, Otto, *Uhlich*, Martin, *Rößler*, Rudolf, und *Troll*, Max: Bewertungsgesetz. Kommentar. 6. Aufl., Berlin-Frankfurt/M. 1958, S. 195.

[4] *Krekeler - Uhlich - Rößler - Troll*, a.a.O., S. 196 (Hervorhebung vom Verfasser).

[5] Der Kapitalisierung des Reinertrages mit einem Zinssatz von 5,5 vom Hundert entspricht eine Vervielfachung des Reinertrages mit 18.

schaftlichen Ertragsbedingungen (die innere Verkehrslage des Betriebes: Hoflage, Geschlossenheit oder Zersplitterung des Betriebes; die äußere Verkehrslage: Verkehrs- und Absatzverhältnisse und die Verhältnisse des Arbeitsmarktes). Hinsichtlich der übrigen Faktoren, die die Ertragsfähigkeit des Betriebes beeinflussen (wie Gebäude- und Betriebsmittelbestand sowie die Betriebsgröße) waren bei der Bewertung der Vergleichsbetriebe solche Verhältnisse zu unterstellen, „die in der betreffenden Gegend für die Bewirtschaftung als regelmäßig anzusehen sind" (§ 36 Abs. 2 BewG 1934).

Das Netz der „Bewertungsstützpunkte" wurde erweitert durch die Untervergleichsbetriebe, die von den in den einzelnen Oberfinanzbezirken ernannten Gutachterausschüssen bewertet wurden. Um in jeder Gemeinde die Bewertung durchführen zu können, wurde schließlich von diesem Gutachterausschuß für mindestens drei sogenannte Richt- oder Hilfsbetriebe in der Gemeinde der jeweilige Reichshundertsatz festgestellt. (Dabei handelte es sich meist um einen sehr guten, einen mittleren und einen schlechteren Betrieb.) Dem zuständigen Finanzamt fiel dann die Aufgabe zu, den einzelnen Betrieb in diese Gemeindebetriebsskala nach Maßgabe seiner tatsächlichen Ertragsbedingungen einzuordnen. Trotz der Gemeindebetriebsskala mußte aber für den einzelnen Betrieb der Hektarsatz nach dem Verhältnis seiner Ertragsfähigkeit zu der eines Vergleichsbetriebes, der gegebenenfalls dem Landwirt zu benennen war, ermittelt werden, da nur die Feststellung der Reichshundertsätze bei den Vergleichs-, nicht aber bei den Untervergleichs-, Richt- und Hilfsbetrieben rechtsverbindliche Kraft besaß.

War so der Reichshundertsatz des Betriebes bestimmt und aufgrund dessen der Hektarsatz ermittelt, konnte durch Multiplikation dieses Wertes mit der Hektarzahl der landwirtschaftlich genutzten Fläche der sogenannte *Vergleichswert* gewonnen werden (§ 39 BewG 1934).

Dieser Wert war jedoch nur Ausdruck der tatsächlichen Ertragsbedingungen; hinsichtlich der *übrigen Ertragsbedingungen* (im oben definierten Sinne) hingegen wurden bis zu diesem Punkte der Bewertung nur die für die betreffende Gegend regelmäßigen Verhältnisse unterstellt. Wichen die betrieblichen Verhältnisse in bezug auf den Gebäude- und Betriebsmittelbestand allerdings von diesen „Normalbedingungen" ab und führten Abweichungen zu einer *wesentlichen* Minderung oder Steigerung der Ertragsfähigkeit des Betriebes, so war der Vergleichswert durch *Ab- oder Zuschläge* zu korrigieren (§ 40 BewG 1934 in Verbindung mit § 17 der Durchführungsverordnung zum Bewertungsgesetz[6]). Der Ab- bzw. Zuschlag errechnete sich dann als das Achtzehnfache der Differenz zwischen dem Reinertrag, der der Ermittlung des Hektar-

[6] Vom 2. Februar 1935. (BewDV 1935). In: RGBl. I, S. 81.

satzes zugrunde lag, und dem Nettoertrag aufgrund des tatsächlichen Gebäude- und Betriebsmittelbestandes (§ 17 BewDV 1935). Für eine von den „Normalbedingungen“ abweichende Betriebsgröße, im Gesetz ja unter den „übrigen“ die Ertragsfähigkeit des Betriebes beeinflussenden Faktoren genannt, wurde hingegen „in der Regel“[7] kein Ab- oder Zuschlag vorgenommen. Für ein vom Durchschnitt nach unten abweichendes Umlaufvermögen, insbesondere einen unterdurchschnittlichen Zucht- oder Mastviehbestand[8], war zwar der Vergleichswert um einen nach dem gleichen Modus zu berechnenden Abschlag zu vermindern; ein Überbestand hingegen war aus dem landwirtschaftlichen Betriebsvermögen auszuscheiden und von diesem gesondert zu bewerten (§ 28 Abs. 2 Ziff. 3 BewG 1934). Nach diesen Korrekturen wurde der ermittelte Ertragswert dem Landwirt als der *Einheitswert* seines Betriebes bekanntgegeben.

Diese Form der Einheitsbewertung hätte jedoch bei landwirtschaftlichen Klein- und Kleinstbetrieben zu dem Ergebnis geführt, daß der Einheitswert des gesamten Betriebes geringer veranschlagt worden wäre als der eines Wohn- oder gewerblich genutzten Gebäudes in der gleichen Gemeinde. Daher sah sich der Gesetzgeber bereits im Bewertungsgesetz von 1925 gezwungen, eine sogenannte *Mindestbewertungsvorschrift* für das landwirtschaftliche Vermögen einzuführen. Die verbesserten Mindestwertvorschriften des BewG 1934 sahen für alle Fälle der geschilderten Art vor, daß der für einen landwirtschaftlichen Betrieb anzusetzende Einheitswert nicht geringer sein dürfe als die Summe aus dem sogenannten Wirtschaftswert und dem sogenannten Wohnungswert (vgl. § 33 BewG 1934). Nach der Vorschrift über den Wohnungswert (§§ 5, 6 BewDV 1935) war dieser wie bei anderen Wohngebäuden aufgrund der Jahresrohmiete zu errechnen. Um den Wirtschaftswert (§ 7 BewDV 1935) zu bestimmen, mußte nach dem oben beschriebenen Verfahren der Einheitswertermittlung ein Ertragswert festgesetzt und dieser um 20 vom Hundert vermindert werden. Überstieg die Summe dieser beiden Werte den nach der üblichen Methode gefundenen Einheitswert, so war dieser Mindestwert als Einheitswert dem Landwirt bekanntzugeben. Entscheidend ist, daß diese Mindestwertvorschrift, ursprünglich als Ausnahmebestimmung für wenige Fälle gedacht, im Rahmen der Einheitsbewertung von 1935 bei zwei Fünfteln aller Betriebe angewendet werden mußte[9].

---

[7] *Krekeler - Uhlich - Rößler - Troll*, a.a.O., S. 222.

[8] Ein Zuschlag für einen übernormalen Bestand an Feldfrüchten kam kaum in Betracht, da in Abweichung der Regelung für das übrige Vermögen die Ermittlung dieser Vorräte zum 30. Juni — also im allgemeinen nach dem Verkauf der letzten Ernte — vorgeschrieben war.

[9] Vgl. dazu *Uhlich*, Martin: Grundbegriffe des Reichsbewertungsgesetzes. In: DStZ, Ausg. A, XXIX. Jg. (1940), S. 53.

Im Gebiet der Bundesrepublik waren 1935 sogar nahezu 80 vom Hundert aller Betriebe nach der Mindestwertvorschrift bewertet worden. Das war für den Gesetzgeber der Anlaß, in der *Neufassung des* Bewertungsgesetzes[10] im Jahre 1965 diese Bewertungsmethode zur Regelbewertung zu erheben.

Auch nach dieser Neufassung bleibt der Ertragswert der Bewertungsmaßstab für das land- und forstwirtschaftliche Vermögen (§ 30 a BewG 1965, der in den Annahmen, unter denen der Ertragswert abzuleiten ist, mit § 31 Abs. 2 BewG 1934 übereinstimmt). Wie bei der Mindestbewertung ist der Wert des Wohnungs- und des Wirtschaftsteiles gesondert zu erfassen.

Bei der *Ermittlung des Wirtschaftswertes* wurde das gleitende Bewertungsverfahren beibehalten (§§ 30 b bis 32 BewG 1965) und der *Spitzenertragswert*, der 100 Vergleichszahlen entspricht, auf *3 726 DM* festgesetzt (§ 32 Abs. 2 BewG 1965), was, dividiert man durch den Vervielfachungsfaktor 18, einen *Hektar-Reinertrag von 207 DM* ergibt. Bei der Feststellung des Vergleichswertes des einzelnen Betriebes sind die natürlichen und wirtschaftlichen Ertragsbedingungen (Bodenbeschaffenheit, Geländegestaltung, klimatische Verhältnisse bzw. innere und äußere Verkehrslage sowie — erstmals genannt — die Betriebsgröße; § 31 Abs. 2 Ziff. 1 BewG 1965) zu berücksichtigen. Zur Beurteilung der natürlichen Ertragsbedingungen sind die nunmehr vorliegenden Ergebnisse der bereits vor dem Krieg begonnenen Bodenschätzung[11] heranzuziehen (§ 39 BewG 1965). Für die übrigen Ertragsbedingungen (das Gesetz nennt als solche ausdrücklich Preise, Löhne, Betriebsorganisation, Betriebsmittel; § 31 Abs. 2 Ziff. 2 BewG 1965) sind wieder Zu- und Abschläge vom Vergleichswert in dem Fall vorzunehmen, daß die tatsächlichen Verhältnisse des Betriebes von den „bei der Bewertung unterstellten regelmäßigen Verhältnissen der Gegend (...) um mehr als 20 vom Hundert", „mindestens aber um 1 000 DM" abweichen (§ 33 Abs. 1 Ziff. 1 und 2 BewG 1965). Aus dem land- und forstwirtschaftlichen Vermögen sind Überbestände des Umlaufvermögens auszuscheiden und gesondert zu bewerten. Das betrifft besonders Tierbestände, ungeachtet der Tatsache, ob diese zum Anlage- oder zum Umlaufvermögen zu rechnen sind, denn § 39 a BewG 1965 bestimmt genau jene Bestände, die bei alternativer Hektarzahl noch zur landwirtschaftlichen Nutzung gehören.

Die *Bewertung des Wohnteiles* des landwirtschaftlichen Vermögens ist wie im Rahmen der Mindestbewertung nach den Vorschriften über die Bewertung von Grundvermögen vorzunehmen (§ 38 a BewG 1965).

---

[10] Neufassung des Bewertungsgesetzes durch das „Gesetz zur Änderung des Bewertungsgesetzes". Vom 16. August 1965. (BewG 1965). In: BGBl. I, S. 851.

[11] Gesetz über die Schätzung des Kulturbodens (Bodenschätzungsgesetz). Vom 16. Oktober 1934. In: RGBl. I, S. 1050.

Dabei ist von der Jahresrohmiete auszugehen, die bei Eigennutzung in Anlehnung an den Betrag zu schätzen ist, der für Räume gleicher oder ähnlicher Art, Lage und Ausstattung regelmäßig gezahlt wird (§ 52 a Abs. 2 BewG 1965). Die Jahresrohmiete ist zunächst um 15 vom Hundert zu vermindern und sodann mit einem Vervielfachungsfaktor zu multiplizieren (der je nach Alter und Bauart des Gebäudes, der Einwohnerzahl der „Belegenheitsgemeinde" sowie dem Anteil der Bewirtschaftungskosten an der Jahresrohmiete variiert), um zum Wohnungswert zu gelangen.

Die Summe aus dem Wohnungs- und dem Wirtschaftswert stellt dann schließlich den *Einheitswert* des Betriebes dar (§ 38 b BewG 1965).

Neubewertungen des land- und fortswirtschaftlichen Vermögens sind nach beiden Fassungen des Bewertungsgesetzes *im Zeitabstand von sechs Jahren* vorgeschrieben (§ 21 Abs. 1 Ziff. 1 BewG von 1934 und 1965).

b) Die Aufzeichnungspflicht und die verschiedenen Gewinnermittlungsverfahren für die landwirtschaftlichen Betriebe

aa) Die Aufzeichnungspflicht

Die beschriebene Einheitsbewertung von 1935 war für alle Agrarbetriebe von entscheidender Bedeutung, und nach Abschluß der Neubewertung wird sie diese Bedeutung wiedererlangen. Einerseits bestimmte nämlich (neben der Höhe des Gesamtumsatzes) das Ergebnis der Einheitsbewertung darüber, ob der Betriebsleiter Bücher zu führen verpflichtet war oder nicht; andererseits hing die Höhe der Einkommensteuerschuld nichtbuchführender Landwirte vom Einheitswert ihres Betriebes ab. Diese Vorschriften über die Buchführungspflicht sind zunächst genauer zu untersuchen.

Nach der Generalklausel des § 160 Abs. 1 der Abgabenordnung[12] hat derjenige, der nach anderen als den Steuergesetzen Bücher und Aufzeichnungen zu führen hat, diese auch zum Zwecke der Besteuerung zu führen. Solche gesetzlichen Vorschriften zur Buchführung, wie sie etwa die für die gewerbliche Wirtschaft grundlegenden §§ 38 bis 44 des Handelsgesetzbuches und die §§ 129 bis 133 des Aktiengesetzes darstellen, bestehen freilich für die Landwirtschaft nicht. Folglich kann für die landwirtschaftlichen Betriebe nur der Inhalt des § 161 Abs. 1 AO maßgebend sein, der besagt, daß die Unternehmer zum Zwecke der Einkommens-, Ertrags- und Vermögensbesteuerung *buchführungspflichtig* sind, die entweder

---

[12] (AO). Vom 22. Mai 1931. In: RGBl. I, S. 161.

a) einen Gesamtumsatz (einschließlich des steuerfreien Teiles) von mehr als 200 000 RM/DM p. a. oder
b) ein Betriebsvermögen von mehr als 50 000 RM/DM oder
c) ein land- und forstwirtschaftliches Vermögen von mehr als 100 000 RM/DM oder
d) einen Gewerbeertrag von mehr als 6 000 RM/DM[13] p. a. oder
e) Einkünfte aus Land- und Forstwirtschaft von mehr als 6 000 RM/DM p. a.

zu verzeichnen haben. Im Hinblick auf Punkt c) ist die Bedeutung der Einheitsbewertung evident. Zum Punkt e) ist das folgende zu bemerken: Da die Mehrzahl der Betriebe bei Überschreiten der Grenzen des § 161 AO erst zu einer Buchführung veranlaßt werden sollte und noch keine Bücher führte, konnte das Erreichen der Buchführungsgrenze nur anhand der unten zu beschreibenden Durchschnittsätze der VOL ermittelt werden, deren wichtigster, der Grundbetrag, aus dem Einheitswert abgeleitet ist. Schließlich spielte der Einheitswert des Betriebes sogar bei der Ermittlung der Umsatzgrenze von 200 000 RM/DM eine gewichtige Rolle. Nach § 15 der Durchführungsbestimmungen zum Umsatzsteuergesetz[14] waren alle Landwirte, deren steuerfreie und -pflichtige Umsätze 30 000 RM/DM überschritten, zur Aufzeichnung ihrer Umsätze verpflichtet. Für die Betriebe mit einem Jahresumsatz unter 30 000 RM/DM mußte die Finanzverwaltung also Durchschnittsätze aufstellen, und diese waren nach dem Einheitswert pro Hektar gestaffelt. Für den Bereich der Oberfinanzdirektion Stuttgart zum Beispiel wurden 1955 die in Tabelle 1 verzeichneten Werte angesetzt.

Da nun der Kreis der aufzeichnungspflichtigen Landwirte, die dieser Pflicht nicht nachkamen, wie die Finanzverwaltung selbst konzedieren mußte[15], sehr groß war, wurden die Durchschnittsätze mit einem Zuschlag auch für deren Betriebe verwendet. (Im hier abgedruckten Fall waren dem Durchschnittsumsatz bei Überschreiten der Aufzeichnungspflichtgrenze von 30 000 DM 10 vom Hundert des letzteren zuzuschlagen, bei Überschreiten der Grenze des § 161 AO wurde dieser Zuschlag noch erhöht.) So war also auch bei den meisten Betrieben die Antwort auf die Frage, ob sie aufgrund der Umsatzgrenze von 200 000 RM/DM buchführungspflichtig waren, von der Höhe des betrieblichen Einheitswertes abhängig. Trotz der Aufhebung der Umsatzsteuerpflicht für die Liefe-

[13] Durch das „Gesetz zur Änderung von einzelnen Vorschriften der Reichsabgabenordnung und anderer Gesetze" (Vom 11. Juli 1953. In: BGBl. I, S. 511) wurde dieser Betrag auf 9 000 DM erhöht.

[14] (UStDB). Vom 23. Dezember 1938. In: RGBl. I, S. 1935. In der Fassung der Bekanntmachung vom 1. September 1951. In: BGBl. I, S. 796.

[15] Vgl. für viele die Rundverfügung der OFD Düsseldorf S 2140 A — St 11 c vom 31. März 1958. In: DStZ, Ausg. B, XLVI. Jg. (1958), S. 276.

Tabelle 1

Umsatzsteuer-Durchschnittsätze im Bereich der Oberfinanzdirektion Stuttgart

Ertragswert-gruppe	Einheitswert pro ha in DM	Umsatzsteuerdurchschnittsätze je ha Rahmensätze DM	Mittelsätze DM
2	3 200—2 801	1 820—1 580	1 700
3	2 800—2 401	1 620—1 380	1 500
4	2 400—2 001	1 470—1 230	1 350
5	2 000—1 601	1 130— 970	1 500
6	1 600—1 201	980— 820	900
7	1 200— 801	860— 700	780
8	800— 400	710— 470	590

Quelle: Rundverfügung der OFD Stuttgart S 4232 — I — St 71 vom 2. März 1955. In: DStZ, Ausg. B, XLIII. Jg. (1955), S. 127.

rungen eines landwirtschaftlichen Betriebes und des Eigenverbrauchs selbsterzeugter Güter[16] wurde die Aufzeichnungspflicht der Landwirte gemäß § 15 UStDB beibehalten; jedoch wurden, da „kein umsatzsteuerliches Interesse"[17] mehr bestand, keine Umsatzsteuerdurchschnittsätze mehr veröffentlicht, sondern erst zu Beginn der sechziger Jahre wurden die alten Sätze (schematisch) um 20 bis 30 vom Hundert erhöht[18]. Im neuen Umsatzsteuergesetz (Mehrwertsteuergesetz) wurden a priori — von wenigen Ausnahmen abgesehen[19] — alle landwirtschaftlichen Betriebe von der Aufzeichnungspflicht ausgenommen (§ 12 der „Ersten Verordnung zur Durchführung des Umsatzsteuergesetzes [Mehrwertsteuergesetzes]"[20]).

Für die landwirtschaftlichen Betriebe, die die *Grenzen des § 161 AO überschreiten* und die folglich buchführungspflichtig sind, gelten damit die *Grundsätze ordnungsmäßiger Buchführung*. Über die *formelle Seite der Ordnungsmäßigkeit* gibt § 162 AO Auskunft. Für die Bestimmung der *materiellen Seite* wurde die „Verordnung über die landwirtschaftliche Buchführung"[21] erlassen. Nach dieser Verordnung ist die materielle Ordnungsmäßigkeit dann gewährleistet, wenn die Bücher sachlich

---

[16] Achtes Gesetz zur Änderung des Umsatzsteuergesetzes. Vom 26. November 1956. In: BGBl. I, S. 882.

[17] So die Rundverfügung der OFD Nürnberg 4151 — 2/U 1 vom 29. Mai 1967. In: DStZ, Ausg. B, XLV. Jg. (1957), S. 269.

[18] Vgl. zum Beispiel die Rundverfügung der OFD München S 2140 — 126 — St 6 vom 7. Oktober 1960. In: DStZ, Ausg. B., XLVIII. Jg. (1960), S. 450.

[19] Die Ausnahmen betreffen die Lieferung (und den Eigenverbrauch) bestimmter in der Anlage 1 des Mehrwertsteuergesetzes bezeichneter Getränke.

[20] Vom 26. Juli 1967. In: BGBl. I, S. 801.

[21] Vom 5. Juli 1935. In: RStBl. I, S. 955.

richtig alle Betriebsvorgänge (unter Einschluß der Entnahmen und Einlagen) mit ihrem Geldwert nach bestimmten erkennbaren Grundsätzen und in zeitlicher Reihenfolge geordnet aufweisen (§ 2 dieser VO); insoweit gleichen diese Bestimmungen den Anforderungen, die das Steuerrecht generell an die Ordnungsmäßigkeit einer Buchführung stellt. Bezüglich der *Quantität der zu führenden Bücher* gehen die Anforderungen allerdings über die des übrigen Steuerrechts hinaus, denn die Landwirte werden darin verpflichtet, ein Vermögensverzeichnis, ein gesondertes Grundstücksverzeichnis, ein Anbau- sowie ein Ernteverzeichnis, ein Vieh- und Naturalienregister sowie ein Lohnregister zu führen (§ 5 der VO). Die Verordnung läßt (in § 3) ausdrücklich die *Fernbuchführung* (also das Führen der Bücher durch eine landwirtschaftliche Buchstelle außerhalb des Betriebes) zu, wenn die Grundaufzeichnungen[22] im Betrieb ordnungsmäßig vorgenommen werden.

bb) Die Gewinnermittlungsvorschriften für buchführende Landwirte

Im Rahmen des Einkommensteuergesetzes sind die buchführenden Landwirte, da sie die Voraussetzungen des § 5 EStG nicht erfüllen, auf den sogenannten *unvollständigen Betriebsvermögensvergleich* gemäß § 4 Abs. 1 EStG verwiesen, wobei unter Gewinn die Differenz zwischen dem Betriebsvermögen am Ende und zu Beginn des Wirtschaftsjahres, vermehrt um den Wert der Entnahmen und vermindert um den Wert der Einlagen, zu verstehen ist. Es ist bei dieser Art der Gewinnermittlung zu beachten, daß der *Grund und Boden* und — aus Vereinfachungsgründen[23] — auch das Feldinventar sowie die stehende Ernte bei Grundstücken mit jährlicher Fruchtfolge in den (deshalb so genannten) unvollständigen Betriebsvermögensvergleich *nicht einbezogen* und damit auch nicht bewertet werden müssen.

Die übrigen Bestimmungen über die *Bewertung des abnutzbaren Anlage- und des Umlaufvermögens* richten sich wie bei den Unternehmungen der anderen Wirtschaftszweige nach den Vorschriften des § 6 EStG. Das bedeutet also, daß für sie die Anschaffungs- oder Herstellungskosten, vermindert um die Abschreibungen für Abnutzung, oder der niedrigere Teilwert[24] anzusetzen sind. Von dieser Bewertungsregel wird

---

[22] Als solche sieht der Verordnungsgeber z. B. an: Eintragungen in das Tage- oder Kassenbuch, Aufzeichnungen für die Buchstelle, Wochenberichte (§ 3 der VO).

[23] *Felsmann,* Willi: Einkommensbesteuerung der Land- und Forstwirte. Bonn 1963, S. 255.

[24] Der Landwirt kann theoretisch auch einen die Anschaffungs- oder Herstellungskosten übersteigenden Teilwert ansetzen, denn er ist nicht wie gewerbliche Unternehmungen kraft handelsrechtlicher Bestimmungen an das Niederstwertprinzip gebunden (vgl. dazu *Felsmann,* a.a.O., S. 276).

jedoch im Falle der *Viehbewertung* deshalb abgewichen, weil sich die „Herstellungskosten“ des Viehbestandes kaum ermitteln lassen. Die Finanzverwaltung war daher gezwungen, für die Viehbewertung Durchschnittsätze aufzustellen. Dennoch bleibt dem Landwirt bei der Bewertung des Viehbestandes die Wahl zwischen den Anschaffungs- oder Herstellungskosten bzw. dem Teilwert einer-, den Durchschnittswerten andererseits. Die einzelnen Oberfinanzdirektionen hatten solche Durchschnittsätze in den Jahren 1950 und 1951 aufgestellt, und sie wurden erst durch neue höhere in den Jahren 1966 und 1967 abgelöst[25]. Der durch diese Buchwerterhöhung entstehende Buchgewinn ist einer steuerfreien Rücklage zuzuführen, die in fünf Wirtschaftsjahren aufzulösen ist[26].

Von der Bewertung mit Durchschnittsätzen sind zwar prinzipiell besonders wertvolle Tiere (insbesondere Zuchttiere) ausgenommen, jedoch mußte sich die Finanzverwaltung auch in diesem Falle mit der Pauschalierung der Aufzuchtkosten begnügen, da diese ebensowenig exakt zu errechnen sind.

Bezüglich der *Betriebsausgaben* (zu denen auch Fremdkapitalzinsen und Pachtausgaben zu rechnen sind) sowie der *Abschreibungen für Abnutzung* gelten für die buchführenden Landwirte die gleichen steuerrechtlichen Bestimmungen wie für die Unternehmer der gewerblichen Wirtschaft (§§ 4 Abs. 4 bzw. 7 EStG). Eine Ausnahme bilden nur die Abschreibungen für bestimmte landwirtschaftliche Maschinen und Ausrüstungsgegenstände sowie für einige Baumaßnahmen[27]. Gemäß § 76 der Einkommensteuer-Durchführungsverordnung[28] können buchführende Landwirte im Jahr des Erwerbs oder im folgenden Jahr 50 vom Hundert der Anschaffungs- bzw. Herstellungskosten der Maschinen und Ausrüstungsgegenstände, 30 vom Hundert der Kosten von Baumaßnahmen abschreiben.

Charakteristisch für die Landwirtschaft ist, daß zwischen Privathaushalt und Betrieb keine so strenge Trennung herrscht, wie das in der

[25] Vgl. z. B. die Rundverfügung der OFD Frankfurt betr. Viehbewertung bei buchführenden Land- und Forstwirten — Neufestsetzung von Durchschnittswerten — vom 24. August 1967. In: BStBl. II, S. 242.

[26] Siehe etwa den Erlaß des Niedersächsischen Ministers der Finanzen S 2132 a — 1 — 31 1 vom 17. Februar 1967. In: DStZ, Ausg. B, LV. Jg. (1967), S. 131.

[27] Eine Liste der begünstigten Maschinen, Ausrüstungsgegenstände und Baumaßnahmen findet sich als Anlage 1 und 2 in der EStDV.

[28] Einkommensteuer-Durchführungsverordnung (EStDV) in der Fassung der VO vom 5. April 1968. In: BGBl. I, S. 262. Die Vorschriften der §§ 76 bis 78 wurden eingeführt durch das Steuerneuordnungsgesetz vom 16. Dezember 1954. In: BGBl. I, S. 373. Auf eine Darstellung der „Verordnung über Steuervergünstigungen zur Förderung des Baues von Landarbeiterwohnungen“ vom 7. November 1950 (In: BGBl. I, S. 730) wird hier verzichtet, da sie nur eine sehr geringe Bedeutung erlangt hat.

Regel bei gewerblichen Unternehmungen der Fall ist. Das ist vor allem darauf zurückzuführen, daß sich nahezu alle im Betrieb erzeugten Produkte für den *Selbstverbrauch* im Privathaushalt eignen, so daß die Privatentnahmen eine bedeutendere Rolle spielen als bei gewerblichen Unternehmungen. Die *Erfassung und Bewertung* des Eigenverbrauches aber ist eine Crux — selbst bei Buchführungsbetrieben. Größere Buchführungsbetriebe (mit einem Einheitswert von mehr als 100 000 DM) sind verpflichtet, den Eigenverbrauch mindestens monatlich aufzuzeichnen, wobei als Bewertungsmaßstab theoretisch der Teilwert dient, der aber von der Finanzverwaltung als mit dem Großhandelspreis abzüglich 10 bis 20 vom Hundert identisch angesehen wird. Die landwirtschaftliche Buchführungsverordnung erlaubt (in § 2 Abs. 3) die Aufstellung von *Durchschnittsätzen für den Selbstverbrauch* in kleineren buchführenden Betrieben, und von dieser Ermächtigung hat die Finanzverwaltung Gebrauch gemacht. Weisen die Eigenverbrauchs-Aufzeichnungen größerer landwirtschaftlicher Betriebe Mängel auf oder fehlen solche völlig, so wendet die Finanzverwaltung diese Durchschnittsätze mit einem Zuschlag von ungefähr 10 vom Hundert auch bei größeren Buchführungsbetrieben an[29]; gelegentlich, wie die folgende Tabelle 2 der in Baden-Württemberg festgesetzten Durchschnittsätze zeigt, enthalten diese Verzeichnisse auch bereits Durchschnittsätze für größere Buchführungsbetriebe.

Tabelle 2

Die Pauschbeträge für den Eigenverbrauch (Naturalentnahmen aus dem eigenen Betrieb) buchführender Landwirte in Baden-Württemberg

Einheitswert des Betriebes DM	Personen	Jahresbetrag je Person in DM ab 1956/67	ab 1960/61
bis 60 000	1. Für jede Person über 14 Jahre	408	516
	2. für jedes Kind bis zu 14 Jahre	276	344
zwischen 60 000 und 100 000	1. Für jede Person über 14 Jahre	468	576
	2. für jedes Kind bis zu 14 Jahre	312	384
über 100 000	1. Für jede Person über 14 Jahre	528	600
	2. für jedes Kind bis zu 14 Jahre	348	400

Quelle: Rundverfügung der OFD Stuttgart A — 15 — St 32 vom 4. Februar 1956. In: DStZ, Ausg. B, XLIV. Jg. (1956), S. 82, und S 2141 A — 6 — St 32 vom 24. Oktober 1962. In: DStZ, Ausg. B, LI. Jg. (1963), S. 18.

Mit Recht sind die Durchschnittsätze, die für die Beköstigung fremder Arbeitskräfte im Betriebshaushalt als Betriebsausgaben zu veranschla-

---

[29] Vgl. dazu *Felsmann*, a.a.O., S. 232.

gen sind, höher bemessen als die für den Selbstverbrauch der Betriebsleiterfamilie, denn in ersteren sind auch zugekaufte Nahrungsmittel sowie die anteiligen Energiekosten der Nahrungsmittelzubereitung, Abschreibungen etc. enthalten, die bei der Betriebsleiterfamilie als Konsum zu gelten haben. Diese sogenannten *Beköstigungssätze* für Baden-Württemberg enthält die folgende Tabelle 3.

Tabelle 3

Beköstigungssätze (Naturalentnahmen aus dem eigenen Betrieb und zugekaufte Waren) buchführender Landwirte in Baden-Württemberg

Einheitswert des Betriebes DM	Personen	Jahresbetrag je Person in DM ab 1956/57	ab 1960/61
bis 20 000	1. Für jede Person über 14 Jahre	528	900
	2. für jedes Kind bis zu 14 Jahre	348	600
von 20 000 bis unter 40 000	1. Für jede Person über 14 Jahre	600	960
	2. für jedes Kind bis zu 14 Jahre	396	640
von 40 000 bis unter 60 000	1. Für jede Person über 14 Jahre	660	1 008
	2. für jedes Kind bis zu 14 Jahre	444	672
von 60 000 bis unter 100 000	1. Für jede Person über 14 Jahre	732	1 056
	2. für jedes Kind bis zu 14 Jahre	492	704
über 100 000	1. Für jede Person über 14 Jahre	792	1 092
	2. für jedes Kind bis zu 14 Jahre	528	728

Quelle: Vgl. Quellenangabe zu Tabelle 2.

Schließlich sind noch die *Pauschsätze für die Nutzung der eigenen Wohnung* zu erwähnen, deren Entwicklung am Beispiel zweier Verfügungen der Oberfinanzdirektion Hannover in Tabelle 4 aufgezeigt wird.

Tabelle 4

Pauschbeträge für den Nutzungswert der eigenen Wohnung bei buchführenden Landwirten im Bereich der Oberfinanzdirektion Hannover

	Betriebsgröße in ha				
Gültigkeit	bis zu 25	von 25—50	von 50—75	von 75—100	über 100
vom Wirtschaftsjahr 1958/59 an	450 DM	600 DM	750 DM	900 DM	für jd. normalen Wohnraum 150, mind. 900 DM
vom Wirtschaftsjahr 1964/65 an	900 DM	1 200 DM	1 500 DM	1 800 DM	für jd. normalen Wohnraum 300, mind. 1 800 DM

Quelle: Verfügung der OFD Hannover S 2141 — 420 — StH 222 vom 12. September 1960. In: DStZ, Ausg. B, L. Jg. (1962), S. 24, und S 2141 — 429 — StH 222 vom 24. Juli 1965. In: DStZ, Ausg. B, LIII. Jg. (1965), S. 363.

cc) Die Gewinnermittlungsvorschriften für nichtbuchführende Landwirte

1. Die „Verordnung über die Aufstellung von Durchschnittsätzen für die Ermittlung des Gewinns aus Land- und Forstwirtschaft" (VOL)

Aufgrund der Systematik des Einkommensteuergesetzes würde man erwarten, daß für die nichtbuchführenden Landwirte die vereinfachte Gewinnermittlung ohne Betriebsvermögensvergleich nach § 4 Abs. 3 EStG anzuwenden sei, wie sie für alle nichtbuchführungspflichtigen Gewerbetreibenden und die Angehörigen der freien Berufe verbindlich ist. Der Gesetzgeber hat in § 29 EStG den *Finanzminister ermächtigt*, durch Rechtsverordnung *Durchschnittsätze für die Ermittlung des Gewinns aus Land- und Forstwirtschaft, aus Gewerbebetrieb und aus selbständiger Arbeit* aufzustellen und diese Durchschnittsätze der Besteuerung dann zugrunde zu legen, wenn der Steuerpflichtige nicht zur Buchführung verpflichtet ist. Der Finanzminister hat von dieser Ermächtigung *nur zugunsten der nichtbuchführenden Land- und Forstwirte* Gebrauch gemacht und die VOL erlassen, während für die anderen in § 29 genannten nichtbuchführenden Steuerpflichtigen keine Durchschnittsätze aufgestellt wurden. Daher ist es berechtigt, von einem *landwirtschaftlichen Sondersteuerrecht* zu sprechen, dessen Ausgestaltung in der Neufassung der VOL von 1949[30] nunmehr zu betrachten ist.

---

[30] Vgl. Fußnote 2 auf S. 13.

Die Anwendung der VOL war dem Buchstaben nach auf die Betriebe beschränkt, die einerseits nach den dargestellten Vorschriften der AO zur Buchführung nicht verpflichtet waren und auch tatsächlich keine Bücher oder diese nur sachlich unrichtig oder nicht ordnungsmäßig führten und deren Umsatz andererseits 40 000 DM nicht überstieg. Bemerkenswert an diesem § 1 VOL und für die weiteren Überlegungen von Bedeutung ist, daß für die Betriebe, die, obgleich nicht buchführungspflichtig, freiwillig zur Buchführung übergingen, die VOL keine Anwendung fand. Die VOL enthält *zwei Kategorien von Durchschnittsätzen.* Als erster Gewinnbestandteil war ein Zwölftel des betrieblichen Einheitswertes als sogenannter *Grundbetrag* festzusetzen (§ 2 VOL). Damit entsprach der Grundbetrag dem Anderthalbfachen des nachhaltig erzielbaren Reinertrages, wie er bei der Einheitsbewertung von 1935 ermittelt worden war[31]. Die zweite Kategorie von Durchschnittsätzen diente der *Bewertung der Arbeitsleistung* des Betriebsinhabers und seiner mithelfenden Familienangehörigen (§ 4 VOL). Der Mindestbetrag, der für die Arbeitsleistung des Betriebsleiters anzusetzen war, betrug 1 200 DM[32] bei einem Einheitswert des Betriebes bis zu 10 000 DM (§ 4 Abs. 1 VOL). Die Wertansätze bei höherem betrieblichen Einheitswert bestimmten die Oberfinanzpräsidenten (§ 4 Abs. 6 VOL), und sie waren daher in den einzelnen Oberfinanzbezirken unterschiedlich. In zwei Oberfinanzbezirken waren die in Tabelle 5 aufgezeigten Werte vorgeschrieben.

Ungeachtet der Höhe des Einheitswertes war für die Arbeitsleistung der Betriebsleiter-Ehefrau ein Durchschnittsatz von 600 DM[33] (§ 4 Abs. 5 VOL) festgelegt; für die Mitarbeit männlicher (weiblicher) Familienangehöriger sollte ein Betrag in Höhe des halben ortsüblichen Arbeitslohnes eines Knechtes (einer Magd) veranschlagt werden (§ 4 Abs. 2 VOL), aber auch für diese Lohnansätze wurden Pauschbeträge von der Finanzverwaltung fixiert, deren unterschiedliche Höhe in drei Bundesländern Tabelle 6 aufzeigt.

---

[31] Nach der VOL von 1935 war der Grundbetrag ein Achtzehntel des Einheitswertes und entsprach damit genau dem Reinertrag.

[32] Nach der VOL von 1935: 1 000 RM.

[33] Nach der VOL von 1935: 400 RM.

Tabelle 5

Lohnsätze für die Arbeitsleistung des Betriebsleiters in zwei Oberfinanzbezirken

Einheitswert des Betriebes in DM	Ansatz für die Arbeitsleistung des Betriebsleiters (in DM) in Hessen	Nordrhein-Westfalen
bis 10 000	1 200	1 200
von 10 000 bis 15 000	1 300	1 400
von 15 100 bis 20 000	1 400	1 500
von 20 100 bis 25 000	1 500	1 600
von 25 100 bis 30 000	1 600	1 700
von 30 100 bis 35 000	1 700	1 800
von 35 100 bis 40 000	1 800	1 900
von 40 100 bis 45 000	1 850	2 000
von 45 100 bis 50 000	1 900	2 100
von 50 100 bis 55 000	1 975	2 200
von 55 100 bis 60 000	2 050	2 300
von 60 100 bis 65 000	2 125	2 400
von 65 100 bis 70 000	2 200	2 500
von 70 100 bis 75 000	2 300	2 600
von 75 100 bis 80 000	2 400	2 700
von 80 100 bis 85 000	2 500	2 800
von 85 100 bis 90 000	2 600	2 900
von 90 100 bis 95 000	2 700	3 000
über 95 000	2 800	3 000

Quelle: Anordnung des Hessischen Ministers der Finanzen S 2141 — 14-II/St 21 vom 15. Juli 1950. In: HFBl., S. 285. Anordnung der OFD Düsseldorf S 2140 A — St I 1a vom 8. Februar 1954. Zit. nach: *Krill*, Edgar: Die Einkommensteuer der Land- und Forstwirtschaft. 1. Aufl., Herne-Berlin 1954, S. 190.

Tabelle 6

Lohnsätze für die Arbeitsleistung der mithelfenden Familienangehörigen in drei Oberfinanzbezirken

	Ansatz für die Arbeitsleistung der mithelfenden Familienangehörigen (in DM) in Nordrhein-Westfalen	Hessen	Schleswig-Holstein
Männliche Angehörige	600	500	1 000
Weibliche Angehörige	500	400	800

Quelle: Zitiert nach: *Krill*, a.a.O., S. 128.

Ohne eine Anweisung durch die VOL, die es gemäß § 4 Abs. 6 der Finanzverwaltung nur überließ, die näheren Bestimmungen über die für die Arbeitsleistung anzusetzenden Beträge zu treffen, hatte diese neben den Lohnansätzen auch *Tabellen über die „betriebsnotwendigen" Arbeitskräfte* veröffentlicht. Dabei ging die Finanzverwaltung von der Überlegung aus, daß es unbillig sei, die Arbeitsleistung im Betrieb beschäftigter Familienangehöriger durch einen Zuschlag auch dann zu erfassen, wenn deren Mitarbeit nach Maßgabe der Tabellen-Richtwerte nicht „betriebsnotwendig"[34] sei. Überstieg die in der Steuererklärung des Landwirtes angegebene diese Richtzahl der im Betrieb erforderlichen Arbeitskräfte, so sollten nur die letzteren durch einen Zuschlag berücksichtigt werden. Nach Kenntnis des Verfassers sind solche Kürzungen während der Dauer der Gültigkeit der VOL allerdings nicht vorgenommen worden.

Bei den meisten Betrieben stellte die Summe aus Grundbetrag und Lohnansätzen für die Familien-Arbeitskräfte den (steuerlichen) *Betriebsgewinn* dar. §§ 7 und 9 Abs. 2 VOL ließen eine *Korrektur* dieses Gewinnes jedoch dann zu, wenn der Betrieb Einnahmen von mehr als 300 DM erbrachte, die entweder bei der Einheitsbewertung nicht berücksichtigt oder die nur in einzelnen Jahren erzielt worden waren. Aufgrund dieser Bestimmungen hatte die Finanzverwaltung in der Nachkriegszeit *Zuschläge* insbesondere für die Einnahmen aus Zucht- und Mastviehverkäufen festgelegt.

Obwohl bei der Gewinnermittlung der gesamte Betriebsaufwand bereits berücksichtigt worden war, wurden den VOL-Landwirten dennoch gemäß § 78 EStDV *Abschreibungsvergünstigungen* gewährt. Sie konnten 25 vom Hundert der Anschaffungs- oder Herstellungskosten beweglicher, 15 vom Hundert der Kosten unbeweglicher Wirtschaftsgüter von ihrem Gewinn im Anschaffungs- oder im folgenden Jahr absetzen.

Da die Einheitsbewertung einen schulden- und pachtfreien Betrieb fingiert hatte, mußten ferner *Pachteinnahmen* dem Gewinn zugeschlagen werden, „wenn die Pachtzinsen begrifflich Einkünfte aus (Land- und Forstwirtschaft) darstell(t)en"[35]. *Verausgabte Pachtbeträge*[36] hingegen durften nur insoweit vom steuerlichen Betriebsgewinn abgezogen werden, als sie den nachhaltig erzielbaren Reinertrag (d. h. ein Zwölftel des Einheitswertes) der zugepachteten Flächen nicht überstiegen (§§ 2 Abs. 1 Ziff. 2 sowie Abs. 3 in Verbindung mit 5 Abs. 1 VOL); *Schuldzinsen* waren jedoch in voller Höhe abzugsfähig (§ 2 Abs. 3 VOL).

---

[34] Vgl. dazu *Krill*, a.a.O., S. 129.

[35] *Felsmann*, a.a.O., S. 380 sowie S. 45 (Einfügungen vom Verfasser).

[36] Waren in den Pachtzinsen Steuern (z. B. Grundsteuern) und sonstige bei der Feststellung des Einheitswertes bereits berücksichtigte Lasten enthalten, die der Verpächter zu tragen hatte, so waren nur die um diese Posten gekürzten „reinen" Pachtzinsen abzugsfähig (§ 5 Abs. 1 VOL sowie *Felsmann*, a.a.O., S. 381).

Es ist aber zu bedenken, daß es eine große Zahl von Betrieben gab, die einerseits wegen des Unterschreitens der Grenzen des § 161 AO nicht buchführungspflichtig waren, andererseits aber wegen ihres 40 000 DM übersteigenden Jahresumsatzes nicht mehr nach den Bestimmungen der VOL veranlagt werden durften (sogenannte *rechtmäßige Schätzungslandwirte)*. Für diese Betriebe wäre, da wegen des Fehlens von Aufzeichnungen auch bei ihnen eine Veranlagung gemäß § 4 Abs. 3 EStG ausschied, eine Gewinnschätzung, wie sie § 217 AO vorsieht, angezeigt gewesen. Der Finanzverwaltung war allerdings die Veranlagung dieser Schätzlandwirte *nach* der VOL verwehrt, sie veranlagte sie daher *„in Anlehnung an"* die VOL.

Dabei wendete sie zwei Methoden an: Die erste (nur sehr selten gebrauchte) bestand darin, das Ergebnis, das sich aufgrund der VOL ergab, um einen festen Vomhundertsatz (25 oder 30) zu erhöhen. Die zweite Art entsprach der VOL insofern, als anstelle eines Zwölftels ein *größerer Bruchteil des Einheitswertes*[37] als Grundbetrag festgesetzt wurde. Diese Bruchteile waren bei nahezu allen Oberfinanzdirektionen unterschiedlich festgelegt und wurden alljährlich verändert. Gelegentlich waren sie nach der Höhe des Einheitswertes pro Hektar derart gestaffelt, daß für die höchsten (niedrigsten) Pro-Hektar-Einheitswerte die niedrigsten (höchsten) Bruchteile (etwa ein Zehntel bis ein Sechstel) festgesetzt wurden.

Die *Lohnansätze* für die Arbeitsleistung des rechtmäßigen Schätzungslandwirtes und seiner Familienangehörigen im Betrieb, der zweite pauschalierte Einkommensbestandteil, waren freilich *die gleichen* wie die für die VOL-Landwirte gültigen. Der Bundesfinanzhof hatte sogar in einem Urteil ausdrücklich gefordert, diese Zurechnungen in gleicher Höhe wie bei unmittelbarer Anwendung der VOL vorzunehmen, da er die Gewinnermittlungsvorschriften der VOL sowohl hinsichtlich der VOL- als auch der Schätzungslandwirte als ein „aufeinander abgestimmtes System"[38] ansah. Auch bezüglich der Sonderabschreibungen (§ 77 EStDV) waren die rechtmäßigen Schätzungs- den VOL-Landwirten gleichgestellt.

Die vierte Gruppe von steuerpflichtigen Landwirten umfaßte diejenigen, deren Betriebe die Grenzen des § 161 AO überschritten, die aber dennoch keine Bücher führten. Diese sogenannten *unrechtmäßigen Schätzungslandwirte* wurden in der weitaus überwiegenden Zahl der Fälle in der Nachkriegszeit trotz des bewußten Verstoßes gegen ihre Aufzeichnungspflicht formal ebenso behandelt wie die rechtmäßigen;

---

[37] In Höhe dieses Bruchteiles konnten dann auch Pachtzinsen für zugepachtete Flächen geltend gemacht werden.

[38] BFH-Urteil IV 33/57 vom 31. März 1960. In: BStBl. III, S. 229.

meist wurde allerdings bei ihnen durch Erhöhung des Bruchteilsatzes ceteris paribus ein höherer Grundbetrag veranschlagt. Allein von der Gewährung von Sonderabschreibungen waren diese Landwirte ausgeschlossen.

Der nach den Bestimmungen der VOL ermittelte *Gewinn* galt *für alle Jahre,* in denen am gleichen Einheitswert festgehalten wurde. Nur bei einer wesentlichen Änderung des nachhaltig erzielbaren Gewinnes (etwa durch Zupachtung neuer Flächen etc.) erfolgte eine Neufestsetzung, jedoch auf der Basis der Einheitswerte von 1935. Damit erhellt, daß für die nach der oder „in Anlehnung an" die VOL steuerpflichtigen Landwirte auch die Einkommensteuerschuld ceteris paribus in allen Jahren gleich blieb (§ 9 Abs. 1 VOL), vorausgesetzt, daß sie nur Einkünfte aus Land- und Forstwirtschaft oder neben diesen solche von nicht mehr als 300 DM bezogen (§ 10 VOL) und ihr Gewinn nicht durch Zuschläge (§§ 7 und 9 Abs. 2 VOL) korrigiert wurde.

2. Die Übergangsregelung für die Wirtschaftsjahre 1965/66 bis 1967/68 im „Gesetz über die Ermittlung des Gewinns aus Land- und Forstwirtschaft nach Durchschnittsätzen" (GDL)

Nachdem die VOL für verfassungswidrig erklärt worden war, stand der Steuergesetzgeber vor dem Problem, für die Zeit bis zum Abschluß einer neuen Einheitsbewertung eine Übergangsregelung zu finden. Der Bundesfinanzhof hatte die Anwendung der VOL nach dem Ende der Veranlagung für das Wirtschaftsjahr 1964/65 untersagt, so daß der Gesetzgeber zu raschem Handeln gezwungen war. Die Übergangsregelung für die Wirtschaftsjahre 1965/66 bis 1967/68 findet sich in dem gleichen Gesetz, dem oben zitierten GDL, das die VOL nach Abschluß der neuen Einheitsbewertung ersetzt.

Das GDL kennt wie die VOL *zwei Arten von Durchschnittsätzen.* An die Stelle des vom betrieblichen Einheitswert abhängigen *Grundbetrages* ist ein solcher getreten, der aus den *Hektarsätzen* des § 12 Abs. 3 GDL, deren Höhe sich nach dem Hackfruchtbauanteil an der Nutzfläche des Betriebes bemißt, zu errechnen ist (vgl. Tabelle 7).

Ebenso findet die *Arbeitsleistung* wieder in einem *Durchschnittsatz* Berücksichtigung, der für jede männliche (weibliche) Vollarbeitskraft 3 300 (2 640) DM beträgt, wobei in diesem Wertansatz ein Betrag von 250 DM für den Mietwert der eigenen Wohnung (der dem Pauschsatz für freie Wohnungen der Sozialversicherung entspricht[39]) enthalten ist (§ 12 Abs. 4 Ziff. 1 GDL). Für die Leitung des Betriebes sind dem Durch-

[39] Vgl. BT-Drucksache IV/3568, S. 6.

Tabelle 7

Hektarsätze gemäß § 12 Abs. 3 GDL

Hackfruchtbauanteil an der landwirtschaftlichen Nutzfläche in v. H.		Hektarsatz in DM
0 bis 10		50
über 10 bis 15		100
über 15 bis 20	(davon mehr als 50 v. H. Kartoffelanbau)	105
über 15 bis 20	(davon weniger als 50 v. H. Kartoffel- und Zuckerrübenanbau)	150
über 15 bis 20	(davon mehr als 50 v. H. Zuckerrübenanbau)	180
über 20	(davon mehr als 50 v. H. Kartoffelanbau)	140
über 20	(davon mehr als 50 v. H. Kartoffel- und Zuckerrübenanbau)	200
über 20	(davon mehr als 50 v. H. Zuckerrübenanbau)	240

schnittsatz für den Betriebsleiter 30 DM je Hektar selbstbewirtschafteter Fläche zuzuschlagen. Um die Arbeitsleistung bei der Führung des privaten Haushaltes nicht als Betriebsgewinn zu besteuern, wird der Lohnansatz für die Person, die den Privathaushalt führt, je beköstigte familieneigene Person um ein Fünftel gekürzt. Das GDL stellt wie die Verwaltungsvorschriften zum VOL wieder auf die *betriebsnotwendigen Arbeitskräfte* ab; es ist nach § 4 Abs. 5 nur die nach Art und Umfang des Betriebes angemessene Zahl von Arbeitskräften zu berücksichtigen, so daß *pro Hektar nur 0,1 Vollarbeitskraft* veranschlagt werden darf.

Vereinnahmte Pachtzinsen sowie *Gewinne aus einmaligen und nachhaltigen Betriebseinnahmen* sind, soweit erstere aus der Verpachtung von mehr als 2 Hektar landwirtschaftlicher Betriebsfläche entstehen und letztere 800 DM übersteigen, dem sich aufgrund der Durchschnittsätze ergebenden Gewinn zuzuschlagen (§ 12 Abs. 4 Ziff. 2 und 3 GDL). *Verausgabte Pachtzinsen* sind hingegen nur bis zur Höhe des Wertes abzugsfähig, mit dem die gepachteten Flächen im Grundbetrag enthalten sind (§ 12 Abs. 5 GDL). Wie unter dem Regime der VOL können *Fremdkapitalzinsen* voll geltend gemacht werden (§ 12 Abs. 5 GDL). Beibehalten werden auch die Vorschriften über die Gewährung von *Sonderabschreibungen.*

Bedeutsam für die weiteren Überlegungen ist außerdem § 16 GDL, der bestimmt, daß, abweichend von der Regelung des § 161 Abs. 1 Ziff. 1 Buchstabe e AO, für das Eintreten der Buchführungspflicht in den Wirtschaftsjahren 1965/66 bis 1967/68 an Stelle des Betrages von 9 000 ein solcher von 12 000 DM maßgebend ist. Allerdings läßt das GDL unterhalb dieser Begrenzung die buchmäßige Gewinnermittlung des Landwirtes neben der anhand von Durchschnittsätzen durch die Finanzverwaltung zu (§ 1 Abs. 2): Der Buchgewinn ist nur dann der Besteuerung zu unterwerfen, wenn der Steuerpflichtige das beantragt; der Zensit ist aber verpflichtet, die Versteuerung des tatsächlichen Gewinnes vier Jahre beizubehalten.

Anders als bei der VOL, die ihrem Buchstaben gemäß nur für Betriebe bis zu einem Jahresumsatz von 40 000 DM galt, ist der Anwendungsbereich des GDL nicht durch eine solche Bestimmung eingegrenzt. Folgerichtig heißt es in einem Runderlaß des Hessischen Ministers der Finanzen vom 23. Dezember 1966[40] auch: „Als Schätzungslandwirte kommen vom Wirtschaftsjahr 1965/66 ab nur noch solche Land- und Forstwirte in Betracht, die zur Buchführung verpflichtet sind, tatsächlich aber keine bzw. keine ordnungsmäßigen Bücher führen." Damit entfällt die bisherige Einteilung in „echte" und „unechte" Schätzungslandwirte, und es gibt, wendet man die alte Terminologie an, nur noch „unechte" Schätzungslandwirte. Der *Kreis der GDL-Landwirte* ist daher *viel größer als der der „reinen" VOL-Landwirte,* denn zu letzteren stoßen noch die „echten" Schätzungslandwirte, die bisher im allgemeinen „in Anlehnung an" die VOL veranlagt worden waren. Bei den verbleibenden Schätzungslandwirten, die also nach Maßgabe des § 161 Abs. 1 AO und der erhöhten Gewinngrenze von 12 000 DM buchführungspflichtig sind, jedoch keine ordnungsmäßigen Bücher führen, verfährt die Finanzverwaltung in Analogie zum früher angewendeten Modus so, daß sie den Grundbetrag nach dem GDL vervielfacht, um, wie es in dem zitierten Erlaß heißt, „den tatsächlich erzielten Gewinn möglichst genau zu schätzen". Die Hektarsätze für die Schätzungslandwirte in Hessen sind in Tabelle 8 verzeichnet[41].

---

[40] Rundverfügung der OFD Frankfurt betr. Einkommensteuerveranlagung der nichtbuchführenden Land- und Forstwirte S 2149 A — 1 — St I 12 vom 16. Januar 1967. Sonderdruck der OFD Ffm., S. 7.

[41] Zur Behandlung der Schätzungslandwirte vgl. auch die Verfügung der OFD Koblenz S 2140 (S 2141 A — S 2143) — St 322 vom 21. Dezember 1966. In: DStZ, Ausg. B, LV. Jg. (1967), S. 26.

Tabelle 8

Hektarsätze für die Schätzungslandwirte in Hessen

Hackfruchtbauanteil an der landwirtschaftlichen Nutzfläche in v. H.		Hektarsatz in DM
0 bis 10		200
über 10 bis 15		300
über 15 bis 20	(davon mehr als 50 v. H. Kartoffelanbau)	315
über 15 bis 20	(davon weniger als 50 v. H. Kartoffel- und Zuckerrübenanbau)	450
über 15 bis 20	(davon mehr als 50 v. H. Zuckerrübenanbau)	540
über 20	(davon mehr als 50 v. H. Kartoffelanbau)	420
über 20	(davon weniger als 50 v. H. Kartoffel- und Zuckerrübenanbau)	600
über 20	(davon mehr als 50 v. H. Zuckerrübenanbau)	720

Quelle: Siehe Fußnote 40, Seite 35.

3. Die endgültige Regelung für die Wirtschaftsjahre 1968/69 bis 1972/73 im GDL

Die nach ihrem Wortlaut (§ 11) erstmals für das Wirtschaftsjahr 1968/69, letztmals für das Wirtschaftsjahr 1972/73 anzuwendende Neuregelung der Einkommensbesteuerung nichtbuchführender Landwirte durch das GDL ist ein *getreues Spiegelbild der VOL.* Ausgangspunkt der Gewinnermittlung ist nämlich wie bei der VOL der Einheitswert des Betriebes. Zwar entspricht ein Achtzehntel des Wirtschaftswertes dem Reinertrag des Betriebes, und folgerichtig wird dieser daher (in § 3 Abs. 6 GDL) auch als Grundbetrag bezeichnet, der Gesetzgeber hat sich jedoch dafür entschieden, den *Grundbetrag um 50 vom Hundert* zu erhöhen (sogenannter Ausgangswert; § 2 Abs. 1 Ziff. 1 GDL). Vom *Wohnungswert,* dem zweiten Bestandteil des Einheitswertes, ist hingegen *nur ein Achtzehntel,* also die einfache Nettojahresmiete, heranzuziehen.

Zweiter Bestandteil der Steuerbemessungsgrundlage bleiben auch weiterhin die *Durchschnittsätze für die Arbeitsleistung* der Betriebsleiterfamilie, die nach der Höhe des Wirtschaftswertes variieren, wie Tabelle 9 zeigt.

Für weibliche Arbeitskräfte werden die Tabellenwerte um 20 vom Hundert ermäßigt, der Lohnansatz für die Bäuerin wird pro im Privathaushalt beköstigte Person um ein Fünftel vermindert (§ 4 Abs. 1 und 4 GDL). Für Kinder zwischen dem 15. und 18. Lebensjahr ist nur die

Tabelle 9

Lohnansätze für die Arbeitsleistung der Betriebsleiterfamilie gemäß § 4 Abs. 1 Ziff. 1 GDL

Ausgangswert (in DM)	Lohnansatz je Voll-Arbeitskraft (in DM)
bis 10 000	2 700
über 10 000 bis 20 000	2 800
über 20 000 bis 30 000	2 900
über 30 000 bis 40 000	3 000
über 40 000 bis 50 000	3 100
über 50 000	3 200

Hälfte der Tabellenwerte anzusetzen (§ 4 Abs. 2 GDL). In der Neuregelung wird auch die Vorschrift (§ 4 Abs. 5 GDL) beibehalten, daß nur die Arbeitsleistung der *„betriebsnotwendigen" Arbeitskräfte* durch Lohnansätze zu veranschlagen ist. Ein Zuschlag für die Leitung des Betriebes durch den Inhaber ist in Höhe von 2,5 vom Hundert des Wirtschaftswertes vorzunehmen (§ 4 Abs. 1 Ziff. 2 GDL). *Einmalige sowie* solche *nachhaltigen Betriebseinnahmen,* die nicht bei der Ermittlung des Wirtschaftswertes herangezogen worden sind, sind wie früher durch Gewinnzuschläge zu berücksichtigen (§§ 6, 8 GDL).

Vereinnahmte Pachtzinsen sind dem Betriebsgewinn wie im Rahmen der Übergangsregelung nur dann hinzuzufügen, wenn die verpachteten Flächen größer als 2 Hektar sind (§§ 2 Abs. 1 Ziff. 3 in Verbindung mit 5 Abs. 2 GDL). Die Abzugsfähigkeit von *Pachtzahlungen* ist auf ein Zwölftel des Wirtschaftswertes restringiert und völlig ausgeschlossen, wenn die Pachtfläche kleiner als 2 Hektar ist (§ 5 Abs. 1 GDL). *Schuldzinsen* dagegen sind weiterhin in voller Höhe abzugsfähig (§ 2 Abs. 2 GDL).

Werden keine Zuschläge für mehrere oder einzelne Jahre veranschlagt, gilt der nach den Bestimmungen des GDL ermittelte steuerliche *Gewinn für alle Wirtschaftsjahre,* in denen der Ausgangswert unverändert bleibt (§ 7 GDL).

c) Der landwirtschaftliche Sonderfreibetrag, Verlustausgleich und -vortrag, der Veranlagungszeitraum

Die Einführung eines *Sonderfreibetrag*es für landwirtschaftliche Einkünfte, wie er sich heute im § 13 Abs. 3 EStG findet, geht auf die „Verordnung des Reichspräsidenten zur Sicherung von Währung und Finanzen"[42] zurück, deren Kapitel I (§ 1) bestimmte, daß für die ersten 6 000

[42] Vom 1. Dezember 1930. In: RGBl. I, S. 517.

RM des Einkommens aus Land- und Forstwirtschaft die Einkommensteuerschuld durch die Grundsteuer dann abgegolten sei, wenn das Gesamteinkommen des Steuerpflichtigen 12 000 RM nicht übersteige („Landwirtschaftliche Einheitssteuer"). Diese „Einheitssteuer" wurde dann in den § 13 Abs. 3 EStG 1934 übernommen: Unterschritt das Einkommen des Zensiten den Betrag von 8 000 RM, waren die ersten 3 000 RM landwirtschaftlicher Einkünfte steuerfrei. Gleichzeitig wurde aber innerhalb dieser Einkommensgrenze ein *Verlustausgleich* für land- und forstwirtschaftliche Einkünfte nur zugelassen, wenn der Verlust 1 000 RM überstieg. Jedoch erlaubte § 11 VOL (wie neuerdings § 10 GDL) einen Steuererlaß bei Vorliegen außergewöhnlicher Umstände[43]. Das Kontrollratsgesetz Nr. 12 senkte dann 1947 den Sonderfreibetrag auf 1 000 und beschränkte seine Anwendung auf ein Einkommen bis zu 6 000 RM. Ab 1. Januar 1949 wurde er schließlich nur noch VOL-Landwirten zuteil, und ausschließlich für diese galt auch die Beschränkung des Verlustausgleichs[44]. Im Zuge der Erhöhung der Buchführungsgrenze wurden allerdings die VOL-Landwirte mit einem Durchschnittsatzgewinn zwischen 6 000 und 9 000 DM von der Gewährung des Sonderfreibetrages ausgeschlossen. In diesem Punkte schaffte das Steueränderungsgesetz 1964[45] Remedur, indem es bei Überschreiten der Einkommensgrenze von 6 000 DM den Freibetrag insoweit verminderte, wie diese Einkommensgrenze überschritten wurde. Die letzte Änderung erfuhr dieses Überbleibsel der großen Depression im Rahmen der Neuregelung der Durchschnittsatzbesteuerung durch das GDL, das die Beschränkung des Freibetrages auf einen bestimmten Kreis von Landwirten aufhob, ihn auf 1 200 DM erhöhte und beiden Ehegatten zugestand (§ 13 GDL). Zugleich wurde 1965 auch die Einschränkung des Verlustausgleichs aufgehoben. Der *Verlustvortrag* (§ 10 d EStG) bleibt hingegen weiterhin den Landwirten verschlossen, deren Gewinne anhand von Durchschnittsätzen ermittelt werden.

Was nun die *Abgrenzung der Veranlagungsperiode* anlangt, so läßt § 2 Abs. 6 EStG Abweichungen des Wirtschafts- vom Kalenderjahr sowohl für Land- und Forstwirte als auch für Gewerbetreibende zu. Entgegen der Regelung für die Gewerbetreibenden ist allerdings bei Landwirten der Gewinn zweier Wirtschaftsjahre entsprechend ihrem zeitlichen Anteil am Kalenderjahr bei der Veranlagung auf letzteres aufzuteilen.

---

[43] Als solche werden in beiden Vorschriften genannt: Mißernten, Viehseuchen und „sonstige Seuchen" infolge höherer Gewalt. Dieser Steuererlaß wurde allerdings nach Kenntnis des Verfassers nur in sehr seltenen Fällen gewährt.

[44] *Felsmann*, a.a.O., S. 404.

[45] Vom 16. November 1964. In: BStBl. I, S. 553.

d) Die Erfassung von Veräußerungsgewinnen

Bei der Erfassung von Veräußerungsgewinnen ist zu unterscheiden, ob diese Gewinne beim Verkauf einzelner Inventarstücke des (toten) Anlage- oder Umlaufvermögens oder des gesamten (bzw. eines Teil-)-Betriebes entstanden sind.

„Die *Veräußerung einzelner Inventarstücke* ist ein Vorgang innerhalb des landwirtschaftlichen Betriebes und ist steuerlich im Rahmen des zu besteuernden Gewinns zu erfassen[46]." Daher ist ein Veräußerungsgewinn eines buchführenden Landwirtes, als welcher die Differenz zwischen Veräußerungserlös und Buchwert anzusehen ist, in den Betriebsgewinn einzubeziehen und mit diesem zu versteuern. Bei nichtbuchführenden Landwirten hingegen sind Veräußerungserlöse als einmalige Betriebseinnahmen (im Sinne der §§ 9 Abs. 2 VOL bzw. 8 GDL) zu betrachten und durch Zuschläge zum aufgrund von Durchschnittsätzen festgesetzten Gewinn zu berücksichtigen, wobei sich jedoch der Zuschlag ebenfalls nach der Differenz zwischen Verkaufserlös und Buchwert des veräußerten Objektes richtet[47].

Bei der Erfassung des Gewinns aus der *Veräußerung des gesamten oder eines Teilbetriebes*[48] jedoch sind buchführende und nichtbuchführende Landwirte auch formal gleichgestellt, und für beide Gruppen ist die Vorzugsbehandlung bei der Versteuerung des Veräußerungsgewinns wie bei gewerblichen Unternehmern anzuwenden (§§ 14 in Verbindung mit 16 Abs. 2 bis 5 EStG). Als Veräußerungsgewinn ist der Betrag anzusehen, „um den der Veräußerungspreis nach Abzug der Veräußerungskosten den nach § 4 Abs. 1 EStG für den Zeitraum der Veräußerung ermittelten Wert des Betriebsvermögens (Buchwert) übersteigt"[49]. Entscheidender Punkt in diesem Zitat ist der Hinweis auf § 4 Abs. 1 EStG, denn daraus erhellt, daß der auf den Grund und Boden entfallende Anteil aus dem Veräußerungserlös auszuscheiden ist und folglich nicht der Besteuerung unterliegt, weil im Rahmen des unvollständigen Betriebsvermögensvergleichs der Boden nicht zu aktivieren ist. Die Ermittlung dieses Veräußerungsgewinns birgt bei buchführenden Landwirten kaum Probleme, denn der derart definierte Wert ihres Betriebes läßt sich

---

[46] *Krill*, Edgar, und *Kräusel*, Rudolf: Die Einkommensteuer der Land- und Forstwirtschaft. 2. Aufl., Herne-Berlin 1966, S. 252 (Hervorhebung vom Verfasser).

[47] *Felsmann*, a.a.O., S. 388.

[48] „Eine Veräußerung liegt dann vor, wenn die wesentlichen Grundlagen des Betriebs oder Teilbetriebs im ganzen an einen Erwerber entgeltlich übertragen werden und dieser den Betrieb oder Teilbetrieb als lebenden Organismus (!) ohne wesentliche Veränderungen und Ergänzungen fortführen kann." (*Felsmann*, a.a.O., S. 423).

[49] *Krill - Kräusel*, a.a.O., S. 254.

anhand der Buchführung ohne größere Schwierigkeiten feststellen. Bei nichtbuchführenden Landwirten ist hingegen ein Buchwert für das Betriebsvermögen nicht vorhanden. Daher muß ein fiktiver Buchwert in der Weise ermittelt werden, wie er sich bei der Gewinnermittlung nach § 4 Abs. 1 EStG ergeben hätte[50].

B. Die Einkommensbesteuerung der französischen Landwirtschaft

a) Die Ermittlung der Pro-Hektar-Reingewinnsätze

In Frankreich besteht zwar für die Landwirtschaft keine tarifliche Begünstigung, etwa in Form eines Sonderfreibetrages, wie in Deutschland, jedoch in bezug auf die Gewinnermittlung ein *Sonder-Einkommensteuerrecht,* der *„forfait collectif"*, neben dem die „imposition d'après le bénéfice réel" nur eine sehr bescheidende Rolle spielt.

Diese „kollektive" Einkommensermittlung für die Landwirte beginnt damit, daß während des Erntejahres die statistischen Abteilungen verschiedener Regierungsstellen, insbesondere des Landwirtschaftsministeriums, vor allem Erntestand und -ergebnisse, daneben aber auch den Absatz landwirtschaftlicher Maschinen, von Düngemitteln etc. beobachten und die Ergebnisse ihrer Erhebungen im Herbst der „Direction Générale des Impôts" im Finanzministerium mitteilen. Die Auswertung dieser statistischen Ergebnisse findet ihren Niederschlag in *Instruktionen,* die sowohl Auskünfte über die Ernteergebnisse in ganz Frankreich als auch — soweit erhoben — über die Verhältnisse in den einzelnen Departements enthalten und die den Leitern der zuständigen Steuerverwaltung in den Departements zugeleitet werden. Der Leiter einer departementalen Steuerverwaltung versucht nun zunächst, sich anhand dieser Unterlagen und weiterer Auskünfte von den Landwirtschaftsbehörden einen Eindruck von der Ertragslage der Landwirtschaft in seinem Departement zu verschaffen. Zu diesen vorbereitenden Arbeiten gehört auch die Prüfung der Frage, ob die Einteilung des Departements in landwirtschaftliche Regionen, also in Gebiete mit gleichen oder ähnlichen Anbauverhältnissen[1], wie sie Art. 64-2, 3e al., des „Code Général des Impôts" (CGI) vorschreibt, im Veranlagungszeitraum beibehalten werden kann.

Eine oder zwei Regionen wählt die Steuerverwaltung als *„régions pilotes"* aus, um dort an einem fingierten Modellbetrieb eine Gewinnermittlung vorzunehmen. Diese fingierte Gewinnermittlung („compte-

---

[50] *Krill - Kräusel,* a.a.O., S. 254.

[1] In den 90 Departments gibt es rund 300 „régions agricoles" (Cf. World Tax Series. Harvard Law School — International Tax Program —: Taxation in France. Chicago 1966, p. 635, im folgenden zitiert als WTS, France).

type d'exploitation"), die auf den erwähnten Ergebnissen der statistischen Erhebungen und den Auskünften der Landwirtschaftsbehörden basiert, enthält Schätzungen des Viehbestandes und seines Wertes, der Bodennutzung und ihrer Ergebnisse, des Selbstverbrauchs, des Maschinen- und Gebäudebestandes sowie der Betriebsausgaben, insbesondere auch der Pachtbeträge („fermage") eines typischen Betriebes der „polyculture" (und besonderer Kulturarten) dieser Region. Der geschätzte Ertrag jeder angebauten Frucht- sowie jeder aufgezogenen Viehart wird sodann mit den entsprechenden (tatsächlichen) Verkaufspreisen multipliziert. Vom so entstandenen Erlös wird der meist geschätzte Betriebsaufwand abgezogen, um zum Betriebsgewinn zu gelangen, der dann durch die als typisch angesehene Betriebsfläche dividiert wird. Bei dieser fingierten Gewinnermittlung wird unterstellt, daß der Betriebsleiter nicht der Eigentümer des Betriebes ist, sondern die Betriebsflächen gepachtet hat. Aufgrund dieses für die „région pilote" typischen Ergebnisses (in Art. 64-2, 3e al., CGI wird im Hinblick auf die „polyculture" davon gesprochen, für die landwirtschaftliche Region einen *„bénéfice forfaitaire moyen"* zu fixieren) werden dann nach Maßgabe der mittleren regionalen Katasterreinerträge[2] die Pro-Hektar-Reingewinne der übrigen Regionen ermittelt.

Die Ergebnisse dieser Berechnungen sind auf departementaler und nationaler Ebene aufeinander abzustimmen (Art. 64-2, 5e al., CGI). Zu diesem Zweck tauschen die Direktoren der Departement-Steuerverwaltungen ihre Ergebnisse untereinander aus, stimmen sie aufeinander ab und teilen dann die so korrigierten Reingewinnsätze der „Direction Générale des Impôts" im Finanzministerium mit, die ihrerseits zum Zwecke der Vereinheitlichung die Ergebnisse verändern kann.

Sind die Ergebnisse den Departement-Steuerverwaltungen wieder zugegangen, beginnt das *zweite Stadium des („kollektiven") Gewinnermittlungsverfahrens,* in dem in der Regel die Entscheidung über die Reingewinnsätze fällt. Entscheidungsgremium ist die *„Commission départementale des impôts directs"*, in der bei Beratungen über die Besteuerung der Landwirtschaft deren Interessenvertreter stimmberechtigte Mitglieder sind. Es ist zuzugeben, daß nach der Steuerreform von 1959 der *Einfluß der Landwirtschaftsvertreter* in der Kommission abgeschwächt wurde. Früher nämlich mußte sie, paritätisch mit vier Mitgliedern der Verwaltung (einem Beamten des Verwaltungsgerichts, der den Vorsitz führt, sowie drei Beamten der departementalen Steuerverwaltung) und vier Vertretern des Bauernverbandes (von denen zwei

---

[2] Vgl. *Lotz,* Klaus-M.: Die Besteuerung der französischen Landwirtschaft und ihre praktische Auswirkung. Diss. Bonn 1968, S. 146 f. Über die Ermittlung der Katasterreinerträge siehe unten S. 42 f.

Pächter — „fermiers, métayers" — und zwei selbstwirtschaftende Eigentümer eines landwirtschaftlichen Betriebes — „propriétaires exploitants" — sein müssen) besetzt, zu einem Mehrheitsbeschluß kommen, während heute bei Stimmengleichheit das Votum des Vorsitzenden den Ausschlag gibt (Art. 1651 CGI). Nachdem die Kommission ggf. über eine Neueinteilung des Departements in landwirtschaftliche Regionen entschieden hat, tritt sie in die Verhandlungen über die Reingewinnsätze ein. Dabei dienen *die von der Finanzverwaltung* für die einzelnen Regionen *festgelegten Sätze* de facto *nur als Verhandlungsbasis*, dem die landwirtschaftlichen Interessenvertreter ein teils ebenfalls zahlenmäßig untermauertes, teils nur frei geschätztes Gegenangebot entgegenhalten, so daß die endgültig *verabschiedeten Hektarsätze* nur als das *Ergebnis eines Kompromisses* zwischen den beiden Verhandlungspartnern angesehen werden können.

Die Verhandlungsergebnisse der Kommission sind dem Präsidenten des Bauernverbandes im Departement und dem Direktor der departementalen Steuerverwaltung mitzuteilen. Akzeptieren beide die Entscheidung, was in der Regel der Fall ist, erhalten die Hektarsätze Rechtskraft und werden *im „Journal officiel" veröffentlicht.* Erhebt hingegen eine der beiden Parteien Einspruch, hat die „Commission centrale" im Finanzministerium die Entscheidung zu treffen. Sie besteht aus drei hohen Justizbeamten, nämlich jeweils einem des Kassationshofes, des Rechnungshofes und des Staatsrates; Vertreter der landwirtschaftlichen Interessenorganisationen haben neben zwei Beamten des Finanz- und einem des Landwirtschaftsministeriums in diesem Gremium nur beratende Stimme, jedoch können Delegierte des Bauernverbandes im betreffenden Departement vor der Kommission gehört werden (Art. 1652 CGI). Gegen die Entscheidung der „Commission centrale" kann dann ein Einspruch nur noch vor dem „Conseil d'Etat" geltend gemacht werden, was allerdings nur in sehr seltenen Fällen geschieht[3].

b) Die Rolle des Katasterreinertrages bei der Einkommensbesteuerung landwirtschaftlicher Betriebe

Der „Code Général des Impôts" bestimmt in Art. 64-2, 3e et 4e al., daß die Reingewinnsätze in den landwirtschaftlichen Regionen nach Maßgabe des „revenu cadastral de l'exploitation", also der Bemessungsgrundlage der Grundsteuer, festzulegen sind. Die Entscheidung darüber, wie die Reingewinnsätze im Maßstab dieser Katasterreinerträge abzustufen sind, fällt in der Regel ebenfalls in der „Commission départementale". Die *Einordnung der Betriebe in die* so entstehenden *Ertrags-*

---

[3] Cf. *Duverger*, Maurice: Finances Publiques. Paris 1965, p. 543.

klassen hingegen hat der „Inspecteur des impôts" zusammen mit der „Commission communale" vorzunehmen (Art. 67, 1e al., CGI), in der neben dem Bürgermeister zumindest in vorwiegend ländlichen Gemeinden wiederum die Landwirte selbst vertreten sind, weil die Kommissionsmitglieder vom Gemeinderat bestellt werden. Gegen diese Einstufung seines Betriebes in eine Ertragsklasse, die am Rathaus auszuhängen ist, kann der Landwirt bei der „Commission départementale" Einspruch einlegen.

Hat der „revenu cadastral" des Betriebes *bei* seiner *Einstufung in eine Ertragsklasse nur mittelbare Bedeutung für die Einkommensbesteuerung,* da er damit über die Höhe des für den Betrieb anzuwendenden Reingewinnsatzes mitbestimmt, so erlangt er eine *unmittelbare Bedeutung als Teil der Einkommensteuerbemessungsgrundlage* dann, *wenn* der *Eigentümer* seinen *Betrieb selbst bewirtschaftet.* Da nämlich, wie oben beschrieben, der „compte-type d'exploitation" unter der Annahme aufgestellt wird, der Betriebsleiter sei Pächter, wird bei der Bewirtschaftung durch den Betriebseigentümer die „rente du sol", als die der Katasterreinertrag angesehen wird, dem Pro-Hektar-Reingewinnsatz zugeschlagen. Daß sich das Einkommensteuerrecht dieser Wertgröße noch heute bedient, zeigt einerseits die früher vorherrschende enge Verbindung zwischen Einkommen- und Grundsteuer, andererseits stellt sie den *groben ertragsteuerartigen Charakter der französischen Landwirtschaftsbesteuerung* heraus.

Vor der großen Steuerreform von 1948 waren nämlich die Gewinnsätze der Einkommensteuer für die Landwirte „égal au revenu d'après lequel les autres terres exploitées sont imposées à la contribution foncière"[4]. Ausgangspunkt der *Ermittlung der Grundsteuerbemessungsgrundlage* ist die Aufteilung der Grundstücke einer Gemeinde in verschiedene Nutzungskategorien, wobei die landwirtschaftlichen Flächen je nach Fruchtbarkeit und Geländegestaltung weiter in Ertragsklassen unterteilt werden (Art. 1407 CGI). Für jede Nutzungsart und Ertragsklasse wird eine typische Vergleichsparzelle *(„parcelle-type")* ausgewählt. Für diese wird der Pachtwert ermittelt, der, um 20 v. H. vermindert, als der „revenu cadastral" angesehen wird (Art. 1402 CGI), was insofern keine Schwierigkeiten bereitet, als „die Pachten in Frankreich einer starken Reglementierung unterliegen und langfristige Pachtverträge anzeige- und steuerpflichtig sind"[5]. Daher fällt es dem Katasterbeamten nicht schwer, zunächst einen Gemeindeschätzungsrahmen aufzustellen, der wieder mit denen anderer Gemeinden, dann auf departementaler und nationaler Ebene abzustimmen ist. Wie bei der Entschei-

[4] *Joly,* André: Les Impôts sur les revenus. Paris 1936, p. 41.
[5] *Lotz,* a.a.O., S. 89.

dung über die Reingewinnsätze stellt dieser von der Finanzverwaltung ausgearbeitete Gemeindeschätzungsrahmen nur die Basis für die Verhandlungen in der „Commission communale" dar. Hat diese schließlich über den Schätzungsrahmen entschieden, werden alle Grundstücke in diese Bewertungsskala eingeordnet.

Die Crux der Grundsteuer freilich ist die *„révision générale" der Bemessungsgrundlagen,* die nach neuerem Steuerrecht *alle fünf Jahre* stattfinden soll (Art. 1389 CGI)[6]. Da aber der „revenu cadastral" zumindest in der Vergangenheit jahrzehntelang hinter der Entwicklung der tatsächlichen Grundrenten herhinkte, entschloß sich der Steuergesetzgeber 1920, diesen seit 1908/12 konstant gehaltenen Wert, soweit er als Einkommensteuerbemessungsgrundlage diente, mit einem bestimmten Koeffizienten zu multiplizieren. Trotz der Beibehaltung der alten Katasterwerte setzte die Landwirtschaft mit zunehmender Zeit eine Reduktion dieses Koeffizienten durch[7]. Erst 1948 wurde schließlich durch die große Steuerreform diese unglückliche direkte Verbindung zwischen Einkommen- und Grundsteuer, wenigstens was die „fermiers" angeht, aufgegeben und stattdessen nur noch die Eingruppierung in die Ertragsklassen aufgrund des Katasterwertes des Betriebes vorgenommen.

Nach der Einordnung seines Betriebes in eine Ertragsklasse kann der *„fermier"* durch einfache Multiplikation des entsprechenden Reingewinnsatzes mit der Betriebsfläche seinen steuerlichen Gewinn ermitteln. Da bei der fiktiven Erfolgsrechnung alle Betriebseinnahmen und -ausgaben erfaßt und folglich im Reingewinnsatz zum Ausdruck gekommen sind, findet bei der Veranlagung des „fermier" keine weitere Korrektur des steuerpflichtigen Gewinnes mehr statt. Eine Sonderstellung nahmen bis zur Steuerreform von 1959 allein die *Zinsausgaben* ein, denn der Landwirt konnte sie als Sonderausgaben (nicht als Betriebsausgaben!) vom steuerpflichtigen Gewinn abziehen. Aber auch diese Möglichkeit wurde durch die Reformgesetzgebung abgeschafft. Hat der Landwirt so hohe Zinslasten zu tragen, die, vom tatsächlichen Gewinn abgezogen, einen niedrigeren steuerpflichtigen Gewinn als den im Wege des „forfait" festgestellten ergeben, kann er heute nur noch von

---

[6] Die letzte Neubewertung fand zwischen 1959 und 1962 auf den 1. Januar 1961 als Stichtag statt und wurde ab 1963 der Besteuerung zugrundegelegt. Die Planung für eine Neubewertung hat 1967 begonnen.

[7] So hatte der Koeffizient beispielsweise 1926 noch 3, 1934 aber nur 1,5 betragen und wurde 1935 ganz abgeschafft, allerdings während des Krieges erneut eingeführt. Vgl. dazu *Albers,* Willi: Die Einkommensbesteuerung in Frankreich seit dem Ersten Weltkrieg. Eine Analyse ihrer wirtschaftlichen, sozialen und administrativen Probleme. Kieler Studien, Heft 42. Kiel 1957, S. 136 ff.

seinem Optionsrecht Gebrauch machen und die Besteuerung nach dem „bénéfice réel" beantragen, auf die unten näher einzugehen ist.

Nur in den Ausnahmefällen „de calamités telles que grêle, gelée, inondation, dégâts occasionés par les rongueurs sur les récoltes en terre, mortalité du bétail" (Art. 64-5° CGI), die nur seinen Betrieb treffen, nicht aber die gesamte Region, so daß sie bei der Festlegung der Reingewinnsätze nicht berücksichtigt sind, kann der Landwirt eine Reduktion seines steuerpflichtigen Pauschalgewinnes beantragen („dégrèvement"), vorausgesetzt, daß ihm der Bürgermeister oder ein Tierarzt diese besonderen Umstände attestiert. Das *„dégrèvement"* hat allerdings in Frankreich eine weit größere Bedeutung als der Steuererlaß bei Vorliegen außergewöhnlicher Umstände in Deutschland[8] erlangt.

Die *„propriétaires exploitants"* sind durch die Berücksichtigung aller Betriebsausgaben im „compte-type" begünstigt. Denn in der fiktiven Erfolgsrechnung wird der tatsächlich im Durchschnitt gezahlte „fermage brut moyen" als Betriebsausgabe abgezogen, während bei der Berechnung des steuerpflichtigen Gewinnes der verhältnismäßig niedrige „revenu cadastral" als Teil der Bemessungsgrundlage herangezogen wird. Diese Methode der Gewinnaufspaltung findet ihre Parallele im deutschen Pauschbesteuerungsverfahren, aber sie ist in Frankreich ebensowenig wie in Deutschland durch Zweckmäßigkeitserwägungen zu rechtfertigen, denn die Mehrzahl der französischen Landwirte ist Eigentümer der bewirtschafteten Flächen, wenngleich zuzugeben ist, daß der Anteil der Pachtflächen an der gesamten „surface exploitée" im Zunehmen begriffen ist[9].

Bei der dritten in Frankreich üblichen Bewirtschaftungsform, der „métayage" (sc. Teilbau), die besonders im Süden anzutreffen ist, pachtet der Landwirt nicht nur die Nutzflächen, sondern den gesamten Betrieb von einem Verpächter („bailleur"; vgl. Arts. 819 seq. des „Code Rural"[10]) und teilt mit diesem die Ernte, wobei der „bailleur" höchstens ein Drittel der Ernte beanspruchen darf (Art. 821, 1e al., CR). Innerhalb dieser Grenzen gibt es aber starke regionale Unterschiede in der Ernteaufteilung. Im Maßstab der tatsächlichen Aufteilung wird den beiden Partnern dann auch der „fortfait"-Betriebsgewinn bei der Einkommensbesteuerung zugerechnet. Dabei wird der Verpächter insofern begünstigt, als seine Einkünfte aus dem Agrarsektor, obgleich er diesem nicht an-

---

[8] Vgl. oben S. 38. Über die Bedeutung des „dégrèvement" vgl. *Cotton,* Guy: L'Agriculteur et l'impôt sur le revenu. In: Chambres d'Agriculture, 36e année (1965), supplement au no. 314, p. 4.

[9] Vgl. *Fauchon,* Jean: Economie de l'agriculture française. Paris ohne Jahr (um 1954), p. 43.

[10] (CR). Code Rural — Code Forestier. 6e édition. Paris 1965.

zugehören braucht, nach der Pauschalmethode ermittelt werden, während bei der „fermage" die tatsächlichen Pachteinnahmen als Einkünfte aus Grundvermögen („revenu foncier"; Art. 28 CGI) des Verpächters angesehen und als solche versteuert werden.

c) Die Gewinnermittlung anhand einer Buchführung

Die Entscheidung für eine Besteuerung des tatsächlichen anstelle des pauschalierten Betriebsgewinnes hat der Landwirt innerhalb von zwanzig Tagen zu treffen, nachdem das „classement de son exploitation" veröffentlicht worden ist (Art. 69, 1e al., CGI); sie bindet ihn insgesamt drei Jahre an die „imposition d'après le bénéfice réel".

Eine vollständige *landwirtschaftliche Buchführung* liegt nach französischem Steuerrecht dann vor, wenn alle Betriebseinnahmen und -ausgaben ebenso wie die Naturalentnahmen vollständig aufgezeichnet worden sind. In der Bilanz ist außerdem die Differenz zwischen Jahresanfangs- und -endbestand der (noch nicht verkauften) Erntevorräte sowie zugekaufter (nicht dagegen selbstaufgezogener) Viehbestände, mit den Anschaffungskosten bewertet, neben den Betriebsmitteln und -einrichtungen zu aktivieren. Jedoch sind von der Aktivierungspflicht Grundstücke und Gebäude ausgenommen. Ferner hat die Bilanz Forderungen und Verbindlichkeiten zu enthalten. *Abschreibungen* für Abnutzung sind nur insoweit zugelassen, als sie in ihrer Höhe der „durée normale des éléments de l'actif immobilisé" und den „usages de chaque nature d'industrie" entsprechen (Art. 39-1, 2e al., CGI); Sonderabschreibungen bei der Anschaffung landwirtschaftlicher Ausrüstungsgegenstände, wie sie insbesondere das englische Steuerrecht kennt, werden den buchführenden Landwirten in Frankreich nicht gewährt. Jedoch gelten nunmehr auch für sie die am 1. Januar 1965 für alle Investitionsgüter in Kraft getretenen Bestimmungen über die (regelmäßig anzuwendende) degressive Abschreibung, die als genereller Investitionsanreiz für die französische Wirtschaft gedacht ist[11]. Bezüglich kurz- und langfristiger Veräußerungsgewinne, von denen bei nichtbuchführenden unterstellt wird, sie seien in den Reingewinnsätzen enthalten, unterliegen buchführende Landwirte der gleichen (ebenfalls 1965 eingeführten) Neuregelung wie gewerbliche Unternehmer[12]; allerdings

[11] WTS, France, op. cit., p. 422.

[12] Arts. 9—12 des Gesetzes Nr. 65—566 vom 12. Juli 1965. Abgedruckt in: CGI, édition 1966—67, p. 1446. Die steuerliche Behandlung von „capital gains" (in der französischen Terminologie: „plus-values") ist beschrieben in der vom Institut Finanzen und Steuern herausgegebenen Schrift „Neuregelungen bei der Einkommen- und Körperschaftsteuer in Frankreich und Großbritannien". Brief Nr. 75. Bonn 1965, S. 11 ff.

bleiben wie in Deutschland nach wie vor die Veräußerungsgewinne „des immeubles" völlig steuerfrei.

Eine *Erleichterung hinsichtlich der Buchführungs- und Bilanzierungsvorschriften* wird dem Landwirt *nur in dem Jahr* zugestanden, *in dem er zur Besteuerung nach dem „bénéfice réel" übergeht.* In diesem Jahr nämlich braucht er bei seiner Steuerveranlagung nur seine Bruttoeinnahmen, die Ernte- und Verkaufsmenge sowie die angebauten Fruchtarten anzugeben (Art. 72, 1e al., CGI), während seine Betriebsausgaben als mit denen des „compte-type d'exploitation" identisch angenommen werden. In den beiden folgenden Wirtschaftsperioden, in denen er nach Ausübung seines Optionsrechtes zur Buchführung verpflichtet ist, muß er allerdings eine vollständige landwirtschaftliche Buchführung vorweisen und die beschriebenen Bewertungs- und Bilanzierungsvorschriften beachten.

Zwar ermöglichen diese Vorschriften *eine (annähernd) exakte Ermittlung des tatsächlichen Betriebsgewinnes,* jedoch ist *kein* französischer *Landwirt* kraft Einkommensteuergesetzes *verpflichtet, sie anzuwenden* und den buchmäßigen Gewinn der Steuer zu unterwerfen. Folglich wird das *Optionsrecht nur von jenen in Anspruch genommen, deren tatsächliche niedriger als die pauschalierten Betriebsgewinne sind* oder deren Betriebe Verluste zu verzeichnen haben.

Verluste eines landwirtschaftlichen Betriebes können im Wege des Verlustausgleichs gegen andere Einkünfte aufgerechnet oder (fünf Jahre lang) vorgetragen werden. Der Verlustausgleich bot so in der Vergangenheit jenen Beziehern hoher Einkommen, die sich einen landwirtschaftlichen Betrieb zur Freizeitbeschäftigung zulegten, willkommene Gelegenheit, den konsumtiven Aufwand, der im Verlust eines solchen Betriebes zu erblicken ist, bei der Einkommensbesteuerung geltend zu machen. Dieser Möglichkeit hat der französische Steuergesetzgeber 1965 einen Riegel dadurch vorgeschoben, daß er den Steuerpflichtigen mit nichtlandwirtschaftlichen Einkünften über 40 000 F p. a. den Ausgleich von Verlusten landwirtschaftlicher Betriebe untersagt hat[13]. Zwar kennt das französische Einkommensteuerrecht nicht wie das deutsche eine Buchführungspflichtgrenze, doch hat die Steuerverwaltung in Frankreich das Recht, solchen Landwirten, deren Betriebsgewinne offensichtlich „hors de proportion avec les bénéfices constatés dans la généralité des cas" (Anmerkung zu Art. 69 CGI) sind, die Anwendung der üblichen Pauschsätze zu verweigern und von ihnen innerhalb eines Monats eine exakte Bilanz zu verlangen („*dénonciation administrative*"; Art. 69, 3e

[13] Art. 12 des Gesetzes 64—1279 vom 23. Dezember 1964. Zitiert nach: WTS, France, op. cit., p. 654.

al., CGI)[14]. Der betroffene Landwirt ist jedoch nur ein Jahr an die Buchführung gebunden und kann nach dessen Ablauf die buchmäßige wieder zugunsten der Pauschalgewinnermittlung aufgeben.

[14] Besonders in diesen Fällen wird dann das beschriebene Verfahren angewandt, vom Steuerpflichtigen nur die Angaben über die Bruttoeinnahmen, Verkaufs- und Erntemengen etc. zu verlangen, die Betriebsausgaben aber zu schätzen.

Kapitel II

Die Einkommensbesteuerung der deutschen und der französischen Landwirtschaft im Lichte des Verhältnismäßigkeitspostulates

A. Kritik der deutschen Besteuerungsverfahren für die Landwirtschaft

a) Die Gewinnaufspaltung bei der Einkommensbesteuerung nichtbuchführender Landwirte

In der Diskussion über die Einkommensbesteuerung mittlerer und kleiner landwirtschaftlicher Betriebe ist immer wieder das Argument hervorgekehrt worden, daß dem Landwirt die für die gewerbliche Wirtschaft charakteristische rechenhafte Durchleuchtung des Betriebes und noch mehr die Ermittlung eines (abstrakten) Gewinns fremd und wegen der täglichen Belastung mit schwerer körperlicher Arbeit prinzipiell kaum zuzumuten sei[1]. Mit dieser Argumentation hat man bisher die Beibehaltung einer Einkommensbesteuerung nach Durchschnittsätzen zu begründen versucht. Wenn diese Argumente zuträfen[2], dann ist nicht einzusehen, weshalb im Rahmen der Durchschnittsatzbesteuerung eine Aufspaltung des Betriebsgewinns in den Nettoertrag des Betriebes und die Lohnansätze für die Arbeitsleistung der Betriebsleiterfamilie vorgenommen und zum Zwecke der Einkommensbesteuerung dieser künstlich aufgespaltene Gewinn wieder aus den Bestandteilen zusammengesetzt wird, obwohl die *Einkommensteuer den Gewinn als Einheit* treffen will. Wenn der Gesetzgeber vor der Notwendigkeit zu stehen glaubte, Durchschnittsätze aufstellen zu müssen, so wären Gewinnsätze einer solchen Gewinnaufspaltung vorzuziehen gewesen, denn letztere ist doch noch stärker abstrakt-theoretischer Natur als ein einheitlicher Gewinnbegriff. Dafür, daß die Aufspaltung auf das Unverständnis der Landwirte stieß, spricht ihre Opposition gegen die Lohnansätze für die Betriebsleiterfamilie, die die Kommentatoren der Einkommensteuer für die Landwirtschaft zu besonderen Erklärungen dieses Sachverhaltes veranlaßt[3].

---

[1] Vgl. etwa *Troeger*, Heinrich (Hrsg.): Diskussionsbeiträge des Arbeitsausschusses für die Große Steuerreform. Stuttgart 1954, S. 51.

[2] Zu ihrer partiellen Widerlegung siehe unten S. 148 f.

[3] Vgl. *Krill*, a.a.O., S. 126; *Langmandel*, Leo: Steuervorteile für Landwirte, Forstwirte, Winzer und Gärtner. Wiesbaden 1959, S. 87, sowie *Troeger* (Hrsg.), a.a.O., S. 52.

In den folgenden Abschnitten sind diese Durchschnittsätze nun näher zu betrachten.

b) Die Durchschnittsätze für den Reinertrag des Betriebes

aa) Die Eignung des Ertragswert-Bruchteiles als Bestandteil der Einkommensteuerbemessungsgrundlage

Zum erstenmal fand der *Ertragswert*, den man mit einigem Recht als einen *Sonderbewertungsmaßstab* für das land- und forstwirtschaftliche Vermögen bezeichnen kann[4], Eingang in das Einkommensteuerrecht, als nach Abschluß der Einheitsbewertung von *1925* die *Gewinnrichtsätze* für die Einkommensbesteuerung nichtbuchführender Landwirte nach *Ertragsklassen* aufgestellt wurden[5]. Jedoch sprach sich der Regierungsvertreter in den Ausschußberatungen des Einkommensteuer-Gesetzentwurfs von 1925 entschieden dagegen aus, den durchschnittlich erzielbaren Reinertrag (wie er in kapitalisierter Form im Ertragswert vorlag) als einen Teil der Steuerbemessungsgrundlage zu verwenden; eine solche Verwendung sei mit dem Prinzip der Einkommensteuer nicht vereinbar, denn diese sei eine Abgabe, die „das tatsächliche Einkommen versteuern wolle“[6].

Dennoch fand der Ertragswert über die „Landwirtschaftliche Einheitssteuer“ seinen Weg in das Einkommensteuerrecht, denn die 1. Notverordnung bestimmte, wie bereits zitiert[7], daß bei einem Gesamteinkommen bis zu 12 000 RM für die ersten 6000 RM land- und forstwirtschaftlicher Einkünfte die Einkommensteuerschuld durch die Grundsteuerzahlung abgegolten sei. Bemessungsgrundlage der Grundsteuer war seit der Einheitsbewertung von 1925 der aus dem Ertragswert abgeleitete nachhaltig erzielbare Reinertrag eines landwirtschaftlichen Betriebes. Anläßlich der Reinhardtschen Steuerreform wurde schließlich dieses „steuerliche Sonderrecht“[8] auf alle nichtbuchbührenden Landwirte ausgedehnt, als (neben der Beibehaltung eines Freibetrages) zur „Vereinfachung ... die bei der Einheitsbewertung geleistete Verwal-

---

[4] Vgl. dazu die Studie von F. *Boesler:* Ertragswert und gemeiner Wert in der deutschen Vermögensbesteuerung. Ein Beitrag zur Theorie der modernen Vermögenssteuer. In der Reihe: Probleme des Geld- und Finanzwesens, hrsg. von B. Moll, Bd. III. Leipzig 1925.

[5] Siehe *Strutz*, Georg: Kommentar zum Einkommensteuergesetz vom 10. August 1925. Zweiter Bd., Berlin 1929, S. 743 ff.

[6] Die Ausschußberatungen zu diesem Punkte finden sich — teilweise im Zitat — abgedruckt bei *Strutz*, a.a.O., S. 744 f.

[7] Vgl. oben S. 37 f.

[8] *Löwer*, Karl: Probleme der landwirtschaftlichen Grundsteuer. Diss. Ffm. 1932, S. 128.

tungsarbeit auch der Einkommensbesteuerung nutzbar"[9] gemacht und der dabei ermittelte Reinertrag zum wichtigsten Bestandteil der Einkommensteuerbemessungsgrundlage erklärt wurde. Innerhalb von zehn Jahren war so *aus einem Hilfsmittel ein für die Besteuerung nichtbuchführender Landwirte zentraler Begriff des Einkommensteuerrechts geworden.*

Aus *steuerrechtssystematischen Gründen* ist zunächst zu kritisieren, daß vom Ertragswert, einem Wertbegriff, der (in §§ 31 BewG 1934 und in 36 Abs. 2 BewG 1965 definiert und somit — gemäß den Bestimmungen der §§ 18 Abs. 1 u. 2 BewG 1934 bzw. 17 Abs. 1 u. 2 BewG 1965 —) den Steuern vom Vermögensbestand und -ertrag vorbehalten ist, im Einkommensteuerrecht Gebrauch gemacht wird. Während nun aber die Wertbegriffe, die sich — wie etwa der Teilwert — in beiden Bewertungssystemen finden, im Rahmen der Einkommensbesteuerung nur als Hilfsmittel fungieren, um den Betriebsvermögensvergleich und damit die Gewinnermittlung zu ermöglichen, gilt einzig für den Wirtschaftsbereich Landwirtschaft ein Bruchteil dieses Wertes für die überwiegende Mehrzahl der Betriebe als wichtigster Gewinnbestandteil. Es ist aber die Frage zu stellen, ob dieser Bruchteil des Einheitswertes, der Reinertrag des Betriebes, ein *geeigneter Maßstab für die Einkommensteuer* ist.

Sieht man zunächst einmal vom gleitenden Bewertungsverfahren ab, so ist zu beachten, daß es sich bei diesem Nettoertrag um einen *Sollertrag* handelt, denn er wird als (nachhaltig) erzielbar angesehen, so daß durch die Besteuerung „nicht der besonders gute Betriebsleiter durch einen höheren Wert bestraft und der schlechte durch einen niedrigen belohnt"[10] wird. Ziel der Einkommensteuer ist aber nicht, nach Maßgabe einer Gewinn-Norm — die zu ermitteln überdies erhebliche Schwierigkeiten bereiten dürfte[11] — zu belohnen oder zu bestrafen, wie das für eine Sollertragsteuer gilt, sondern, wie der Regierungsvertreter bei der Beratung des Einkommensteuerprojektes von 1925 zu Recht betonte, durch die Erfassung des tatsächlichen Gewinns die individuellen Verhältnisse des Betriebes zu berücksichtigen. Der Ausdruck „erzielbar" deutet ferner darauf hin — und die Erläuterung des Ertrags-Begriffes durch Aereboe[12] bestätigt diese Vermutung —, daß der Ertragswert, am Beginn eines Zeitraumes ermittelt, den kapitalisierten

[9] Runderlaß des Reichsministers der Finanzen (S 2142 — 85 III). Vom 31. Dezember 1936. In: RStBl. 1937, S. 36.

[10] *Herzog*, Heinrich: Grundlagen und Methode der landwirtschaftlichen Einheitsbewertung. In: Handbuch der Landwirtschaft. Bd. 5: Wirtschaftslehre des Landbaus. 2. Aufl., hrsg. von E. Woermann. Berlin-Hamburg 1954, S. 735.

[11] *Schmölders*, Günter: Finanzpolitik. 2. Aufl., Berlin-New York 1965, S. 372.

[12] *Aereboe*, Friedrich: Taxation von Landgütern und Grundstücken. Berlin 1912, S. 196/197.

ex ante-Reinertrag für diesen Zeitraum darstellt. Auch diese Eigenschaft läßt sich mit dem Prinzip der Einkommensteuer nicht vereinbaren, denn diese stellt grundsätzlich auf „das Ergebnis eines vergangenen Zeitabschnitts"[13] ab. Schließlich ist es — von Fällen, da „income is received in unequal installments"[14] abgesehen — mit dem Ziel der Einkommensbesteuerung unvereinbar, eine *Gewinn-Applanierung* vorzunehmen, wie sie dadurch entsteht, daß man den Gewinndurchschnitt mehrerer Jahre als Bemessungsgrundlage wählt[15]. Bei den starken Schwankungen der Reinerträge, wie sie gerade landwirtschaftliche Betriebe auszeichnen und die eher zu- denn abzunehmen tendieren[16], kann angesichts der Einkommensteuerprogression nämlich nicht davon gesprochen werden, zu viel und zu wenig gezahlte Steuer glichen einander aus. Tatsächlich ist aber weder bei der Einheitsbewertung von 1935 noch bei der von 1964 ff. ein im Durchschnitt der Jahre nachhaltig erzielbarer Reinertrag auch nur für den Spitzenbetrieb ermittelt worden, sondern dieser Wert ist jeweils unter dem *Druck der landwirtschaftlichen Interessenvertreter* innerhalb und außerhalb von Legislative und Exekutive bereits auf einem so niedrigen Niveau festgesetzt worden, daß daraus eine massive Begünstigung der Landwirtschaft resultieren mußte.

So wurde mit dem Hinweis darauf, daß die Ergebnisse der Reichsbodenschätzung noch nicht vorlagen, 1935 der Spitzenhektarsatz in Höhe *von 3 780 RM*, der anläßlich der Einheitsbewertung von 1931 ermittelt worden war[17], auch der Neubewertung von 1935 zugrundegelegt, obwohl sich seit 1931 die Ertragslage der Landwirtschaft erheblich verbessert hatte. Der *Spitzenhektarsatz von 1935* war damit also bereits im Zeitpunkt seiner ersten Anwendung *zu niedrig* angesetzt.

Noch deutlicher werden die Gefahren, die mit der Festsetzung des Spitzenhektarsatzes verbunden sind, wenn man dessen Entstehungsgeschichte anläßlich der Neubewertung auf den 1. Januar 1964 in Zusammenhang mit der Geschichte des GDL verfolgt.

---

[13] *Popitz*, Johannes: Artikel „Einkommensteuer". In: Handwörterbuch der Staatswissenschaften. 3. Bd., 4. Aufl., hrsg. von L. Elster, A. Weber und F. Wieser, Jena 1926, S. 412.

[14] *Goode*, Richard: The Individual Income Tax. Washington, D. C., 1964, p. 251.

[15] Vgl. *Neumark*, Theorie und Praxis, a.a.O., S. 110.

[16] Die Reinertragsschwankungen und die Zunahmen dieser Oszillationen hat *Schmidt* (Die Erfolgsdisparität innerhalb der Landwirtschaft. In: Agrarwirtschaft. 16. Jg. (1967), S. 295 ff.) anhand der Ergebnisse von 93 schleswigholsteinischen Betrieben, deren Entwicklung er über einen Zeitraum von 40 Jahren verfolgt hat, nachgewiesen.

[17] Siehe die Bekanntmachung der Beschlüsse des Bewertungsbeirats. Vom 11. Juni 1931. In: RStBl. I, S. 407.

Der Bewertungsbeirat hatte der Bundesregierung für die Neufassung des Bewertungsgesetzes einen Reinertrag-Spitzensatz von 420 DM pro Hektar vorgeschlagen, was einem Pro-Hektar-Ertragswert von 7 560 DM entspricht[18]. Der Ausschuß für Ernährung, Landwirtschaft und Forsten, dem der Entwurf der Neufassung des Bewertungsgesetzes[19] nach der ersten Plenumsberatung neben dem (federführenden) Finanzausschuß zuging, hatte gegen diesen Spitzensatz die folgenden Einwände zu erheben:

1. Die Direkthilfen, die der Landwirtschaft nach dem Grünen Plan zufließen, seien nicht als nachhaltig anzusehen und folglich aus dem nachhaltig erzielbaren Reinertrag zu eliminieren.
2. Die Zahl der familieneigenen Arbeitskräfte, die in den der Reinertragsermittlung zugrundeliegenden Betrieben tätig sind, sei um ein Drittel zu vermehren, da diese Arbeitskräfte in diesem Umfang länger arbeiteten als fremde Arbeitskräfte.
3. Für die familieneigenen Arbeitskräfte seien Spezialarbeiterlöhne anzusetzen, weil bei dem hohen Stand der Technisierung nur solche Lohnsätze als zutreffende Bewertung der Leistung dieser Arbeitskräfte anzusehen seien.
4. Die vom Bewertungsbeirat vorgeschlagene Reinertragskürzung für den Umstand, daß buchführende Betriebe in der Regel höhere Reinerträge als die Masse der nichtbuchführenden Betriebe zu verzeichnen habe, sei von 10 auf 15 vom Hundert zu erhöhen[20].

Es ist offensichtlich, daß diese Argumente nur dem Zweck dienten, den Spitzensatz möglichst niedrig zu halten. Was die Punkte 2. bis 4. angeht, so wird auf sie noch an anderer Stelle einzugehen sein[21]; das erste Argument überzeugt angesichts des ständig steigenden Volumens der Agrarsubventionen am allerwenigsten. Dennoch schloß sich der Finanzausschuß diesen „Bedenken" an, und der Bundestag[22] sanktionierte diese Entscheidung, die alle Mitglieder des Bewertungsbeirates, deren mehrjährige Arbeit sich als vergeblich herausgestellt hatte, zum Rücktritt veranlaßte.

---

[18] Vgl. BT-Drucksache *zu* IV/3568, S. 9.

[19] BT-Drucksache IV/1488 sowie BR-Drucksache 256/63.

[20] BT-Drucksache *zu* IV/3568, S. 8 und 9.

[21] Siehe unten S. 88 f.

[22] Nur der Abgeordnete Dr. *Eppler* (SPD) hielt den „Pessimismus, der bei der Halbierung des Reinertrages zum Zuge kam, doch für ein bißchen übertrieben" (193. Sitzung. Verhandlungen des Deutschen Bundestages. 4. Wahlperiode. Stenographische Berichte, Bd. 59. Bonn 1965, S. 9809). Dennoch wurde der Entwurf in der vom Finanzausschuß vorgelegten Form (in der 193. Sitzung, a.a.O., S. 9814) einstimmig (!) angenommen.

Der *Spitzenhektarsatz* der Einheitsbewertung *von 1964* (in Höhe von 3 726 DM) ist also ebenfalls viel *zu niedrig* festgesetzt worden, ja er unterschreitet den von 1935, der seinerseits auf den Spitzensatz von 1931 zurückgeht, noch um 54 DM, wobei allerdings anzumerken ist, daß der Wohnungswert, der im Einheitswert von 1935 enthalten war, nunmehr noch diesem Wirtschaftswert zuzuschlagen ist.

Jedoch hätte dieser zu niedrige Spitzensatz seine Bedeutung für die Einkommensbesteuerung nichtbuchführender Landwirte dann verloren, wenn das Parlament 1965 sich für eine grundlegende Reform des Besteuerungsverfahrens entschieden hätte. Der Bundesfinanzhof hatte aber, wie bereits erwähnt, nicht den Besteuerungsmodus selbst, sondern nur die Anwendung zu niedriger Durchschnittsätze verurteilt, so daß der Gesetzgeber zwar gezungen war, ein Besteuerungsverfahren für eine Übergangszeit bis zum Abschluß der Neubewertung zu entwickeln, während er für die danach folgende Zeit auf das alte Verfahren zurückgreifen konnte. Von dieser Möglichkeit machte das Parlament schließlich in voller Einstimmigkeit Gebrauch: Von allen drei Bundestagsfraktionen wurde der *Entwurf zum GDL* eingebracht[23], der hinsichtlich des Besteuerungsverfahrens *mit der VOL* völlig *übereinstimmte*. Damit hatte sich das Parlament bereits darauf festgelegt, auch *zukünftig am alten Prinzip der Besteuerung auf der Basis des dem Einkommensteuerrecht fremden Ertragswertes festzuhalten* und nicht dieses veraltete Verfahren durch ein neues mit dem Ziel einer stärkeren Verbreitung der Buchführung in der Landwirtschaft zu ersetzen.

In den Plenums- sowie den Finanz- und Haushaltsausschuß-Beratungen des Gesetzentwurfes wurde schließlich nur noch über die Höhe der Durchschnittsätze diskutiert[24]. Die Mehrheit der Finanzausschuß-Mitglieder vertrat dabei die Auffassung, „die pauschale Erhöhung des Grundbetrages (d. h. also des Reinertrages, wie er sich aus dem Wirtschaftswert des Betriebes errechnen läßt. Der Verf.) um 50 % (entspreche) dem Betrag, der in bezug auf die Direkthilfen bei der Reinertrags-Ermittlung für die Bewertung außer Ansatz gelassen wurde"[25], und diese Direkthilfen seien als Einkommensbestandteile der Besteuerung zu unterwerfen.

---

[23] BT-Drucksache IV/3441. Eine Begründung des Gesetzentwurfs fehlt.

[24] Die Plenumsberatungen sowie die Verabschiedung fanden in der 186. (Verhandlungen des Deutschen Bundestages. 4. Wahlperiode. Stenographische Berichte, Bd. 58. Bonn 1965, S. 9342 ff.) und der 193. (a.a.O., S. 9414 ff.) Sitzung statt.
Schriftlicher Bericht des Finanzausschusses:
BT-Drucksache IV/3568.
Schriftlicher Bericht des Haushaltsausschusses:
BT-Drucksache IV/3648.

[25] A.a.O., S. 3.

An keiner Stelle der stenographischen Mitschriften der Plenumsberatungen sowie der Ausschußberichte findet sich allerdings ein Hinweis darauf, daß der *Spitzensatz für die Einkommensteuer nach 1967/68* in Höhe *von 310,50 DM* als *zu niedrig* anzusehen oder gar, daß dieser niedriger als der nach Maßgabe der VOL von 1949 (315 DM) und daß darin eine erhebliche Begünstigung nichtbuchführender Landwirte zu erblicken sei. Daher drängt sich der Verdacht auf, daß die Mehrheit der Parlamentsmitglieder, die schließlich dem Gesetzentwurf zustimmte[26], Tragweite und Bedeutung dieser Entscheidung nicht zu würdigen vermochte.

Die Vergangenheit hat in Deutschland (wie in anderen Ländern[27]) gezeigt, daß neben dem Spitzenhektarsatz, dem Ausgangspunkt der Bewertung des land- und forstwirtschaftlichen Vermögens, auch die *Festsetzung des Bewertungszeitpunktes und -raumes Angriffspunkt der landwirtschaftlichen Interessenvertreter* war.

Das Bewertungsgesetz von 1925 schrieb ausdrücklich eine alljährliche Neubewertung des land- und forstwirtschaftlichen Vermögens vor; in Abweichung von dieser Gesetzesvorschrift fanden jedoch zwischen 1925 und 1930 nur zwei Neubewertungen statt. Die mehrfach zitierte Notverordnung vom 1.12.1930 dehnte dann den Hauptfeststellungszeitraum für diese Vermögensart auf 6 Jahre aus. Diese Vorschrift wurde schließlich in das Bewertungsgesetz von 1934 und von dort in die Neufassung des Gesetzes von 1965 übernommen, obwohl seit 1936 die Einkommensbesteuerung der überwiegenden Mehrzahl landwirtschaftlicher Betriebe vom Ergebnis dieser Einheitsbewertung unmittelbar abhängig war und diese Abhängigkeit eine Wertfestsetzung in kürzeren Zeitabständen erfordert hätte. Nachdem die 1940 fällige Neubewertung (kriegsbedingt) „bis auf weiteres“[28] hinausgeschoben worden war, wurde erst 1956 der Versuch[29] unternommen, eine Neubewertung durchzusetzen. Dieser wie

---

[26] Die SPD-Fraktion enthielt sich der Stimme, weil ihr Antrag, die VOL mit größeren Einheitswert-Bruchteilsätzen bis nach Abschluß der neuen Einheitsbewertung weiter gelten zu lassen, nicht die Zustimmung der Mehrheit des Bundestages fand (vgl. Anlage 11 zur 193. Sitzung, a.a.O., S. 9828, sowie die Ausführungen des Abgeordneten Dr. *Eppler* in dieser Sitzung, a.a.O., S. 9814).

[27] Über die Verhältnisse in Frankreich und Großbritannien vgl. S. 44 sowie S. 176.

[28] Verordnung vom 22. November 1939. In: RGBl. I, S. 2271.

[29] BT-Drucksache II/2544; dieser „Entwurf eines Gesetzes zur Änderung des Bewertungsgesetzes, des Vermögensteuergesetzes und des Erbschaftsteuergesetzes“ wurde in der 160. Sitzung (Verhandlungen des Deutschen Bundestages. 2. Wahlperiode. Stenographische Berichte, Bd. 32. Bonn 1956, S. 8932) an den Ausschuß für Finanz- und Steuerfragen sowie an den Ernährungsausschuß überwiesen, von dort aber nicht mehr an das Plenum zur Beratung zurückgeleitet.

der folgende Versuch[30] scheiterte aber am „Wunsch interessierter Kreise“, wie es der Bundesfinanzhof ausgedrückt hat[31], so daß die alten Einheitswerte aus dem Jahre 1935 drei Dezennien als Grundlage der Einkommensbesteuerung nichtbuchführender Landwirte benutzt wurden. Zu diesem „Untätigbleiben des Gesetzgebers“[32] mag allerdings nicht zuletzt die bei der Mehrheit der Parlamentsmitglieder zu verzeichnende *mangelnde Einsicht in den steuerrechtlichen Zusammenhang zwischen Bewertungs- und Einkommensteuergesetz* beigetragen haben, denn, liest man zum Exempel die stenographischen Berichte der Plenumssitzungen, in denen der Gesetzentwurf zur Neufassung des Bewertungsgesetzes diskutiert wurde[33], so zeigt sich, daß sich die Argumentation der Diskussionsteilnehmer ausschließlich auf die Steuern vom Vermögensbestand und -ertrag bezog, obwohl vom Beginn der zweiten Beratung an der Entwurf aller Fraktionen zum GDL vorlag.

Läßt man die absolute Höhe des Spitzen-Ertragswertes außer Betracht, so muß vor allem das *gleitende Bewertungsverfahren* untersucht werden, mit dessen Hilfe die Bewertung des einzelnen Betriebes erfolgt. Es ist evident, daß dieses Verfahren die Reinertrags-Relationen in ein *starres Schema* preßt, das während mehrerer Jahre unverändert bleibt. Es ist jedoch fraglich, ob die Fixierung dieser Reinertrags-Relationen dem Verhältnis der tatsächlichen Reinerträge im Feststellungszeitpunkt und -raum entsprechen kann.

Im Reichshundertsatz (in der Terminologie des Bewertungsgesetzes von 1965: in der Vergleichszahl) sollen die individuellen natürlichen Ertragsbedingungen berücksichtigt werden. Es ist zuzugeben, daß das der Finanzverwaltung hinsichtlich der natürlichen Ertragsbedingungen gelingen kann; die inzwischen abgeschlossene Bodenschätzung kann bei der derzeit erfolgenden Einheitsbewertung zu diesem Gelingen beitragen. Fraglich muß es aber bleiben, ob der Finanzverwaltung bei der Einheitsbewertung von 1935 ein Erfolg beschieden sein konnte, wenn sie mit Hilfe eines solchen starren Einreihungsverfahrens auch die wirtschaftlichen Ertragsbedingungen, insbesondere die Absatzverhältnisse, ex ante einschätzen mußte.

---

[30] Der Bundesminister der Finanzen legte der Bundesregierung am 8. April 1959 erneut einen entsprechenden Gesetzentwurf vor, der aber wegen der geringen Aussicht auf Verabschiedung nicht an den Bundestag weitergeleitet wurde (VOL-Urteil, a.a.O., S. 606). Vgl. ferner die Kleine Anfrage der SPD-Fraktion im Bundestag (BT-Drucksache III/1466) sowie die schriftliche Antwort des Bundesfinanzministers (BT-Drucksache III/1514).

[31] VOL-Urteil, a.a.O., S. 606.

[32] VOL-Urteil, a.a.O., S. 607.

[33] Erste Lesung: 97. Sitzung (Verhandlungen des Deutschen Bundestages. 4. Wahlperiode. Stenographische Berichte, Bd. 53. Bonn 1963, S. 4464), zweite und dritte Lesung sowie Verabschiedung: 193. Sitzung (a.a.O., S. 9804 ff.).

Der Gesetzgeber hat die wichtigsten wirtschaftlichen Ertragsbedingungen (Absatzpreise, Löhne, Betriebsorganisation) im Bewertungsgesetz von 1965 in die Gruppe der übrigen Ertragsfaktoren eingeordnet, zu denen wie früher auch die Betriebsmittel zählen, und bei einem Abweichen dieser Faktoren von den als regelmäßig anzusehenden Verhältnissen die Vornahme eines *Zu- oder Abschlages vom Vergleichswert* vorgeschrieben. Das Zu- und Abschlagsystem ist daher als der *Versuch einer „Individualisierung" des kollektiven Bewertungsverfahrens* beim Abweichen bestimmter Ertragsfaktoren von einer fingierten Norm charakterisieren.

Was zunächst die *Zu- und Abschläge für einen vom „Gegendüblichen" abweichenden Bestand des Anlage- und einen Unterbestand des Umlaufvermögens*[34] anlangt, so ist die Finanzverwaltung offensichtlich überfordert, wenn ihr zugemutet wird, die Ertragsfähigkeit des Betriebes unter der Fiktion eines „normalen" und bei tatsächlichem Bestand zu ermitteln, die Differenz der beiden Nettoerträge zu kapitalisieren und den Vergleichswert um diese Differenz zu vermehren oder zu vermindern[35]. Eine solche Rechnung könnte nur dann durchgeführt werden, wenn den einzelnen Wirtschaftsgütern des Betriebsvermögens ihr Beitrag zum Nettoertrag des Betriebes zuzurechnen wäre, so daß der aus einem Unter- bzw. Überbestand resultierende Nettoertrag eliminiert werden könnte. Der Einfluß geringerer Abweichungen der Kapitalintensität der landwirtschaftlichen Produktion ließe sich mit dem Zu- und Abschlagsystem allenfalls noch grob abschätzen, und dieses System konnte deshalb Anwendung in einer Zeit finden, in der die Produktionsfaktoren in einem annähernd gleichen Verhältnis zur Produktion herangezogen wurden. Es muß hingegen in einer Zeit versagen, in der die Unterschiede in Kapitalintensität und -struktur der landwirtschaftlichen Produktion sich so erheblich verstärkt haben, daß in vielen Betrieben die Bedeutung des Bodens für die Produktion hinter der des Kapitals zurücksteht, während andere Betriebe davon noch weit entfernt sind. Ferner ist zu bedenken, daß die Finanzverwaltung nur vom im Feststellungszeitpunkt vorhandenen Bestand des Anlage- und Um-

[34] Aufgrund des gemeinsamen Erlasses der Länderfinanzminister vom 10. Juli 1964 (In: DStZ, Ausg. B, LII. Jg. (1964), S. 324) sind entgegen der Bestimmung des § 33 Abs. 3 Ziff. 3 BewG 1965 auch Zuschläge für einen dem Umlaufvermögen angehörenden Überbestand an Vieh möglich; soweit dieser Bestand einen in Vieheinheiten ausgedrückten Normalbestand übersteigt, ist je nach den betriebsindividuellen Verhältnissen ein Zuschlag von 400 bis 600 DM pro Vieheinheit festzusetzen.

[35] Auch *Dziegalowski* und *Thümen* (Das Reichsbewertungsgesetz. 5. Aufl. Berlin 1940, S. 187) gestehen zu, daß der Ertragswert zweimal ermittelt werden müßte oder aber besondere Wege für die Ermittlung der Ab- und Zuschläge gesucht werden müßten, die jedoch von diesen Autoren an keiner Stelle aufgezeigt werden.

laufvermögens ausgehen kann; die Veränderungen des Kapitaleinsatzes im Laufe mehrerer Jahre bleiben also unberücksichtigt.

Daß der Gesetzgeber im Bewertungsgesetz von 1965 die *Preise landwirtschaftlicher Produkte* unter den „übrigen" Ertragsfaktoren eingruppiert hat, hat die Lage der Finanzverwaltung in diesem Punkte gegenüber der Einheitsbewertung von 1935 kaum verbessert. Stand sie damals vor dem Problem, die Absatzverhältnisse des Betriebes im Reichshundertsatz zum Ausdruck bringen zu müssen, so muß sie nun eine Abweichung der den Betrieb betreffenden Agrarpreise vom „Gegendüblichen" für einen längeren Zeitraum voraussagen können und diese Abweichung durch einen Zu- oder Abschlag bewerten. Auch in diesem Punkte muß also das Korrektursystem naturgemäß versagen.

Eine Veränderung hat das neue Gesetz ferner insofern gebracht, als es vorschreibt, die *Betriebsgröße* bei der Bestimmung der Vergleichszahl heranzuziehen, während § 40 in Verbindung mit § 36 Abs. 2 BewG 1934 zwar einen Zu- oder Abschlag für die Betriebsgröße vorsah, solche Korrekturen bei der Bewertung jedoch nicht vorgenommen wurden[36]. Die Finanzverwaltung stellte bei der Einheitsbewertung von 1935 den Reichshundertsatz für die landwirtschaftlich genutzte Fläche eines Betriebes ungeachtet der Hektarzahl fest, ermittelte anhand des Hundertsatzes den Hektar-Ertragswert, der damit in fester Relation zum Ertragswert eines Vergleichsbetriebes stand, und multiplizierte diesen Hektarsatz mit der Fläche des Betriebes. Da es sich bei den Vergleichsbetrieben damals (wie heute) um „mittelgroße Bauernwirtschaften"[37] handelte, führte diese Art der Ertragswertermittlung tendenziell zu einer Begünstigung kleiner, einer Benachteiligung großer Betriebe, denn, wie die Ergebnisse der Tabelle 13 bestätigen, sinkt der Reinertrag pro Hektar mit zunehmender Betriebsgröße. Diese Wirkung ist nunmehr dadurch ausgeschlossen, daß in der Vergleichszahl die Betriebsgröße bereits zum Ausdruck kommt und folglich nach der Multiplikation des Hektarsatzes mit der Fläche im Wirtschaftswert des Betriebes veranschlagt ist.

Zwar hat die Neufassung des Bewertungsgesetzes von 1965 das Bewertungsverfahren in einigen Punkten verändert, dennoch muß die eingangs gestellte Frage, ob die Fixierung der Reinertrags-Relationen in der Einheitsbewertung dem Verhältnis der tatsächlichen Nettoerträge entspreche, für beide Fassungen des Gesetzes verneint werden. Der

---

[36] Zum Betriebsgrößenproblem vgl. die Untersuchung *Rothkegels*: Die Bedeutung des Betriebsgrößenproblems in der Besteuerung der Landwirtschaft. In: Steuer und Wirtschaft, Jg. 28 (1951), S. 199 ff. sowie die Bemerkungen *Herzogs* (a.a.O., S. 737).

[37] *Rothkegel*, a.a.O., S. 199.

wichtigste Mangel der Einheitsbewertung des einzelnen Betriebes liegt offensichtlich in der *Überbetonung der Rolle des Faktors Boden* für die landwirtschaftliche Produktion, während die Bedeutung der übrigen dem Boden heute in vielen Betrieben zumindest gleichrangigen Produktionsfaktoren und vor allem der Einfluß der außerbetrieblichen Erfolgsbedingungen unterschätzt werden.

Eine Korrektur der für die Einkommensbesteuerung verwendeten Reinerträge könnten also somit nur noch die *Sonderzuschläge,* wie sie die §§ 7 und 9 Abs. 2 VOL sowie 6 und 7 GDL vorsehen, ermöglichen. Von dieser Korrekturmöglichkeit macht die Finanzverwaltung *insbesondere in bezug auf Zucht- und Mastvieherlöse* (sowie auf die Erlöse bestimmter landwirtschaftlicher Sonderkulturen wie Tabak-, Spargelbau etc., die hier außer acht gelassen werden) Gebrauch.

Unter dem Regime der VOL ging die Finanzverwaltung dabei von zwei Grundgedanken aus: Zum ersten wurde bei der Berechnung des Zuschlages für Mastschweine zum Beispiel unterstellt, daß der Reinertrag, der aus einem normalen Bestand fließt, bereits im VOL-Gewinn enthalten sei und es nur bei Verkäufen aus einem darüberhinausgehenden Bestand eines Zuschlages bedürfe. Daher wurden in diesen Fällen zunächst „Normalbestände" festgelegt. Von den Erlösen aus dem Verkauf eines Überbestandes wurde angenommen, daß zu dessen Gunsten Verkäufe von Bodenerzeugnissen unterblieben seien und daß folglich der Gewinn aus solchen Einnahmen nicht voll zu veranschlagen sei. Bei der Berechnung von Sonderzuschlägen für Gewinne aus der Rindvieh- und Schweinezucht ging man hingegen von der Voraussetzung aus, diese Zucht werde auf Kosten der übrigen im VOL-Gewinn veranschlagten Viehhaltung betrieben und deshalb seien nur für „höhere und Spitzenpreise" Sonderzuschläge vonnöten. Daher wurde bei dieser Berechnungsmethode nur der einen bestimmten „Ausgangswert" übersteigende Stückerlös herangezogen. Welche Entwicklung dieses Sonderzuschlagsystem genommen hat, illustriert die folgende Tabelle 10 für den Bereich der Oberfinanzdirektion Düsseldorf.

Das Beispiel, das stellvertretend für viele ähnliche steht, beweist zweierlei: Die Finanzverwaltung mußte bei der Berechnung der Sonderzuschläge implizit eingestehen, daß, obwohl im übrigen die alten Einheitswerte beibehalten wurden, in denen ein vergleichsweise niedrigerer Tierbestand unterstellt worden war, die Tierhaltung weit über dieses Maß hinaus gestiegen war, und sie erhöhte folglich den „Normalbestand" der Systematik der Reinertragsermittlung entsprechend so, daß er dem „normalen", „gegendüblichen" Viehbestand wieder entsprach. Außerdem mußte sie die gestiegenen Viehpreise anerkennen, denn sie sah sich veranlaßt, auch die „Ausgangswerte" im Zeitlauf zu

Tabelle 10

Die Entwicklung der Zuschläge gemäß § 9 Abs. 2 VOL am Beispiel zweier Rundverfügungen der Oberfinanzdirektion Düsseldorf

	Wirtschaftsjahr 1953/54	Wirtschaftsjahr 1963/64
A. *Normalbestand* für Mastschweine	Bei einem Einheitswert unter 1 200 DM je ha 1 Mastschwein je ha; bei einem Einheitswert über 1 200 DM je ha 0,8 Mastschwein je ha	1,5 Mastschwein je ha
B. *Ausgangswerte* für Viehhochzucht:		
Zuchtbullen	1 200 DM	1 650 DM
Zuchtkühe und -rinder	1 200 DM	1 650 DM
Zuchteber und -sauen	400 DM	500 DM
Der Zuschlag betrug 80 vom Hundert des diese Ausgangswerte übersteigenden Erlöses.		

Quelle: Anordnung der OFD Düsseldorf S 2140 A — St I 1 a vom 8. Februar 1954. Abgedruckt in: Krill, a.a.O., S. 185. Verfügung der OFD Düsseldorf S 2142 A — St 112 vom 18. September 1965. In: DStZ, Ausg. B, LII. Jg. (1964), S. 427.

erhöhen. Die inzwischen aufgrund der §§ 6 und 7 GDL ergangenen Rundverfügungen der Oberfinanzdirektionen[38] lassen erkennen, daß sich auch in Zukunft an der Art der Berechnung solcher Sonderzuschläge nichts ändern wird.

Mit ähnlichen Fiktionen ist auch die Berechnung von Sonderzuschlägen für Gewinne verbunden, die bei der Veräußerung von Wirtschaftsgütern des Anlage- oder des übrigen Umlaufvermögens entstehen. Denn, obgleich die nach Durchschnittsätzen besteuerten Landwirte keine Bücher führen, ist der Veräußerungsgewinn als die Differenz zwischen dem Verkaufserlös und dem Buchwert des Wirtschaftsgutes zu berechnen und dem Gewinn zuzuschlagen[39]. Dabei erlaubt es der Wortlaut dieser Paragraphen, wo jeweils von „Betriebseinnahmen" gesprochen wird, der Finanzverwaltung, anstelle zu niedriger Sonderzuschläge in allen Fällen dem pauschalierten Gewinn die tatsächlichen Betriebseinnahmen hinzuzufügen[40].

Weiterhin ist aber zu bedenken, daß das Sonderzuschlagsystem weitgehend auf der *freiwilligen Deklaration solcher* neben dem bei den meisten Betrieben für mehrere Jahre pauschalierten Gewinn entstehen-

[38] Vgl. etwa die Verfügung der OFD Koblenz S 2140 (S 2141 A — S 2143) — St 322 vom 21. Dezember 1966. In: DStZ, Ausg. B, LV. Jg. (1967), S. 26.

[39] Vgl. dazu *Felsmann*, a.a.O., S. 388 und 440.

[40] Daß die Veranschlagung der gesamten Betriebseinnahmen möglich wäre, erkennt auch *Felsmann* (a.a.O., S. 385) an, hält aber die Realisierung dieser Möglichkeit für „nicht gerechtfertigt".

den *„Mehreinkünfte"* beruht, ohne daß der Finanzverwaltung wegen der fehlenden Buchführung eine wirksame Kontrollmöglichkeit zur Verfügung steht. Denn mit Betriebsprüfungen haben nichtbuchführende Landwirte nur selten zu rechnen. Allenfalls ergehen Kontrollmitteilungen anläßlich der steuerlichen Betriebsprüfung bei Abnehmern landwirtschaftlicher Produkte. Jedoch finden bei diesen Abnehmern Betriebsprüfungen nur im Abstand mehrerer Jahre statt und, ob Kontrollmitteilungen an das für den einzelnen Landwirt zuständige Finanzamt ergehen, ist weitgehend in das Belieben der Betriebsprüfer gestellt.

Von den Sonderzuschlägen kann daher keine wirksame Korrektur der Reinerträge erwartet werden. Denn einmal ist die Finanzverwaltung bei der Festsetzung der Sonderzuschläge für Gewinne aus der Veräußerung bestimmter Tierbestände wenigstens bisher viel zu stark in der Systematik der Reinertrags-Ermittlung verhaftet gewesen und zum andern hat ihr in allen Fällen, da Sonderzuschläge zu veranschlagen sind, eine ausreichende Kontrollmöglichkeit solcher „Mehreinkünfte" gefehlt.

Der aus dem Ertragswert abgeleitete *Reinertrag* ist also *als* wichtigster *Bestandteil der Einkommensteuerbemessungsgrundlage* nichtbuchführender Landwirte *ungeeignet.* Die *Gründe* für dieses Urteil lassen sich *in* den folgenden *vier Punkten zusammenfassen:*

1. Das theoretische Konzept des Reinertrages, wie es das Bewertungsgesetz beschreibt, entspricht nicht dem Ziel der Einkommensbesteuerung, die den tatsächlichen in der vergangenen Wirtschaftsperiode erzielten Gewinn zu erfassen trachtet.
2. Regierung und Parlament sehen sich bei der Festsetzung des Spitzenreinertrages pro Hektar sowie bei der Bestimmung des Neubewertungszeitpunktes dem Druck landwirtschaftlicher Interessenvertreter ausgesetzt, dem die Parlamentsmehrheit um deswillen nachzugeben bereit ist, weil sie den Zusammenhang zwischen dem prinzipiell dem Einkommensteuerrecht fremden Ertragswert und dieser Steuer nicht erkennt.
3. Das gleitende Bewertungsverfahren zwängt die Reinertrags-Relationen in ein während mehrerer Jahre unverändertes starres System, ohne daß diese Reinertrags-Relationen dem Verhältnis der tatsächlichen Reinerträge entsprechen, weil der Einfluß der neben dem Boden den Nettoertrag bestimmenden Faktoren unterschätzt wird.
4. Von den Sonderzuschlägen für einmalige und nachhaltige Betriebseinnahmen ist während des Hauptfeststellungszeitraumes keine wirksame Korrektur der Reinerträge zu erwarten, vor allem, weil der Finanzverwaltung eine wirksame Kontrollmöglichkeit solcher zusätzlichen Einkünfte fehlt.

bb) Die Durchschnittsätze der GDL-Übergangsregelung für die Wirtschaftsjahre 1965/66 bis 1967/68

Diese Durchschnittsätze sind nur ein temporärer Ersatz für die fehlenden Reinerträge, die erst nach Abschluß der Neubewertung vorliegen. Gegen ihre Verwendung als Teil der Einkommensteuerbemessungsgrundlage treffen prinzipiell die wichtigsten Einwände zu, die auch gegen den Reinertrag vorgebracht wurden.

Ein besonderes Problem scheint allerdings ihre Gliederung nach Maßgabe des Bodennutzungssystems aufzuwerfen. Eine solche Gliederung wird auch in der Buchführungsstatistik verwendet, und von ihr hat Priebe behauptet, sie entspreche „immer weniger den Realitäten, da sich die Struktur der Produktion mit der Spezialisierung der Betriebe, insbesondere in der Veredelungswirtschaft, zunehmend differenziert"[41]. Der Gesetzgeber ist bei der Übernahme dieses Gliederungsschemas der Buchführungsstatistik allerdings auf halbem Wege stehen geblieben. Denn er hielt die Finanzverwaltung offenbar für überfordert, wenn sie dieses schwierigere Gliederungsschema, wie es in Tabelle 11 neben dem des GDL (allerdings ohne Differenzierung nach Maßgabe des Zuckerrüben- bzw. Kartoffelbauanteiles an der Hackfruchtbaufläche) aufgezeigt ist, anzuwenden gehabt hätte. Somit muß der Einwand Priebes auf das Schema des GDL in verstärktem Maße zutreffen[42], und es erhellt, daß sich dahinter in der Tat der gleiche Vorwurf verbirgt, der oben (Punkt 3) gegen den Reinertrag erhoben wurde. Mit Hilfe dieser Durchschnittsätze kann es sogar noch weniger gelingen, die tatsächlichen Reinertrags-Relationen zu erfassen, als das im Rahmen der Einheitsbewertung möglich ist, denn das GDL-Schema läßt nur die Einstufung eines Betriebes in eine der acht Ertragsklassen zu, während die Einheitsbewertung immerhin eine stärkere Differenzierung — wenn auch nur in sehr engen Grenzen — erlaubt.

Ferner ist gegen die Durchschnittsätze einzuwenden, daß sie — wie die neuen Einheitswerte — bei ihrer ersten Anwendung bereits als veraltet angesehen werden müssen. Bäcker nämlich erläutert, „die Beträge (seien) aus den Buchführungsergebnissen der Testbetriebe für die Wirtschaftsjahre 1958/59 bis 1962/63 hergeleitet"[43] (was an anderer Stelle zu überprüfen sein wird — vgl. unten S. 81 ff.). Darüber hinaus erreicht der

---

[41] *Priebe*, Hermann: Kritische Bemerkungen zum Grünen Bericht. Unveröffentlichter Umdruck. Frankfurt, Oktober 1966, S. 7.

[42] Auch *Krill* und *Kräusel* (a.a.O., S. 243) halten diese Regelung für „zwar sehr einfach, aber auch sehr grob".

[43] *Bäcker*, Günther: Gesetz über die Ermittlung des Gewinnes aus Land- und Forstwirtschaft (GDL). In: Information über Steuer und Wirtschaft für die Land- und Forstwirtschaft, Jg. 14 (1965), S. 226.

höchste Durchschnittsatz (von 240 DM) nicht einmal den Spitzen-Reinertrag von 315 DM der Einheitsbewertung von 1935 (der allerdings auch einen Teil der Miete für die eigene Wohnung enthält).

Tabelle 11

Die Gliederung der landwirtschaftlichen Betriebe nach Maßgabe des Bodennutzungssystems in der Buchführungsstatistik und im GDL

Gliederung der Bodennutzungssysteme in der Buchführungsstatistik				Gliederung der Bodennutzungssysteme im GDL
Bodennutzungssystem	Anbau in v. H. der landw. Nutzfläche Hackfrüchte	Getreide	Futterbau	Hackfruchtbauanteil in v. H. der landwirtschaftl. Nutzfläche
I. Hackfruchtbaugruppe:				
Zuckerrübenbau, Kartoffelbau, Hackfruchtbau	über 25			über 20
Hackfrucht-Getreidebau	15—25	über 20	0—50	
Hackfrucht-Futterbau	15—25	0—30	über 50	
II. Getreidebaugruppe:				
Getreide-Hackfruchtbau	10—15	über 30	0—60	10—15
Getreide-Futterbau	0—10	30—60	40—70	0—10
III. Futterbau	0—15	0—30	über 60	10—15

Quelle: Landwirtschaftliche Buchführungsergebnisse 1959/60, Heft 8, hrsg. vom Bundesministerium für Ernährung, Landwirtschaft und Forsten. Bonn 1962, S. 36, sowie GDL.

cc) Vergleich der Durchschnittsätze für den Reinertrag des Betriebes mit den Nettoerträgen der Buchführungsstatistik

1. Die Ermittlung des Reinertrages in der Buchführungsstatistik

Der Bundesminister für Ernährung, Landwirtschaft und Forsten ist gemäß § 4 des Landwirtschaftsgesetzes[44] verpflichtet, „bis zum 15. Fe-

[44] Das Landwirtschaftsgesetz findet sich abgedruckt im Grünen Bericht 1956, hrsg. im Auftrage des Bundesministeriums für Ernährung, Landwirtschaft und Forsten, Bonn-München-Wien 1956.

bruar eines jeden Jahres — ... — dem Bundestag und Bundesrat einen ‚Bericht über die Lage der Landwirtschaft'" vorzulegen, in dem Ertrag und Aufwand im abgelaufenen Wirtschaftsjahr von 6 000 bis 8 000 landwirtschaftlichen Betrieben, gegliedert nach Betriebsgrößen, -typen, -systemen und Wirtschaftsgebieten, festgehalten und ausgewertet sind (§ 2 des Landwirtschaftsgesetzes). Der Verfasser hat es unternommen, die Ergebnisse solcher Testbetriebe den Durchschnittsätzen der VOL und des GDL gegenüberzustellen, um anhand dieser Ergebnisse, die dem Ernährungsministerium vorlagen und folglich Regierung und Parlament zugänglich waren, die aus der Anwendung der Durchschnittsätze resultierende Begünstigung nachzuweisen. Entgegen der vom Ernährungsausschuß[45] sowie gelegentlich in der Literatur[46] vertretenen Auffassung, die Reinerträge buchführender seien höher als die (der großen Mehrheit) nichtbuchführender Betriebe (wobei zu fragen ist, wie die Reinerträge der letzteren ohne Buchführung festzustellen sind), hat das Ministerium bisher daran festgehalten, die Testbetriebsergebnisse vermittelten ein „repräsentatives Bild"[47] der Landwirtschaft, was demnach auch für den hier anzustellenden Vergleich (der sich allerdings auf Betriebe in einem Bundesland beschränkt) gelten muß.

Bei der *Reinertragsermittlung* geht die Buchführungsstatistik (analog der Einheitsbewertung) zunächst von einem schulden- und pachtfreien Betrieb aus, der mit fremden Arbeitskräften bewirtschaftet wird, so daß weder im Betriebsertrag Zins- und Pachteinnahmen noch im Betriebsaufwand Zins- und Pachtzahlungen[48] enthalten sind, jedoch in letzterem kalkulatorische Lohnansätze für die Arbeitsleistung der Betriebsleiterfamilie.

Der Betriebsertrag umfaßt nur die Leistungen des landwirtschaftlichen Betriebes (also nicht Einnahmen aus Nebenbetrieben oder nebenberuflicher Erwerbstätigkeit eines der Mitglieder der Betriebsleiterfamilie). Er enthält die Erlöse aus dem Verkauf von Boden- und Vieherzeugnissen sowie etwaige Einnahmen für die Verpachtung von Maschinen, aus Fuhrleistungen sowie aus der Wald- und Jagdnutzung, wobei anzumerken ist, daß die Buchführungsstatistik nur Betriebe mit einer geringen Waldfläche (höchstens bis zu 10 vom Hundert der gesam-

---

[45] Vgl. oben S. 61.

[46] Vgl. etwa *Stempel*, Peter: Die Stellung der Landwirtschaft in der Steuerpolitik. Diss. Bonn 1961, S. 42.

[47] Grüner Bericht 1967, BT-Drucksache V/1400, S. 95, und Grüner Bericht 1968, BT-Drucksache V/2540, S. 119.

[48] Zins- und Pachteinnahmen sowie -ausgaben werden jedoch in den Zusammenstellungen der Buchführungsergebnisse einiger Landwirtschaftskammern für jeden einzelnen Betrieb außerhalb der Berechnung der Kennzahlen mitgeteilt.

ten Betriebsfläche) erfaßt. Die Summe der vorgenannten Positionen stellt die baren Einnahmen dar. Fügt man den baren Einnahmen den Mehrbestand an Vieh und Vorräten sowie den Eigenverbrauch, den Naturallohn und den Mietwert der eigenen Wohnung hinzu, gelangt man zum gesamten *Betriebsertrag*.

Die mengenmäßige Erfassung des *Eigenverbrauchs* in der Buchführungsstatistik ist offensichtlich mangelhaft, denn der Unterschied zwischen dem Geldwert der Nahrungsmittelproduktion und den Verkaufserlösen betrug im Wirtschaftsjahr 1964/65 2,918 Mrd. DM, und damit entfiel auf einen Hektar landwirtschaftlich genutzter Fläche ein durchschnittlicher Eigenverbrauch von 225 DM. „Bei Prüfung einzelner Betriebsgruppen (ergab) sich (jedoch) nur ein Eigenverbrauch von 125 DM je ha LN[49]." (Die Bewertung des Eigenverbrauchs erfolgt zu Erzeugerpreisen.) Aus dieser mangelhaften Erfassung des Selbstverbrauchs resultiert also eine Unterschätzung des tatsächlichen Einkommens der Betriebsleiterfamilie.

Das gleiche gilt für den *Mietwert der eigenen Wohnung*. Von den kalkulatorischen Mietwerten der Buchführungsstatistik kann man mit Sicherheit behaupten, daß sie nicht den tatsächlichen Kostenmieten entsprechen[50]. Freilich erscheint es auch zweifelhaft, ob eine exakte Trennung der Aufwendungen für Gebäude in solche für Wohn- und Wirtschaftsgebäude gelingt, wie sie die Bundesregierung für möglich hält[51].

Wie unter den Betriebsertrag nur die Einnahmen, so fallen unter den *Betriebsaufwand* nur die Ausgaben für den landwirtschaftlichen Betrieb. Der bare Sachaufwand umfaßt alle Ausgaben für den Zukauf ertragsteigernder und Arbeitshilfsmittel, den Viehzukauf, Strom, Heizung und Treibstoff, Maschinenmiete, die Unterhaltung von Maschinen und Gebäuden, Versicherungsprämien, Betriebssteuern und ähnlichen allgemeinen Betriebsaufwand[52]. Zu den Betriebssteuern gehören nicht nur Steuern im engeren Wortsinne (wie die Grundsteuer, deren Eingruppierung unter die „Kostensteuern" überrascht, die Kraftfahrzeug-, die Hundesteuer etc.), sondern auch „Quasi-Steuern" wie Deich- und Siellasten und die Landwirtschaftskammerbeiträge. Der bare Betriebsaufwand enthält jedoch nicht die Aufwendungen für neuangeschaffte Maschinen und Gebäude. Zum baren Sachaufwand sind Minderbestände

---

[49] *Priebe*, a.a.O., S. 5.

[50] *Priebe*, a.a.O., S. 4; in den Grünen Berichten 1967 und 1968 sind Mietwerte der eigenen Wohnung nicht mehr ausgewiesen.

[51] Grüner Bericht 1967, a.a.O., S. 93.

[52] *Priebe* (Das grüne Rätsel. In: Der Volkswirt, 20. Jg. (1966), S. 196) hat darauf hingewiesen, daß bei der Trennung von Betriebs- und konsumtivem Aufwand (für „Licht, Kraft, Heizung, Kraftwagenbenutzung usw.") letzterer „günstig kalkuliert" wird.

an Vieh und Vorräten sowie die Abschreibungen zu addieren, um zum gesamten Sachaufwand zu gelangen. Den Abschreibungen liegen nur „normale, betriebswirtschaftlich gerechtfertigte“[53] Abschreibungssätze zugrunde, steuerliche Sonderabschreibungen sind also ausgeschaltet worden.

Fügt man dem gesamten Sachaufwand den Bar- und Naturallohn für fremde sowie die kalkulatorischen Lohnansätze für familieneigene nicht entlohnte Arbeitskräfte und die Unfallversicherung hinzu, so ergibt sich der gesamte Betriebsaufwand.

Beim Lohn für fremde Arbeitskräfte handelt es sich um den Bruttolohn, vermehrt um den Arbeitgeberanteil an der Sozialversicherung, die Ausgaben für den Betriebshaushalt (dessen Aufwand bei gemeinsamer Beköstigung familieneigener und fremder Arbeitskräfte nach Maßgabe der Anzahl der letzteren an der Gesamtzahl der versorgten Personen auszugliedern ist[54]) sowie den Naturallohn.

Die *kalkulatorischen Lohnansätze zur Bewertung der Arbeitsleistung der Betriebsleiterfamilie* sind „in Anlehnung an die für fremde Arbeitskräfte (Monatslöhner) gezahlten Löhne“[55] berechnet. In den beiden folgenden Tabellen 12 a und b ist die Entwicklung dieser kalkulatorischen Werte in den Wirtschaftsjahren 1958/59 bis 1965/66 aufgezeigt. Im Ansatz für den Betriebsleiter ist für dessen dispositive Tätigkeit ein besonderer Zuschlag enthalten, dessen Höhe vom Einheitswert des Betriebes, also sowohl vom Ertragswert pro Hektar als auch von der Betriebsgröße, abhängig ist[56].

Der Ansatz für die Ehefrau des Betriebsleiters richtet sich nach der Zahl der im Privathaushalt beköstigten Personen. Die Abzüge je ganzjährig beköstigter Person betragen bei einer Betriebsgröße bis zu 20 Hektar 17, zwischen 20 und 50 Hektar 18, über 50 Hektar 30 vom Hundert der in Tabelle 12 b ausgewiesenen Lohnansätze[57].

Die Leistung nicht ständig beschäftigter Arbeitskräfte wird nach Maßgabe ihrer Arbeitstage in Vollarbeitskräfte umgerechnet, wobei bei

---

[53] Landwirtschaftliche Buchführungsergebnisse 1959/60 und 1960/61, a.a.O., S. 41.

[54] Vgl. Ausführungsanweisung zur Buchführungsstatistik 1965/66, hrsg. vom Bundesminister für Ernährung, Landwirtschaft und Forsten. Ohne Jahr und Ort, S. 9.

[55] Landwirtschaftliche Buchführungsergebnisse 1959/60 und 1960/61, a.a.O., S. 43.

[56] Diese Abhängigkeit des Zuschlags von den veralteten Einheitswerten ist äußerst problematisch, und es wäre sicher angebracht, den Zuschlag — wie *Priebe* (Das grüne Rätsel, a.a.O., S. 196), allerdings für die Vergleichsrechnung, vorgeschlagen hat — ihn nach der Umsatzhöhe zu bemessen.

[57] Ausführungsanweisung zur Buchführungsstatistik, a.a.O., S. 16.

Tabelle 12a

Kalkulatorische Lohnansätze zur Bewertung der Arbeitsleistung des Betriebsleiters in der Buchführungsstatistik in den Wirtschaftsjahren 1958/59 bis 1965/66

Einheitswert des Betriebes DM	Bewertung der Arbeitsleistung einschließlich Betriebsleiterzuschlag (in DM) im Wirtschaftsjahr 1958/59	1959/60	1960/61	1961/62	1962/63	1963/64	1964/65	1965/66
bis 7 500	3 950	4 200	4 460	4 840	5 100	5 530	6 560	7 330
7 500 bis 10 000	4 060	4 310	4 575	4 975	5 235	5 665	6 700	
10 000 bis 15 000	4 285	4 535	4 800	5 245	5 505	5 935	6 970	7 735
15 000 bis 20 000	4 510	4 760	5 025	5 515	5 775	6 205	7 240	8 005
20 000 bis 25 000	4 730	4 980	5 250	5 785	6 045	6 475	7 510	8 275
25 000 bis 30 000	4 955	5 205	5 475	6 055	6 315	6 745	7 780	8 545
30 000 bis 35 000	5 175	5 425	5 700	6 325	6 585	7 015	8 050	8 815
35 000 bis 40 000	5 400	5 650	5 925	6 595	6 855	7 285	8 320	9 085
40 000 bis 50 000	5 845	6 095	6 375	7 135	7 395	7 825	8 860	9 490
50 000 bis 60 000	6 290	6 540	6 825	7 675	7 935	8 365	9 400	10 030
60 000 bis 70 000	6 740	6 990	7 275	8 215	8 475	8 905	9 940	10 570
70 000 bis 80 000	7 185	7 435	7 725	8 755	9 015	9 445	10 480	11 110
80 000 bis 90 000	7 630	7 880	8 175	9 295	9 555	9 985	11 020	11 650
90 000 bis 100 000	8 075	8 325	8 625	9 835	10 095	10 525	11 560	12 190

Tabelle 12b

Kalkulatorische Lohnansätze zur Bewertung der Arbeitsleistung mithelfender Familienangehöriger in der Buchführungsstatistik in den Wirtschaftsjahren 1958/59 bis 1965/66

Kalkulatorischer Lohnansatz (in DM) für eine	1958/59	1959/60	1960/61	1961/62	1962/63	1963/64	1964/65	1965/66
männliche	3 750	4 050	4 320	4 710	5 030	5 370	6 320	6 860
weibliche	2 950	3 250	3 470	3 810	4 180	4 450	5 300	5 870
Vollarbeitskraft								

Quelle: Landwirtschaftliche Buchführungsergebnisse, Heft 8 (1959/60), Heft 9 (1961/62), Heft 10 (1963/64 und 1964/65), hrsg. vom Bundesministerium für Ernährung, Landwirtschaft und Forsten, Bonn 1962, 1964, 1966, S. 43/44 — 49 — 46, sowie Ausführungsanweisung zur Buchführungsstatistik, a.a.O., S. 17.

einer Vollarbeitskraft eine Arbeitsleistung von 280 Tagen pro Jahr angenommen wird. Als vollwertige Arbeitskräfte gelten männliche und weibliche zwischen 16 und 65 Jahren, die ganzjährig im Betrieb arbeiten; Jugendliche zwischen 14 und 16 Jahren und mindestens 65 Jahre alte Personen werden nur als 0,5 bzw. 0,3 Voll-Arbeitskräfte bewertet. Ziel der Buchführungsstatistik ist es zwar, nur die betriebsnotwendigen Arbeitskräfte in die Berechnung der Kennzahlen einzubeziehen, jedoch wurde in den bisherigen Erhebungen die Zahl der betriebsnotwendigen als identisch mit der der vorhandenen Arbeitskräfte betrachtet[58].

Die Subtraktion des Betriebsaufwandes (einschließlich der kalkulatorischen Lohnansätze für den Betriebsleiter und die Familienarbeitskräfte) vom -ertrag ergibt den *Reinertrag*. Für die folgenden Überlegungen sind jedoch noch weitere Kennzahlen von Bedeutung: Zieht man vom Betriebsertrag nur den Sachaufwand ab, erhält man zunächst das Betriebseinkommen. Es „umfaßt das Arbeitsentgelt der im landwirtschaftlichen Betrieb beschäftigten Menschen (einschließlich der Beiträge zur Sozial- und Unfallversicherung), die Verzinsung des Aktivkapitals und den Unternehmergewinn“[59]. Das *Roheinkommen* wird dagegen errechnet, indem man vom Betriebseinkommen die Bruttolöhne für die familienfremden Arbeitskräfte subtrahiert; es kann als das *Einkommen der bäuerlichen Familie* (Betriebsleiter und nicht entlohnte mithelfende Familienangehörige) *aus dem „schulden- und pachtfrei gedachten“*[60] *landwirtschaftlichen Betrieb* angesehen werden.

2. Vergleich der Ergebnisse der Reinertragsermittlung der Einheitsbewertung und der Buchführungsstatistik

Der Vergleichbarkeit des Nettoertrages der Buchführungsstatistik mit dem der Einheitsbewertung stehen vor allem die unterschiedlichen kalkulatorischen Wertansätze entgegen.

Der *wichtigste Unterschied* ist in den *verschiedenen kalkulatorischen Lohnansätzen* für die Arbeitsleistung der familieneigenen Arbeitskräfte zu erblicken. Eine völlige Vergleichbarkeit der beiden Nettoerträge wäre dann gewährleistet, wenn zur Berechnung des Reinertrages die Buchführungsstatistik die gleichen kalkulatorischen Lohnansätze verwendet würden, die bei der Ableitung des Spitzensatzes der Einheitsbewertung Verwendung fanden. Diese Voraussetzung trifft jedoch nicht zu, vielmehr werden in der Buchhaltungsstatistik die in Tabelle

[58] Diese Gleichsetzung wird von *Priebe* (Kritische Bemerkungen, a.a.O., S. 5) kritisiert.

[59] Grüner Bericht 1967, a.a.O., S. 7.

[60] Ebenda.

12 a und b mitgeteilten viel höheren Lohnsätze veranschlagt. Vergleicht man nun die beiden Nettoerträge, so muß das Ergebnis des Vergleichs dahingehend interpretiert werden, daß sich aus dem Regierung und Parlament bekannten oder zumindest zugänglichen Zahlenmaterial ableiten läßt, daß trotz der viel höheren kalkulatorischen Lohnansätze für die Arbeitsleistung der Betriebsleiterfamilie in der Buchhaltungsstatistik die tatsächlichen die „steuerlichen" Reinerträge bei der überwiegenden Mehrzahl der VOL-Betriebe bei weitem überschritten hatten.

Die Vergleichbarkeit der Reinerträge wird ferner dadurch beeinträchtigt, daß der *Betriebsleiterzuschlag* in der Buchführungsstatistik nach Maßgabe des betrieblichen Einheitswertes bemessen wird, so daß die Höhe des tatsächlichen Reinertrages von der des „steuerlichen" nicht völlig unabhängig ist. Jedoch schränkt eine solche partielle Abhängigkeit die Aussagekraft des Ergebnisses nicht derart stark ein, daß man das Vergleichsergebnis völlig ablehnen muß.

Es sei weiterhin noch einmal auf die *Mängel der Buchführungsstatistik* in der Erfassung insbesondere des Eigenverbrauchs und des Mietwertes der eigenen Wohnung hingewiesen, von denen angenommen werden muß, daß sie zu einer *Unterschätzung* des tatsächlichen Einkommens der Betriebsleiterfamilie und damit *des Verhältnisses zwischen „steuerlichem" und tatsächlichem Reinertrag* führen.

Zur *Darstellung der Entwicklung des Verhältnisses der beiden Reinerträge* könnte man daran denken, zunächst aus den Ergebnissen der *Effektivrechnung der Grünen Berichte* für einen Zeitraum von sechs Jahren, also für einen Hauptfeststellungszeitraum im Sinne des Bewertungsgesetzes, einen durchschnittlichen tatsächlichen Reinertrag der einzelnen Betriebsgruppen zu errechnen und diesen dem „steuerlichen" Nettoertrag gegenüberzustellen, wie er sich aus dem durchschnittlichen Einheitswert dieser Gruppe ableiten läßt. Dem steht jedoch als Hindernis entgegen, daß die effektiven Reinerträge der einzelnen Betriebe einer Gruppe um den Gruppendurchschnitt beträchtlich schwanken[61] und in diesen Gruppendurchschnittswerten die Schwankungen der Einzelergebnisse nicht zum Ausdruck kommen. Die Verwendung der Gruppendurchschnittswerte würde also das Untersuchungsergebnis dem Vorwurf aussetzen, es lasse die Unterschiede in den Relationen der tatsächlichen Reinerträge bei gleichem „steuerlichen" Reinertrag nicht deutlich genug hervortreten. Daher mußte der Verfasser auf die *Ergebnisse einzelner Betriebe* zurückgreifen, die sich in den Zusammenstellungen der Testbetriebsergebnisse der Landwirtschaftskammern finden. Diese Er-

[61] Das zeigt die (erstmals im Grünen Bericht 1967) ausgewiesene Streuung der Mittelwerte der schlechtesten (besten) Einzelergebnisse um den Gruppendurchschnitt.

gebnisse werden zwar alljährlich von den Landwirtschaftskammern veröffentlicht, doch erlauben es die Veröffentlichungen der meisten Landwirtschaftskammern nicht, die Reinertragsentwicklung eines Betriebes über einen längeren Zeitraum zu verfolgen, weil der Betrieb in jeder Veröffentlichung eine andere Nummer trägt und sich aus den übrigen Kennzahlen nicht mit hinreichender Sicherheit identifizieren läßt. Die Landwirtschaftskammer Bonn hingegen fügt den von ihr veröffentlichten Betriebsergebnissen Verzeichnisse bei, denen man die Nummer eines Betriebes in vergangenen Wirtschaftsjahren entnehmen kann, so daß sich die Entwicklung eines Betriebes während eines größeren Zeitraumes betrachten läßt. Daher wurde diese Veröffentlichungsreihe zur folgenden Untersuchung herangezogen. Die Landwirtschaftskammer Bonn gibt aber — anders als andere Kammern — nicht den Pro-Hektar-Einheitswert eines Betriebes, sondern nur dessen Zugehörigkeit zu einer der folgenden Einheitswertgruppen an:

Über 2 800,

2 401 bis 2 800,

2 001 bis 2 400,

1 601 bis 2 000,

1 201 bis 1 600,

unter 1 200 DM

je Hektar landwirtschaftlich genutzter Fläche. Mangels anderer Informationen wurde daher in der Untersuchung für jeden Betrieb der mittlere Wert der betreffenden Einheitswertgruppe als dessen Pro-Hektar-Einheitswert (bei den offenen Flügelgruppen entsprechend ein um 200 DM höherer bzw. niedrigerer Wert) angenommen — eine Annahme, die nicht dazu angetan ist, das Untersuchungsergebnis stark zu verfälschen. Anhand dieses Pro-Hektar-Einheitswertes läßt sich der „steuerliche" Reinertrag je Flächeneinheit bestimmen. Da sich die Untersuchung auf Betriebe bis zu 20 Hektar landwirtschaftlicher Nutzfläche beschränkt, von denen aufgrund der übrigen Betriebskennzahlen angenommen werden kann, es handle sich um „reine" VOL-Betriebe, muß deren Pro-Hektar-Einheitswert durch 12 dividiert werden, um zum „steuerlichen" Nettoertrag zu gelangen, wie ihn die VOL von 1949 vorschrieb.

Als wichtigste Ergebnisse dieser Untersuchung sind die folgenden Punkte festzuhalten:

1. *Bei der überwiegenden Mehrzahl der* untersuchten *Betriebe* (genauer: bei 169 von 207 Betrieben) hatte trotz der weit höheren kalkulatorischen Lohnansätze der Buchführungsstatistik der durch-

schnittliche *effektive Nettoertrag* in den Wirtschaftsjahren 1958/59 bis 1963/64 *den „steuerlichen" Reinertrag* aufgrund der VOL *überschritten;* bei vielen Betrieben standen diese beiden Reinerträge in einem krassen Mißverhältnis. Es ist sicher richtig, wie der Bundesfinanzhof anzunehmen, daß dieser Sachverhalt bei der Mehrzahl aller Betriebe in der Bundesrepublik zutraf[62].

Als *wichtigste Verursachungsfaktoren* der absoluten Reinertragssteigerungen sind vor allem der seit 1935 gestiegene Einsatz an sachlichen Betriebsmitteln und Gebäuden sowie der sich ständig erhöhende Düngemittelverbrauch hervorzuheben, die der Gesetzgeber in der Nachkriegszeit ja stark subventioniert hat[63]. Nicht zuletzt ist aber der absolute und relative Anstieg der Viehhaltung zu beachten. Zur Verdeutlichung möge der Hinweis dienen, daß sich das Verhältnis der Verkaufserlöse von pflanzlichen und tierischen Erzeugnissen im Durchschnitt von 1 : 1,9 (1938/39) über (rund) 1 : 3 (1960/61) inzwischen auf 1 : 3,7 (1965/66) erhöht hat[64].

2. Bei 38 Betrieben (das sind rund *18 vom Hundert*) *unterschritt der tatsächliche Reinertrag* im 6-Jahres-Durchschnitt *den „steuerlichen" Nettoertrag.* Zwar mögen bei einem großen Teil dieser Betriebe die niedrigeren kalkulatorischen Lohnansätze der VOL diesen Nachteil kompensiert haben, bei einer — wenn auch nur kleinen — Minderheit dürfte der tatsächliche dennoch hinter dem steuerlichen Gewinn trotz der veralteten Einheitswerte zurückgeblieben sein. Hier zeigt sich deutlich der bereits kritisierte Mangel des Einheitswerts, der schematisch auf die Ertragsfähigkeit vor allem des Bodens abgestellt ist, die nicht eo ipso zu einem entsprechenden Betriebsgewinn führen muß.

3. Zu beachten ist ferner die *Verschiebung der Reinertrags-Relationen.* Bei Betrieben mit Einheitswertdifferenzen von 2 000 DM/ha ist keine die Berechtigung dieses Unterschiedes bestätigende Differenz der tatsächlichen Nettoerträge mehr zu erblicken. Damit ist auch das Argument des Bundesministers für Ernährung, Landwirtschaft und Forsten widerlegt, daß „eine Angleichung ... an die Gewinne ... sich durch eine Verminderung des Bruchteils des maßgebenden Ein-

---

[62] VOL-Urteil, a.a.O., S. 602.

[63] Vgl. dazu insbesondere *Hansmeyer,* Karl-Heinrich: Theorie einer sektoralen Finanzpolitik. Tübingen 1963.

[64] Die absoluten Zahlen für 1938/39 u. 1960/61 finden sich in Heft 8 der Schriftenreihe Landwirtschaftliche Buchführungsergebnisse, a.a.O., S. 24, und lauten: Pro-Hektar-Verkaufserlös für pflanzliche Erzeugnisse 1938/39 (1960/61) 172 RM (417 DM), für tierische Erzeugnisse 327 RM (1249 DM). Die Angaben für 1965/66 wurden aus den Zahlen des Grünen Berichtes 1967 (a.a.O., Tabellen S. 180 u. S. 76) errechnet. Die Verkaufserlöse für pflanzliche Erzeugnisse betrugen demnach 435 DM, für tierische Erzeugnisse 1 586 DM pro Hektar.

Tabelle 13

Das Verhältnis zwischen „steuerlichem" und tatsächlichem Reinertrag bei 207 Betrieben im Bereich der Landwirtschaftskammer Bonn in den Wirtschaftsjahren 1958/59 bis 1963/64

Lfd. Nr. des Betriebes	Bodennutzungsart	Betriebsgrößenklasse (in ha)	Angenommener Einheitswert DM/ha	„Steuerlicher" Reinertrag DM/ha	Tatsächlicher Reinertrag DM/ha im Wirtschaftsjahr 1958/59	1959/60	1960/61	1961/62	1962/63	1963/64	Durchschnittl. tatsächlich. Reinertrag DM/ha	Es verhält sich der „steuerl." z. tatsächl. durchschn. RE wie 1:
1	Zuckerrübenbau	unter 10	2 600	217	893	165	262	199	1 293	1 463	713	3,3
2			2 200	183	563	496	736	757	1 508	819	813	4,4
3			1 400	117	842	863	347	397	432	537	570	4,9
4					484	478	903	809	1 497	548	787	6,7
5					674	962	438	93	783	314	544	4,6
6					655	714	489	385	394	865	584	5,0
7		10 bis unter 20	2 600	217	−50	−182	639	340	567	494	301	1,4
8					1 351	1 086	1 232	484	685	1 032	978	4,5
9					1 100	1 327	1 375	561	1 166	1 261	1 132	5,2
10					332	398	729	639	1 032	698	638	2,9
11					1 240	727	1 360	630	618	1 029	967	4,5
12					631	594	785	216	651	785	610	2,8
13					−147	−327	154	−370	114	224	−59	−0,3
14					534	533	1 097	490	939	785	730	3,4
15					120	−40	−268	−905	−748	−651	−415	−1,9
16			2 200	183	718	391	1 041	682	1 482	736	842	4,6
17					301	262	484	−44	182	675	310	1,7
18					857	42	470	373	498	539	463	2,5
19					556	209	321	470	885	848	548	3,0
20					789	262	1 071	1 731	1 060	1 018	989	5,4
21					928	449	606	331	511	454	547	3,0

22					740	183	541	128	500	814	484	2,6
23			1 800	150	787	621	1 184	1 112	1 574	1 723	1 167	7,8
24					597	502	972	455	969	1 124	770	5,1
25					450	411	503	138	595	313	410	2,6
26					330	212	693	293	565	1 089	530	3,5
27			1 400	117	1 033	387	878	1 058	1 297	1 613	1 044	8,9
28					908	204	821	1 419	1 256	1 465	1 012	8,7
29					574	−17	380	89	570	257	309	2,6
30			1 000	83	905	314	724	864	897	609	719	8,6
31	Kartoffelbau	unter 10	2 200	183	813	402	2 003	535	1 446	719	986	5,4
32			1 400	117	346	650	274	687	1 471	483	652	5,6
33		10 bis unter 20	1 800	150	165	40	112	112	243	459	189	1,3
34					332	−85	479	−5	182	413	219	1,5
35			1 400	117	706	501	674	955	1 114	212	694	5,9
36			1 000	83	1 212	856	620	173	120	1 399	730	8,8
37					1 186	1 010	832	2 062	2 071	2 338	1 583	19,1
38					691	271	669	932	1 739	1 346	945	11,4
39					−302	316	308	108	713	452	266	3,2
40					140	146	218	603	251	40	233	2,8
41	Hackfruchtbau	unter 10	1 800	150	694	89	516	328	1 041	859	588	3,9
42			1 400	117	405	−175	−240	−306	−105	36	−64	−0,6
43			1 000	83	984	603	699	252	443	858	640	7,7
44		10 bis unter 20	2 600	217	41	53	3	143	556	826	270	1,2
45			2 200	183	718	−68	187	−304	253	566	225	1,2
46			1 400	117	1 375	1 554	1 776	1 845	1 838	1 930	1 719	14,6
47					385	635	804	316	724	1 169	672	5,7
48	Hackfrucht-	unter 10	1 000	83	−271	27	7	78	−51	−281	−82	−1,0
49	Getreidebau	10 bis unter 20	3 000	250	566	308	259	−188	237	589	295	1,2
50			2 600	217	566	306	453	474	673	393	478	2,2
51					422	−76	279	−141	264	14	127	0,6
52					405	163	637	474	779	571	505	2,3
53			2 200	183	113	18	186	−182	277	39	75	0,4
54			1 800	150	661	186	407	88	429	654	404	2,7
55					1 240	1 494	842	579	950	1 524	1 105	7,4
56					445	149	484	129	445	745	400	2,7

Lfd. Nr. des Betriebes	Bodennutzungsart	Betriebsgrößenklasse (in ha)	Angenommener Einheitswert DM/ha	„Steuerlicher" Reinertrag DM/ha	Tatsächlicher Reinertrag DM/ha im Wirtschaftsjahr 1958/59	1959/60	1960/61	1961/62	1962/63	1963/64	Durchschnittl. tatsächlich. Reinertrag DM/ha	Es verhält sich der „steuerl." z. tatsächl. durchschn. RE wie 1:
57			1 400	117	30	37	432	255	295	300	579	5,0
58					381	62	637	466	1 021	907	225	1,9
59			1 000	83	410	305	636	433	623	631	506	6,1
60		unter 10	2 200	183	613	−175	−39	64	773	527	294	1,6
61					36	−285	134	−142	118	566	71	0,4
62			1 800	150	428	28	215	144	635	639	348	2,3
63					549	844	143	571	835	1 118	677	4,5
64			1 000	83	16	235	−208	50	263	427	131	1,6
65		10 bis unter 20	2 600	217	341	539	326	803	565	634	535	2,5
66					243	−76	360	173	−236	231	116	0,5
67					542	89	599	42	743	510	420	2,0
68			2 200	183	455	863	937	744	1 392	986	896	4,9
69					506	1 026	465	330	443	879	608	3,3
70					−280	8	−64	−276	215	391	−1	0,0
71					647	671	950	683	1 064	817	805	4,4
72			1 800	150	198	322	282	299	82	176	227	1,5
73					899	510	615	468	930	710	689	4,6
74					699	−661	−287	−438	260	−31	−76	−0,5
75					719	256	830	308	997	1 208	720	4,8
76					699	−117	349	269	1 088	707	499	3,3
77					673	180	416	203	297	−253	253	1,7
78					90	−154	697	−35	456	594	275	1,8
79					−121	420	−44	−205	108	−87	12	0,1
80			1 400	117	763	140	620	746	−4	790	509	4,4
81					−150	−371	121	−360	384	567	32	0,3
82					690	36	753	718	803	713	619	5,3
83					184	−36	−50	55	660	538	225	1,9
84					657	658	731	−93	567	541	510	4,4

85					634	412	1 254	834	590	585	718	6,1
86			1 000	83	353	−63	395	202	1 011	616	419	5,0
87	(noch Hack-	unter 10	1 400	117	452	237	293	752	367	1 223	554	4,7
88	frucht-Getreide-				1 105	1 112	1 490	1 361	1 686	1 741	1 416	12,1
89	bau		1 000	83	−280	310	21	−296	365	1 098	203	2,4
90					358	−947	−214	−484	36	−144	−233	−2,8
91					428	349	749	489	−64	510	410	4,9
92		10 bis unter 20	2 600	217	−122	−421	−404	102	−35	179	−117	−0,5
93					249	685	362	−166	310	192	272	1,3
94			2 200	183	110	331	686	447	815	632	504	2,8
95			1 800	150	1 147	800	649	906	759	886	858	5,7
96					−52	−208	861	1 044	1 479	1 236	727	4,8
97					220	−22	5	250	607	931	332	2,2
98					144	424	434	2	231	278	252	1,7
99					142	176	581	124	497	279	300	2,0
100			1 400	117	422	453	515	403	512	857	527	4,5
101					209	596	356	45	235	195	273	2,3
102					277	115	223	159	1 322	−44	342	2,9
103					729	585	1 034	620	856	594	736	6,3
104					−157	−281	110	−33	131	564	56	0,5
105			1 000	83	372	54	762	362	954	894	568	6,8
106					538	657	733	267	343	923	577	7,0
107					760	150	228	476	1 018	1 010	607	7,3
108					668	473	617	377	1 157	844	689	8,3
109	Getreidebau	unter 10	3 000	250	148	222	517	−69	653	−129	224	0,9
110		10 bis unter 20	1 800	150	64	65	741	117	520	486	332	2,2
111					−105	−176	489	−383	−301	158	−53	−0,3
112					1 189	1 222	503	1 137	1 541	1 476	1 178	7,9
113	Getreide-	10 bis unter 20	2 600	217	294	375	587	205	320	278	343	1,6
114	Hackfruchtbau		2 200	183	346	−167	−127	490	210	770	254	1,4
115					−217	184	170	−104	123	565	120	0,7
116			1 800	150	512	375	1 583	1 222	897	1 357	991	6,6
117					693	323	856	501	598	357	555	3,7
118					356	18	−6	224	394	309	216	1,4
119					147	217	580	534	644	559	445	3,0

Lfd. Nr. des Betriebes	Bodennutzungsart	Betriebsgrößenklasse (in ha)	Angenommener Einheitswert DM/ha	„Steuerlicher" Reinertrag DM/ha	Tatsächlicher Reinertrag DM/ha im Wirtschaftsjahr 1958/59	1959/60	1960/61	1961/62	1962/63	1963/64	Durchschnittl. tatsächlich. Reinertrag DM/ha	Es verhält sich der „steuerl." z. tatsächl. durchschn. RE wie 1:
120			1 400	117	166	12	141	15	257	379	162	1,4
121					123	125	362	−13	−38	228	131	1,1
122					558	159	583	1 066	712	1 076	692	5,9
123					53	169	26	27	525	624	237	2,0
124					758	467	979	823	953	1 107	848	7,2
125					517	179	44	−167	−247	353	113	1,0
126			1 000	83	−327	205	237	459	503	106	197	2,4
127					521	100	280	554	291	498	374	4,5
128					670	74	279	142	168	438	295	3,6
129	Getreide-	unter 10	1 400	117	123	−411	771	252	61	318	186	1,6
130	Futterbau	10 bis unter 20	2 600	217	112	150	−144	−65	97	200	59	0,3
131			2 200	183	60	−122	204	−59	204	299	98	0,5
132			1 800	150	907	475	−179	−51	−257	−415	80	0,5
133					179	437	271	161	−151	−329	95	0,6
134					−55	−383	−240	22	127	150	−63	−0,4
135			1 400	117	273	4	172	−40	571	385	228	2,0
136					656	71	755	723	488	586	548	4,7
137					558	562	783	788	863	740	716	6,1
138					2	−67	437	−144	573	668	245	2,1
139					316	237	683	281	681	560	460	3,9
140			1 000	83	268	−190	237	279	522	211	221	2,7
141					755	492	804	723	1 017	1 374	861	10,4
142	Futterbau	unter 10	1 400	117	102	−208	213	12	−377	825	95	0,8
143					−122	174	−129	531	362	499	219	1,9
144					728	889	793	679	596	342	671	5,7
145					138	−21	298	364	377	912	345	3,0
146			1 000	83	−296	−259	−314	−371	−356	−18	−269	−3,2
147					−878	−258	−384	220	−356	440	−203	−2,5

148					−380	39	−55	−624	−72	461	105	1,3
149					157	419	377	517	201	214	314	3,8
150					29	97	245	160	174	104	135	1,6
151					163	90	−16	16	−53	−251	−9	−0,1
152					−38	303	256	418	451	311	284	3,4
153					123	254	−130	242	373	4	144	1,7
154					389	328	633	207	143	403	351	4,2
155					72	−282	−144	212	−363	−425	−226	−2,7
156					120	690	500	139	406	211	344	4,2
157					321	49	−212	128	−21	155	70	0,8
158					−365	−201	−262	69	−66	−217	−174	−2,1
159					23	−258	−281	−219	130	−25	105	1,3
160					363	668	666	592	780	754	638	7,7
161					54	147	385	94	128	94	150	1,8
162					−67	−124	91	476	1 006	612	332	4,0
163	(noch Futterbau)	10 bis unter 20	2 600	217	489	736	848	595	1 068	1 395	855	3,9
164			2 200	183	368	248	331	74	424	513	326	1,8
165			1 800	150	672	158	447	449	1 018	699	574	3,8
166					673	180	416	203	899	567	490	3,3
167					−222	−224	−5	155	593	940	206	1,4
168					40	518	591	466	612	942	528	3,5
169					558	416	687	408	808	779	608	4,1
170			1 400	117	−549	−300	−36	−368	−457	−366	−346	−3,0
171					−392	−797	−542	−84	−41	457	−233	−2,0
172					261	316	268	342	−79	488	266	2,3
173					−57	172	−226	−151	−4	3	−44	−0,4
174					121	431	471	258	385	832	316	2,7
175					617	984	785	653	699	1 139	813	7,0
176					70	568	618	628	523	573	497	4,2
177					297	316	325	74	136	161	218	1,9
178					540	516	580	602	565	779	597	5,1
179					−264	−70	−12	−356	−541	−560	−301	−2,6
180					436	478	203	832	1 117	755	604	5,2
181					−312	−300	−270	−140	−89	−441	−259	−2,2
182					107	256	848	661	557	911	557	4,8

Lfd. Nr. des Betriebes	Bodennutzungsart	Betriebsgrößenklasse (in ha)	Angenommener Einheitswert DM/ha	„Steuerlicher" Reinertrag DM/ha	Tatsächlicher Reinertrag DM/ha im Wirtschaftsjahr 1958/59	1959/60	1960/61	1961/62	1962/63	1963/64	Durchschnittl. tatsächlich. Reinertrag DM/ha	Es verhält sich der „steuerl." z. tatsächl. durchschn. RE wie 1:
183			1 000	83	596	370	302	390	447	857	494	6,0
184					644	322	743	494	289	747	540	6,5
185					402	520	389	295	502	944	509	6,1
186					428	28	215	144	95	308	203	2,4
187					−407	−159	322	167	−313	13	−63	−0,8
188					−158	24	596	601	727	1 464	542	6,5
189					500	367	943	407	795	1 408	737	8,9
190					297	438	591	565	631	879	567	6,8
191					348	−43	392	3	604	921	371	4,5
192					−86	−42	−301	−434	−125	383	−3	0,0
193					−316	−42	−37	39	−65	−95	−86	−1,0
194					−88	52	−110	151	200	313	86	1,0
195					802	−74	162	110	183	772	326	3,9
196					36	−84	92	−221	674	374	145	1,7
197					268	447	483	541	636	535	485	5,8
198					444	371	526	403	686	717	525	6,3
199					529	553	848	1 257	1 034	769	665	8,0
200					455	406	72	237	107	616	316	3,8
201					32	574	653	713	266	617	476	5,7
202					230	−93	282	−19	358	289	175	2,0
203					414	624	528	400	505	695	528	6,4
204					534	170	−24	416	476	560	355	4,3
205					−399	−54	−42	87	615	526	122	1,5
206					737	487	613	610	609	813	645	7,8
207					−184	−99	−92	33	55	177	12	0,1

Quelle: Eigene Berechnungen aufgrund der Betriebsergebnisse der Wirtschaftsjahre 1958/59 bis 1963/64, jeweils I. Teil — A —, hrsg. von der Landwirtschaftskammer Rheinland in Bonn.

heitswertes (...)“[65] bei allen Betrieben hätte herbeiführen lassen. Denn dabei bleibt unberücksichtigt, daß die sechsjährigen Reinertrags-Durchschnitte innerhalb einer Einheitswertgruppe erheblich voneinander abweichen. Diese breite Streuung zeigt deutlich die Nachteile, die mit einem derart langen Festhalten an einem „steuerlichen“ Nettoertrag für eine Gruppe inzwischen in ihren Ertragsbedingungen völlig unterschiedlicher Betriebe verbunden sind.

Die Ergebnisse der *neuen Einheitsbewertung auf den 1. Januar 1964* liegen zwar bisher noch nicht vor, dennoch lassen sich aus den im Bewertungsgesetz von 1965 angegebenen Daten einige Schlüsse über die „steuerlichen“ Reinerträge in den Wirtschaftsjahren 1968/69 bis 1972/73 ziehen:

1. Der Spitzen-Ertragswert pro Hektar, der jetzt nur noch Ausgangswert für die Bewertung des Wirtschaftsteiles des land- und forstwirtschaftlichen Vermögens ist, liegt noch unter dem — allerdings Wohnungs- und Wirtschaftswert umfassenden — Spitzensatz von 1935. Daraus erhellt, daß *die absolute Höhe des Spitzensatzes nicht eine so wesentliche Erhöhung der Hektarsätze,* deren Durchschnittswert in der Bundesrepublik bisher 1 119 DM pro Hektar betrug, *erlaubt, daß die „steuerlichen“ das Niveau der tatsächlichen Reinerträge bei der Mehrzahl der Betriebe erreichen werden* (wie das bei dem vom Bewertungsbeirat vorgeschlagenen Spitzensatz von 7 560 DM hätte der Fall sein können). Die neuen Hektarreinerträge werden also bei der Mehrheit der Betriebe nicht einmal an die effektiven Werte, wie sie zum Beispiel in Tabelle 13 für die Wirtschaftsjahre 1958/59 bis 1963/64 wiedergegeben sind, geschweige denn an das bis nach 1967/68 noch weiter gestiegene Niveau der tatsächlichen Reinerträge heranreichen.
2. Eine einschneidende Erhöhung des Pro-Hektar-Einheitswertes kann auch die besondere *Berücksichtigung des Wohnungswertes* nicht erbringen. Geht man davon aus, der Finanzverwaltung gelinge es, durch Mietpreissammlungen im gesamten Bundesgebiet die Jahresrohmiete für die Nutzung der eigenen Wohnung annähernd richtig zu schätzen, so erscheint doch der Ansatz im Rahmen der Einkommensbesteuerung kritikwürdig: Im Wirtschaftswert des Betriebes ist auch der Ertragswert des Bodens enthalten, auf dem das Wohngebäude errichtet ist. Um eine zweifache Veranschlagung dieses Bodens im Einheitswert zu vermeiden, muß daher für den sogenannten Bodenertragsanteil an der Jahresrohmiete ein Abzug vom letztgenannten Wert vorgenommen werden. Die Mitglieder des Schätzungsausschusses hatten für vorwiegend ländliche Gemeinden (bis 50 000 Einwohner) einen Abschlag von 5 bis 10 vom Hundert vorge-

[65] VOL-Urteil, a.a.O., S. 603.

schlagen[66], und dieser Vorschlag war auch im Gesetzentwurf zur Neufassung des Bewertungsgesetzes[67] enthalten. Auf Betreiben des Ernährungsausschusses wurde er jedoch im Gesetz (§ 47) um weitere 5 Prozentpunkte erhöht[68] und dürfte damit zu hoch ausgefallen sein. Ferner ist kritikwürdig, daß in vielen Fällen ein Achtzehntel des Wohnungswertes nicht dem „net imputed income" der Eigennutzung der Wohnung entspricht. Denn die Jahresrohmiete wird mit einem Vervielfachungsfaktor multipliziert, der so berechnet ist, daß in ihm das Verhältnis von Brutto- zu Nettomietwert zum Ausdruck kommt[69]. Dieser Vervielfachungsfaktor beträgt in ländlichen Gemeinden zwischen 4,7 und 10,2[70]. Die vom Gutachterausschuß angenommenen Pauschsätze für die Bewirtschaftungskosten des Mietwohngrundstückes belaufen sich jedoch nur auf 43 bis 59 vom Hundert der Jahresrohmiete[71], so daß tatsächlich in vielen Fällen ein geringerer Wert als der wirkliche Nettomietwert der Eigennutzung veranschlagt wird[72].

Der *neuen Einheitsbewertung* kann insgesamt also allenfalls das Verdienst zukommen, die *Reinertrags-Relationen* so weit *korrigiert* zu haben, wie das im Rahmen des gleitenden Bewertungsverfahrens möglich ist. Eine wesentliche Erhöhung der Einheitswerte und damit der für die Einkommensteuer relevanten Nettoerträge oder gar deren Angleichung an die tatsächlichen Werte ist bei den nach Durchschnittsätzen besteuerten Betrieben wegen des niedrigen Niveaus des Spitzensatzes jedoch nicht zu erwarten.

3. Vergleich der Hektarsätze der GDL-Übergangsregelung mit den Nettoerträgen der Grünen Berichte

Für die Hektarsätze der GDL-Übergangsregelung treffen die Einwände, die gegen die Neufestsetzung der Einheitswerte vorgebracht wurden, a fortiori zu, denn ihre absolute Höhe reicht ja nicht einmal an die der aus den alten Einheitswerten abgeleiteten Reinerträge heran.

---

[66] BR-Drucksache 256/63, Tabelle S. 64.

[67] Ebenda § 38 b.

[68] BT-Drucksache *zu* IV/3568, S. 10.

[69] BR-Drucksache 256/63, S. 56.

[70] Anlage 3 zum BewG 1965.

[71] BR-Drucksache 256/63, S. 63.

[72] Wird z. B. die Rohmiete bei der Einheitsbewertung mit 4,7 multipliziert und schließlich bei der Einkommensbesteuerung durch 18 dividiert, werden also nur rund 26 vom Hundert, nicht aber mindestens 41 vom Hundert der Jahresrohmiete veranschlagt.

Nun könnte man daran denken, diese Hektarsätze (wie die alten Reinerträge) den effektiven Nettoerträgen von Testbetrieben in den Wirtschaftsjahren 1965/66 und 1966/67 gegenüberzustellen. Auf diesen Vergleich wird hier allerdings zugunsten einer anderen Betrachtung verzichtet: Von den *Hektarsätzen* ist behauptet worden, sie seien *aus den Ergebnissen der Effektivrechnung der Grünen Berichte* für die Wirtschaftsjahre 1958/59 bis 1962/63 *„hergeleitet“*[73]. Diese Aussage ist nunmehr näher zu überprüfen.

Einer solchen Überprüfung steht jedoch neben den unterschiedlichen kalkulatorischen Wertansätzen als Hindernis im Wege, daß die Gliederung des GDL nach Bodennutzungsarten nicht genau mit der der Buchführungsstatistik übereinstimmt[74]. Die Grenzziehung ist nur bei den Getreidebaubetrieben gleich. In der folgenden Tabelle 14 wurde das (einfache) arithmetische Mittel aus den Gruppendurchschnittswerten der Getreide-Futterbau-Betriebe, den Getreidebaubetrieben mit dem niedrigsten Hackfruchtbauanteil, für die oben genannten Wirtschaftsjahre berechnet. Zur Errechnung des ersten Durchschnittsergebnisses wurden nur die Werte von Betrieben bis zu 50 Hektar, zur Ermittlung des zweiten die Ergebnisse aller Getreide-Futterbau-Betriebe (also auch solcher, die nicht nach Maßgabe des GDL besteuert werden) herangezogen.

Tabelle 14 zeigt, daß zumindest für die Betriebe dieser Bodennutzungsart der *Hektarsatz des GDL von 50 DM nur rund 70 bzw. 60 vom Hundert des Durchschnittsergebnisses* ausmacht.

Für die Betriebe mit dem höchsten Hektarsatz nach dem GDL, die Zuckerrübenbaubetriebe, ist dieser mit den Nettoertrags-Ergebnissen der Effektivrechnung nicht völlig vergleichbar, weil die Anforderungen an einen solchen Betrieb in bezug auf den Hackfruchtbauanteil in der Buchführungsstatistik strenger als im GDL sind[75]. Dennoch wurde in Tabelle 15 für die Betriebe die gleiche Rechnung durchgeführt wie für die Getreide-Futterbau-Betriebe.

Für die Zuckerrübenbau-Betriebe im Sinne der Buchführungsstatistik ist also der *Hektarsatz des GDL von 240 DM* ebenfalls *um rund 30 vom Hundert niedriger als das Durchschnittsergebnis der Testbetriebe* in diesen Wirtschaftsjahren. Freilich ist es möglich, daß dieser Vomhundertsatz (geringfügig) niedriger wäre, wenn die Betriebe mit 20 statt mit 25 vom Hundert Hackfruchtbauanteil betrachtet worden wären.

Die Ergebnisse für die Betriebe mit dem höchsten und dem niedrigsten Hackfruchtbauanteil legen den Schluß nahe, daß auch für die

---

[73] Vgl. oben S. 62.

[74] Vgl. Tabelle 11.

[75] Vgl. Tabelle 11.

Tabelle 14

Berechnung des durchschnittlichen Reinertrages DM/ha für Getreide-Futterbau-Betriebe in den Wirtschaftsjahren 1958/59 bis 1962/63

Größen-klasse (in ha)	Bundesland	Wirtschaftsjahr 1958/59	1959/60	1960/61	1961/62	1962/63	Durch-schnitts-Ergebnis der Gruppe
bis 20	Schleswig-	218	389	259	176	187	246
	Holstein	98	145	138	108	179	134
	Hessen	−2	4	119	−19	169	54
	Rheinland-	−122	−99	−124	−18	−111	−95
	Pfalz	22	−82	−93	−111	−43	−61
	Baden-	82	17	−82	−113	3	−19
	Württemberg	98	58	97	20	49	64
	Bayern	39	−27	85	−106	57	10
		−2	70	−184	2	112	0
		−10	−4	94	−54	12	8
20 bis 50	Schleswig-	104	266	210	176	283	208
	Holstein	128	225	150	113	199	163
	Rhld.-Pfalz	99	116	127	−21	84	81
	Baden-Württ.	155	154	143	85	198	147
	Bayern	84	142	169	94	151	128
	Durchschnittlicher Reinertrag DM/ha der Betriebe unter 50 ha: 71						
50 bis 100	Schleswig-	135	350	−137	148	267	127
	Holstein	86	167	19	121	156	110
	Baden-Württ.	160	212	120	65	95	130
	Bayern	77	95	10	−53	59	38
über 100	Schleswig-	133	—	68	220	220	160
	Holstein	35	—	0	32	112	45
	Durchschnittlicher Reinertrag DM/ha aller in den Grünen Berichten ausgewiesenen Betriebe: 79						

Quelle: Grüne Berichte 1960 bis 1964, BT-Drucksache III/1 600, III/2 400, IV/180, IV/940, IV/1 860.

übrigen Bodennutzungsarten die Hektarsätze des GDL zu niedrig veranschlagt worden sind. Die 1965 voraussehbare Entwicklung der effektiven Reinerträge hätte aber viel eher eine Erhöhung als eine Verminderung der damals vorliegenden Nettoerträge erfordert, hätte man das Niveau der tatsächlichen Reinerträge bei der Einkommensbesteuerung nichtbuchführender Landwirte in den Wirtschaftsjahren 1965/66 bis 1967/68 erreichen wollen.

Tabelle 15

Berechnung des durchschnittlichen Reinertrages DM/ha für Zuckerrübenbau-Betriebe in den Wirtschaftsjahren 1958/59 bis 1962/63

Größen-klasse (in ha)	Bundesland	Wirtschaftsjahr 1958/59	1959/60	1960/61	1961/62	1962/63	Durch-schnitts-Ergebnis der Gruppe
bis 20	Niedersachsen	367	167	186	−201	59	116
		366	314	512	−45	186	266
	Nordrhein-	386	85	438	338	1 021	454
	Westfalen	640	395	686	457	738	583
20 bis 50	Niedersachsen	297	238	474	−75	167	220
	Nordrh.-Westf.	334	304	587	148	860	447
	Durchschnittlicher Reinertrag DM/ha der Betriebe unter 50 ha: 348						
über 50	Niedersachsen	229	253	553	−63	173	230
	Nordrh.-Westf.	345	385	493	354	773	470
	Durchschnittlicher Reinertrag DM/ha aller in den Grünen Berichten ausgewiesenen Betriebe: 348						

Quelle: Siehe Quellenangabe zu Tabelle 14.

c) Die Durchschnittsätze für die Arbeitsleistung der Betriebsleiterfamilie: Das Verhältnis der Lohnansätze nach Maßgabe der VOL und des GDL einer-, der Buchführungsstatistik andererseits

Theoretisch führt die Aufspaltung des Betriebsgewinnes dann zu diesem zurück, wenn die Lohnansätze, die bei der Ermittlung des betrieblichen Reinertrages zur Bewertung der Arbeitsleistung der Betriebsleiterfamilie angesetzt wurden, dem dabei errechneten Betrag wieder zugeschlagen werden. Der betriebliche Reinertrag, eine Residualgröße, ist also von den Lohnansätzen abhängig, und deren Erhöhung bedeutet ceteris paribus eine Erhöhung des steuerlichen Gewinnes. Wenn daher, wie aufgrund der Ergebnisse der Tabelle 13 zu vermuten, der aus dem veralteten Einheitswert abgeleitete betriebliche bei der Mehrheit der Betriebe den effektiven Nettoertrag weit unterschritt, so hätte Exekutive und/oder Finanzverwaltung in der Nachkriegszeit die Möglichkeit offengestanden, durch eine Erhöhung der Lohnansätze wenigstens eine ständige Vergrößerung der Differenz zwischen steuerlichem und aktuellem Betriebsgewinn zu verhindern. Um die aktuellen Betriebsgewinne zu erreichen, hätten bei den meisten Betrieben die Lohnansätze sogar weit über die der Buchführungsstatistik hinausgehen müssen. Wenn im folgenden die Lohnansätze der Buchführungsstatistik mit den aufgrund der VOL festgelegten verglichen werden, so ist wegen des bei der Mehrheit nach Durchschnittsätzen veranlagter Betriebe weitaus niedrigeren „steuerlichen" Reinertrages schon dann eine Begünstigung zu verzeichnen, wenn die vergleichbaren Lohnansätze gleich wären.

Für die körperliche Mitarbeit im Betrieb sowie für die dispositive Tätigkeit des Betriebsleiters war nach der VOL mindestens ein Betrag von 1 200 DM anzusetzen, und dieser Wert erhöhte sich nach Maßgabe des betrieblichen Einheitswertes (vgl. Tabelle 5). Unverständlich ist dabei die gegenseitige Abhängigkeit zwischen Lohnansatz für den Betriebsleiter und betrieblichem Nettoertrag, der doch theoretisch nur bei genauer Kenntnis des ersteren zu ermitteln ist. Es ist zwar verwunderlich, daß die Buchführungsstatistik diese Staffelung des Betriebsleiterlohnes nach dem wenig aussagefähigen, weil völlig veralteten Einheitswert übernommen hat, jedoch für die vorliegende Untersuchung insofern von Vorteil, als damit die Vergleichbarkeit der Lohnansätze gewährleistet ist. Wie sich das Verhältnis beider Lohnansätze in den letzten sechs Jahren bis zum Auslaufen der VOL entwickelt hat, zeigt die folgende Tabelle 16 auf.

Tabelle 16

Die Entwicklung des Verhältnisses zwischen dem Lohnansatz für den Betriebsleiter aufgrund der VOL und in der Buchführungsstatistik in den Wirtschaftsjahren 1959/60 bis 1964/65

Einheitswert des landw. Betriebes in DM	Es verhalten sich die beiden Lohnansätze im Wirtschaftsjahr 1959/60	1960/61	1961/62	1962/63	1963/64	1964/65 wie 1:
7 500— 10 000	3,6	3,8	4,1	4,4	4,7	5,6
10 100— 15 000	3,5	3,7	4,0	4,2	4,6	5,4
15 100— 20 000	3,4	3,6	3,9	4,1	4,4	5,2
20 100— 25 000	3,3	3,5	3,9	4,0	4,3	5,0
25 100— 30 000	3,3	3,4	3,8	4,0	4,2	4,9
30 100— 35 000	3,2	3,4	3,7	3,9	4,1	4,7
35 100— 40 000	3,1	3,3	3,7	3,8	4,0	4,6
40 100— 45 000	3,3	3,4	3,8	4,0	4,2	4,8
45 100— 50 000	3,2	3,4	3,8	3,9	4,1	4,7
50 100— 55 000	3,3	3,5	3,9	4,0	4,2	4,8
55 100— 60 000	3,2	3,3	3,7	3,9	4,1	4,6
60 100— 65 000	3,3	3,4	3,9	4,0	4,2	4,7
65 100— 70 000	3,2	3,3	3,7	3,9	4,0	4,5
70 100— 75 000	3,2	3,4	3,8	3,9	4,1	4,6
75 100— 80 000	3,1	3,2	3,7	3,8	3,9	4,4
80 100— 85 000	3,2	3,3	3,7	3,8	4,0	4,4
85 100— 90 000	3,0	3,1	3,6	3,7	3,8	4,2
90 100— 95 000	3,1	3,2	3,7	3,7	3,9	4,3
95 100—100 000	3,0	3,1	3,5	3,6	3,8	4,1

Quelle: Tabellen 12 a und 5, aus der die Ansätze des hessischen Finanzministeriums verwendet wurden.

War also schon der *Lohnansatz für den Betriebsleiter* zu einer *massiven Begünstigung der VOL-Landwirte* geworden, so gilt diese Aussage in mindestens gleichem Maße für die *übrigen Lohnansätze*. Es ist freilich zu beachten, daß den landwirtschaftlichen Interessenvertretern in der Vergangenheit die Durchsetzung einer Begünstigung verhältnismäßig leicht fiel, weil die konsequente Anwendung des Prinzips der Individualbesteuerung (mit Freibeträgen) wegen der Progression der Einkommensteuer tendenziell zu einer Diskriminierung solcher Betriebe führte, bei denen ceteris paribus der Anteil der familieneigenen an der Gesamtzahl der Arbeitskräfte größer war als in Betrieben mit zwar gleichem Arbeitseinsatz, aber geringerem Anteil familieneigener Arbeitskräfte. Aus diesem Grunde sah sich der Steuergesetzgeber bereits 1926 veranlaßt, im Rahmen der Gewinnfestsetzung mit Hilfe von Rohertrag-Sätzen, dem in dieser Zeit bei nichtbuchführenden Landwirten regelmäßig angewendeten Gewinnermittlungsverfahren, nur noch den Abzug der Hälfte des Lohnaufwandes für familieneigene Arbeitskräfte zuzulassen bzw. beim nur in Ausnahmefällen gebrauchten Verfahren der Gewinnaufspaltung nur die Hälfte des ortsüblichen Lohnes eines Knechtes bzw. einer Magd als Lohnsatz vorzuschreiben[76]. Diese Bestimmung wurde auch beibehalten, als die VOL die Ausnahme zur Regel erhob.

Dabei ist allerdings a priori fraglich, ob nicht beim Einsatz weniger familieneigener Arbeitskräfte und bei niedrigem Betriebsgewinn die Halbierung der Lohnansätze für die Mithelfenden den aus der Individualbesteuerung resultierenden diskriminierenden Effekt überkompensierte, und zum andern ist zu bedenken, daß für andere Einkunftsarten, bei denen die Individualbesteuerung zum gleichen Ergebnis führte, eine ähnliche „auf Billigkeitserwägungen"[77] beruhende Maßnahme mit der gleichen Wirkung nicht getroffen wurde.

Solange am Prinzip der Individualbesteuerung festgehalten wurde, läßt sich daher ein niedrigerer Lohnansatz für die Betriebsleiter-Ehefrauen noch vertreten. Seit dem sogenannten Ehegatten-Urteil des Bundesverfassungsgerichtes[78] und der dadurch initiierten Einführung des Ehegatten-Splitting entfällt aber jede Begründung für einen niedrigeren Lohnansatz der Ehefrau. Daher spiegeln die Verhältniszahlen der folgenden Tabelle 17 das volle Ausmaß der Begünstigung der VOL-Betriebe in diesem Punkte wider. Bei der Berechnung des Lohnansatzes der Buchführungsstatistik (in der ersten Tabellenzeile) wurde davon

---

[76] Vgl. dazu *Strutz*, a.a.O., S. 749.

[77] Runderlaß des Reichsministers der Finanzen vom 31. Dezember 1936, a.a.O., S. 36.

[78] Urteil vom 17. Januar 1957. In: BStBl. I, S. 193.

ausgegangen, die Ehefrau habe im Privathaushalt zwei Personen zu versorgen und im Betrieb seien weniger als 20 Hektar zu bewirtschaften, so daß ein Abzug von 34 vom Hundert vom Lohn einer weiblichen Vollarbeitskraft vorzunehmen ist.

Tabelle 17

Die Entwicklung des Verhältnisses zwischen den Lohnansätzen für die Betriebsleiter-Ehefrau in der VOL und der Buchführungsstatistik in den Wirtschaftsjahren 1959/60 bis 1964/65

	Wirtschaftsjahr					
	1959/60	1960/61	1961/62	1962/63	1963/64	1964/65
Absoluter Betrag des Lohnansatzes der Buchführungstatistik nach Berücksichtigung der Abzüge für die Arbeit im Privathaushalt (in DM)	2 145	2 290	2 515	2 759	2 937	3 498
Es verhalten sich die beiden Lohnansätze wie 1:	3,6	3,8	4,2	4,6	4,9	5,8

Quelle: Tabelle 12 b und § 4 Abs. 5 VOL.

Gegen die Veranschlagung eines Lohnansatzes für die Arbeitsleistung der übrigen Familienmitglieder im gemeinsam erwirtschafteten Betriebsgewinn ist so lange kein Einwand zu erheben gewesen, wie es sich bei diesen Mithelfenden um Kinder unter 18 Jahren handelte, deren Einkünfte bis 1964 dem Einkommen der Eltern zuzuschlagen waren. Daß auch danach die Einkünfte der Kinder gemeinsam mit denen der Eltern veranlagt wurden und noch werden, verstößt eindeutig gegen den Urteilsspruch des Bundesverfassungsgerichtes, in dem die gemeinsame Veranlagung von Kindern mit ihren Eltern verworfen wurde[79]. Ebenso ist auch die Einbeziehung des Gewinnanteils sonstiger Angehöriger in das Einkommen des Betriebsleiter-Ehepaares nicht mit dem ansonsten geltenden Prinzip der Individualbesteuerung vereinbar. Die absolute Höhe der Lohnansätze aufgrund der VOL, die in der folgenden Tabelle 18 mit denen der Buchführungsstatistik verglichen werden, zeigt jedoch, daß dieser formale Verstoß nicht nur materiell nicht als solcher zu werten, sondern daß in diesen niedrigen Lohnansätzen eine Begünstigung der gesamten VOL-Betriebsleiterfamilie zu erblicken ist. Das erhellt schon aus der Tatsache, daß nur sehr selten von der Möglichkeit Gebrauch gemacht wurde, ein steuerlich anzuerkennendes Ar-

[79] Urteil vom 30. Juni 1964. In: BStBl. I, S. 97.

beitsverhältnis zwischen Betriebsleiter und Familienangehörigen abzuschließen[80].

Tabelle 18

Die Entwicklung des Verhältnisses zwischen den Lohnansätzen für männliche oder weibliche mithelfende, als Vollarbeitskräfte im Betrieb beschäftigte Familienangehörige in der Buchführungsstatistik und den Ansätzen aufgrund der VOL

	Wirtschaftsjahr					
	1959/60	1960/61	1961/62	1962/63	1963/64	1964/65
Es verhalten sich die Lohnansätze für eine						
männliche	8,1	8,6	9,4	10,1	10,7	12,6
weibliche	8,1	8,7	9,4	10,5	11,1	13,2
Vollarbeitskraft wie 1:						

Quelle: Tabellen 12 b und 6, aus der die Ansätze des hessischen Finanzministeriums verwendet wurden.

Niemand hat zwar behauptet, auch die *Lohnansätze der GDL-Übergangsregelung* stimmten mit den kalkulatorischen Werten der Buchführungsstatistik überein; aus den oben angestellten Überlegungen ergibt sich aber, daß deren Ansatz dann erforderlich ist, wenn die Hektarsätze aufgrund der Ergebnisse der Effektivrechnung festgesetzt wurden. Man kann also ebenso wie bei der Ermittlung der durchschnittlichen betrieblichen Nettoerträge verfahren und das arithmetische Mittel dieser kalkulatorischen Posten für die Wirtschaftsjahre 1958/59 bis 1962/63 berechnen. Dabei ist allerdings aus den Ansätzen des GDL für jede Arbeitskraft ein Betrag von 250 DM für den Mietwert der eigenen Wohnung zu eliminieren. Führt man diese Berechnung für die Lohnansätze des Betriebsleiters durch, gelangt man zu einem Verhältnis von 1 : 1,56 zwischen dem Ansatz des GDL und dem Durchschnittswert der Buchführungsstatistik in den genannten Wirtschaftsjahren, wenn man einen Betrieb mit einem (alten) Einheitswert von 20 000 DM und einer Fläche von 15 Hektar zugrunde legt. Abgesehen von der Tatsache, daß die Betriebsgröße kaum als Indikator der dispositiven Tätigkeit des Betriebsleiters angesehen werden kann, nimmt es doch wunder, daß in der Vergleichsrechnung der Grünen Berichte ein Betriebsleiterzuschlag von 60, im Einkommensteuerrecht dagegen nur von 30 DM pro Hektar veranschlagt wird. Aus unerfindlichen Gründen erscheint dem Gesetzgeber der Satz, der im Falle der Vergleichsrechnung für angemessen gehalten wird, um die Einkommensdisparität der Landwirtschaft aufzuzeigen, zu

[80] Zu den Bedingungen, unter denen das möglich ist, vgl. *Felsmann*, a.a.O., S. 379 und S. 74 f.

hoch, wenn die Einkommensteuerbemessungsgrundlage ermittelt werden soll.

Der Wertansatz für die Ehefrau des Betriebleiters ist mit dem für eine weibliche Vollarbeitskraft identisch. Sein Verhältnis zum durchschnittlichen Lohnansatz der Buchführungsstatistik beträgt 1 : 1,47. Der Satz reduziert sich jedoch für jede im Privathaushalt zu verköstigende Person um ein Fünftel — sind beide Ehepartner im Betrieb beschäftigt, also um mindestens 40 vom Hundert —, während diese Reduktion in der Buchführungsstatistik ja nur 17 bzw. 18 vom Hundert (je nach Betriebsgrößenklasse) beträgt.

Die *Lohnansätze für den Betriebsleiter und seine Ehefrau* liegen also *um rund ein Drittel unter den durchschnittlichen* (etwa dem Stand von 1960/61 entsprechenden) *Wertansätzen*, die in der *Buchführungsstatistik* bei der Reinertragsermittlung veranschlagt wurden, obgleich sie erst 1965 angewendet worden sind.

Auch in der GDL-Übergangsregelung wurde an dem Prinzip festgehalten, die Arbeitsleistung der übrigen mithelfenden Familienangehörigen im Betriebsgewinn zu veranschlagen, für den der Betriebsleiter steuerpflichtig ist. Wegen der Progression der Einkommensteuer müßte daher der Lohnansatz für eine weibliche Vollarbeitskraft prinzipiell unter dem für die Ehefrau liegen, jedoch sind beide Sätze, wie bereits erwähnt, identisch. Der Lohnansatz für eine männliche Arbeitskraft wurde so niedrig festgesetzt, daß er von dem durchschnittlichen der Buchführungsstatistik in den Jahren 1958/59 bis 1962/63 um 46 vom Hundert übertroffen wird. In der Regel ist also auch in diesen Sätzen trotz der Individualbesteuerung eine Begünstigung der GDL-Betriebe zu erblicken.

Im Gegensatz zur Übung unter dem Regime der VOL ist die Finanzverwaltung allerdings nunmehr dazu übergegangen, nur *die Zahl der betriebsnotwendigen Arbeitskräfte* zu veranschlagen, so daß bei vielen kleineren und mittleren Betrieben, deren Arbeitskräfteeinsatz pro Hektar den Wert von 0,1 übersteigt, noch nicht einmal diese zu niedrigen Lohnansätze voll veranschlagt werden.

Bei der Bestimmung des Spitzenertragswertes *für die Jahre 1968/69 bis 1972/73* hatte der Bewertungsbeirat ein fiktives Arbeitsentgelt für eine männliche Vollarbeitskraft von 6 178 DM angesetzt, und dieser Wert entsprach etwa dem Lohnansatz der Buchführungsstatistik im Wirtschaftsjahr 1964/65. Als es dem Ernährungsausschuß darum ging, den vom Bewertungsausschuß vorgeschlagenen Spitzenhektarsatz um jeden Preis herabzudrücken, verlangte er den Ansatz von Spezialarbeiterlöhnen sowie die Erhöhung des fiktiven Lohnes wegen überhöhter Arbeitszeit. Daß es dem Ernährungsausschuß gelungen ist, die

Senkung des Spitzensatzes durchzusetzen, spräche in der Tat dafür, höhere als die kalkulatorischen Lohnansätze der Buchführungsstatistik zu veranschlagen, wollte man eine Begünstigung der landwirtschaftlichen Betriebe ausschalten. Diese Entstehungsgeschichte des Spitzenhektarsatzes war den drei Bundestagsfraktionen offenbar nicht mehr erinnerlich, als sie den GDL-Gesetzentwurf einbrachten und darin eine Bewertung der Arbeitsleistung einer männlichen Vollarbeitskraft (vermindert um 20 vom Hundert für eine weibliche Arbeitskraft) mit 3 500 DM vorschlugen. Der Betriebsleiterzuschlag, der in der vorgeschlagenen Form vom Parlament akzeptiert wurde, ist von der Höhe des betrieblichen Einheitswertes abhängig, und damit wurde die bereits oben kritisierte gegenseitige Abhängigkeit von betrieblichem Reinertrag und Lohnaufwand für den Betriebsleiter beibehalten.

Im Gesetzentwurf war eine Ermächtigung enthalten, nach der die Bundesregierung (mit Zustimmung des Bundesrates) eine Erhöhung oder Ermäßigung des Lohnansatzes vorzunehmen hatte, „wenn sich der tarifliche Gesamtlohn bei freier Kost für Landarbeiter Ortsklasse II im Bundesdurchschnitt gegenüber dem Stand vom 1. Mai 1964 verändert“, wobei die Bundesregierung bei einer Schwankung von mehr als 20 vom Hundert einzugreifen hatte[81]. Die Mehrheit der Finanzausschußmitglieder entschied sich allerdings dafür, anstelle einer solchen „Dynamisierung“ der Lohnansätze und damit einer Korrekturmöglichkeit der steuerlichen Betriebsgewinne auch die Bewertung der körperlichen Arbeitsleistung vom betrieblichen Einheitswert abhängig zu machen. Der Einwand, der gegen eine derartige Gliederung des Betriebsleiterzuschlages erhoben wurde, gilt a fortiori gegen diese Staffelung sämtlicher Lohnansätze. Der Finanzausschuß nahm jedoch auch die Gelegenheit wahr, die Lohnansätze insbesondere für kleinere Betriebe erheblich unter das im Gesetzentwurf vorgeschlagene Niveau zu senken, denn der Lohnansatz bleibt bei einem Einheitswert von 50 000 DM noch um 300 DM hinter dem im Entwurf vorgeschlagenen Satz zurück, während die Differenz bei Betrieben mit einem Einheitswert von weniger als 10 000 DM sogar 800 DM beträgt. Obgleich diese Lohnansätze für die Wirtschaftsjahre nach 1967/68 gelten, so daß eine Erhöhung gerechtfertigt wäre, unterschreiten sie für Betriebe mit einem Einheitswert unter 40 000 DM noch die ihrerseits bereits zu niedrigen Sätze der GDL-Übergangsregelung. Das gilt auch bei Betrieben mit einem unterdurchschnittlich niedrigen Pro-Hektar-Einheitswert in bezug auf den Betriebsleiterzuschlag, denn erst bei einem Hektarsatz von 1 200 DM überschreitet der Betriebsleiterzuschlag den Pauschalsatz von 30 DM der Übergangsregelung. Freilich gesteht der Finanzausschuß implizit zu, daß

[81] § 4 Abs. 6 des Gesetzentwurfes a.a.O.

diese Sätze Begünstigungscharakter tragen, wenn es im Ausschußbericht heißt, die niedrigen Lohnansätze seien eine Hilfe für die Landwirtschaft bei der Eingliederung in die EWG[82].

Damit offenbart sich die *Schwäche der Gewinnaufspaltung.* Denn *neben dem Durchschnittsatz für den Nettoertrag des Betriebes sind auch die Lohnansätze zur Bewertung der dispositiven Tätigkeit des Betriebsleiters sowie der körperlichen Arbeitsleistung der gesamten Betriebsleiterfamilie Angriffspunkte der landwirtschaftlichen Interessenvertreter,* um eine Begünstigung der nach Durchschnittsätzen besteuerten Betriebe durchzusetzen. Aus der Beratung des GDL muß man den Eindruck gewinnen, daß der landwirtschaftlichen „pressure group" die Durchsetzung niedriger Lohnansätze nicht zuletzt deshalb gelungen ist, weil die Parlamentsmehrheit die Begünstigung durch den niedrigen Spitzensatz für den Nettoertrag nicht beachtet hat.

d) Die Behandlung der sogenannten Schätzungslandwirte

Die Streuungsbreite der effektiven Nettoerträge größerer landwirtschaftlicher Betriebe in der Effektivrechnung der Grünen Berichte 1967 und 1968 legt den Schluß nahe, daß generell bei den Betrieben über 20 Hektar, deren steuerliche Betriebsgewinne „in Anlehnung an" die VOL ermittelt wurden, diese Wertgrößen von Betrieb zu Betrieb in gleichem Umfang schwanken wie bei den kleineren in Tabelle 13 betrachteten Wirtschaftseinheiten. Daher kann der *Meinung,* die das Bundesernährungsministerium in einem vom Bundesfinanzhof anläßlich der Verhandlung über die VOL angeforderten Gutachten vertrat, die *Erhöhung des Einheitswert-Bruchteils* habe *bei* diesen *Schätzungslandwirten „in der Regel zur Ermittlung des richtigen Gewinnes (geführt)"*[83], hier *nicht beigetreten werden.* Denn selbst wenn es zutraf, daß der VOL- dem aktuellen Reinertrag entsprach, resultierte aus den niedrigen Wertansätzen für die Arbeitsleistung eine Begünstigung der Schätzungslandwirte, die um so höher war, je höher der Anteil der familieneigenen an der Gesamtzahl der Arbeitskräfte war.

Es ist jedoch zu beachten, daß bei größeren, insbesondere „unechten" Schätzbetrieben der niedrigere Divisor des Einheitswertes, bei dessen Ermittlung die Betriebsgröße nicht berücksichtigt wurde, dazu führen konnte, daß *der nach Durchschnittsätzen berechnete den tatsächlichen Gewinn überschritt,* weil der Pro-Hektar-Gewinn (der mit steigender Betriebsgröße absinkt) niedriger als die Steuerbemessungsgrundlage je Flächeneinheit war. Wann dieser Punkt erreicht wurde, hing einmal

---

[82] BT-Drucksache IV/3568, S. 2.

[83] VOL-Urteil, a.a.O., S. 603 (Hervorhebung vom Verfasser).

vom tatsächlichen Gewinn, zum andern von dem davon unabhängigen Einheitswert, dem Einheitswert-Divisor sowie dem Einsatz von Familienarbeitskräften ab. Tendenziell zwang also der Besteuerungsmodus gewinnschwache Betriebe mit einem hohen Einheitswert und einer vergleichsweise großen Zahl mithelfender Familienangehöriger zur Buchführung.

Eine der bedeutsamsten *Neuerungen des GDL*, der weder in den Ausschuß- noch in den Plenumsberatungen der Gesetzesvorlage Beachtung geschenkt wurde, ist die Tatsache, daß dieses neugefaßte landwirtschaftliche Sondersteuerrecht *auf alle Betriebe bis zu einem nach Durchschnittsätzen berechneten Betriebsgewinn von 12 000 DM Anwendung* findet, die bisherige Gruppe der „echten" Schätzungslandwirte also entfällt. Diese scheinbar nur formale Änderung hat aber für die betroffenen Landwirte erhebliche materielle Konsequenzen:

Ein Teil der bisherigen „echten" Schätzungslandwirte konnte mit einer *Senkung des steuerpflichtigen Betriebsgewinnes* rechnen. Nimmt man zum Beispiel einen Getreide-Futter-Betrieb mit einem (alten) Einheitswert von 1 000 DM pro Hektar, von dem ein Fünftel oder ein Viertel bisher zur Einkommensteuer herangezogen wurde, so schreibt § 12 GDL in der Übergangszeit bis 1967/68 für diese Betriebe nur einen Hektarsatz von 50 DM vor. Bei gleichem Bruchteilsatz des Einheitswertes und gleichem Einsatz familieneigener Arbeitskräfte, für die jetzt die genannten höheren Lohnsätze zu veranschlagen sind, wird der neue den alten steuerpflichtigen Betriebsgewinn mit zunehmender Betriebsgröße zunächst unter-, dann aber überschreiten. Je nach Höhe des Bruchteilsatzes betrifft diese Senkung des neuen steuerpflichtigen im Vergleich zum VOL-Betriebsgewinn also allgemein größere Betriebe dieser Gruppe früherer „echter" Schätzungslandwirte mit einem vergleichsweise hohen (alten) Einheitswert pro Hektar, einem niedrigen Hackfruchtbauanteil sowie geringem Einsatz von Familienarbeitskräften, während Betriebe mit den umgekehrten Voraussetzungen mit einer *Erhöhung ihres steuerpflichtigen Gewinnes* rechnen mußten.

Daher trifft die Annahme des Finanzausschusses auch nicht zu, daß das GDL zu einem (offenbar unerwünschten) Anstieg der Zahl buchführungspflichtiger Betriebe führe, weshalb die Buchführungsgrenze auf 12 000 DM erhöht wurde[84]. Ein großer Teil der früheren „echten" Schätzungslandwirte wäre nämlich, soweit ihr Betrieb die oben beschriebenen „günstigen" Voraussetzungen erfüllt, selbst bei Beibehaltung der Buchführungsgrenze von 9 000 DM zu GDL-Betrieben geworden. Wegen der Erhöhung der Buchführungsgrenze wurden aber vormals „unechte" Schätzungslandwirte, deren steuerpflichtige Gewinne

[84] BT-Drucksache IV/3568, S. 7.

früher wie jetzt zwischen 9 000 und 12 000 DM liegen oder sogar unter den angegebenen Voraussetzungen unter 12 000 DM gesunken sind, der Buchführungspflicht enthoben.

Aus diesen Gründen ergeben sich auch Verschiebungen jenseits der Buchführungsgrenze. Je nach Höhe des Einheitswert-Divisors ist bei den früher sogenannten unechten Schätzungslandwirten (in der jetzigen Terminologie: Schätzungslandwirte) mit niedrigem Hackfruchtbauanteil, hohem (alten) Einheitswert pro Hektar und geringem Einsatz familieneigener Arbeitskräfte eine Senkung des steuerpflichtigen Gewinnes zu verzeichnen. Für einige buchführende Landwirte mit diesen Voraussetzungen dürfte es sich sogar lohnen, sich nunmehr als Schätzungs- statt als Buchführungslandwirte veranlagen zu lassen. Bei Betrieben mit umgekehrten Voraussetzungen (insbesondere bei Zuckerrübenbaubetrieben mit einem niedrigen Einheitswert pro Hektar und hohem Familienarbeitskräftebesatz) resultiert aus der Neuregelung der Einkommensbesteuerung eine Erhöhung des steuerlichen Betriebsgewinnes, und es besteht die Möglichkeit, daß sich die davon betroffenen Landwirte dann zur Buchführung entschließen, wenn die sich aufgrund des neuen steuerpflichtigen Betriebsgewinns ergebende Einkommensteuerschuld höher ist als die Summe aus der Steuerschuld nach Maßgabe des tatsächlichen Gewinnes und den vom Landwirt zu tragenden Buchführungskosten[85].

Die gleichen Überlegungen lassen sich auch für die Einkommensbesteuerung nichtbuchführender Landwirte *nach Abschluß der Einheitsbewertung* anstellen. Wird die Buchführungsgrenze, wie § 16 GDL es vorsieht, wieder auf 9 000 DM gesenkt, was jedoch angesichts der „Irreversibilität" [86] einmal zugunsten der Landwirtschaft getroffener steuerpolitischer Maßnahmen keineswegs als sicher gelten kann, wird auch weiterhin das GDL einen erheblichen Teil der vormals „echten" Schätzungslandwirte umfassen. Bei einigen dieser Betriebe wird sich durch die Einheitsbewertung im Vergleich zur Übergangsregelung eine Senkung des steuerlichen Gewinnes, bei anderen hingegen eine Erhöhung ergeben, wobei anzumerken ist, daß die Zahl der letzteren wegen der höheren Hektarsätze (wenn auch nicht erheblich) größer sein dürfte. Die Veränderungen jenseits der Buchführungsgrenze lassen sich allerdings noch nicht vorhersagen, weil die steuerrechtliche Behandlung der Schätzungslandwirte nach der Veranlagung für das Jahr 1967/68 bis dato noch nicht bekannt ist. Jedoch ist damit zu rechnen, daß die Zahl buchführungspflichtiger Betriebe im Vergleich zur gegenwärtigen Übergangszeit ansteigen wird, wenn die Pflichtgrenze, wie vorgesehen, her-

---

[85] Über die Buchführungskosten vgl. unten S. 105 f.

[86] *Neumark*, Fritz: Wirtschafts- und Finanzprobleme des Interventionsstaates. Tübingen 1961, S. 233.

abgesetzt wird. Werden Schätzungslandwirte wiederum auf der Grundlage der Einheitswerte veranlagt, indem für sie ein niedriger Divisor des Einheitswertes festgelegt wird, sehen sich diese Landwirte jedoch noch weniger als unter dem Regime der VOL zur Buchführung veranlaßt, weil im Wirtschaftswert die Betriebsgröße zum Ausdruck kommt (der „steuerliche" Reinertrag also ceteris paribus mit steigender Betriebsgröße sinkt), so daß sie der niedrigere Divisior weniger als früher trifft.

e) Der landwirtschaftliche Sonderfreibetrag

Der landwirtschaftliche Sonderfreibetrag kann als das Musterbeispiel einer einmal zugunsten einer bestimmten Gruppe von Steuersubjekten getroffenen Begünstigungsmaßnahme angesehen werden, die nach dem Wegfall ihres Entstehungsgrundes wegen des Druckes der landwirtschaftlichen Interessenvertreter nicht mehr beseitigt worden ist.

Die landwirtschaftliche „Einheitssteuer" läßt sich als eine Maßnahme zur Milderung der mit der großen Depression verbundenen Agrarkrise allenfalls noch rechtfertigen, wenn auch ihr dirigistischer Charakter, nämlich die Beschränkung auf Betriebe mit einem Gewinn bis zu 12 000 RM, zu bemängeln ist. Von der „Irreversibilität" solcher Maßnahmen zeugt aber die Tatsache, daß nach der Überwindung der Krise die landwirtschaftliche „Einheitssteuer" in Form eines Freibetrages (von 3 000 RM) bis zur Einkommensgrenze von 8 000 RM in die VOL übernommen wurde, obgleich die verhältnismäßig niedrigen Durchschnittsätze bei der Gewinnermittlung bereits eine Begünstigung für die meisten der betroffenen Betriebe bedeuteten. Unverständlich an dieser Regelung des Freibetrages war vor allem seine Begrenzung auf Einkünfte aus Land- und Forstwirtschaft bis zu einer bestimmten Höhe, denn damit wurde, sieht man einmal von der kleinere Landwirte begünstigenden Art der Gewinnermittlung ab, die vom Steuergesetzgeber gewollte Anpassung der Einkommensbesteuerung an die Leistungsfähigkeit via Progression allein in diesem Wirtschaftszweig im unteren Tarifbereich aufgehoben. In dieser Sonderbehandlung kleinerer Landwirte ist also ein Verstoß gegen das Verhältnismäßigkeitspostulat der Besteuerung innerhalb der Landwirtschaft zu erblicken. Nebenbei sei vermerkt, daß dieser allein für die Landwirtschaft geltende Progressionsverlauf im unteren Tarifbereich bis 1964 an der Einkommensgrenze (von zuletzt 6 000 DM), bis zu der der Freibetrag gewährt wurde, einen „Sprung" insofern aufwies, als sich der Steuersatz bei Überschreiten der Grenze durch den Wegfall des Freibetrages stark erhöhte. In diesem Punkt hat erst das Steueränderungsgesetz von 1964 durch die Einführung einer „Auslaufgrenze" Abhilfe geschaffen.

Der *Freibetrag* muß außerdem seit 1949 als eine *Prämie für das Unterlassen der Buchführung* bezeichnet werden. Seine Beschränkung auf nichtbuchführende Landwirte, die nach Maßgabe ihres VOL-Betriebsgewinnes zur Einkommensteuer herangezogen wurden, mußte nämlich zur Folge haben, daß jene Steuerpflichtigen mit landwirtschaftlichen Einkünften unter 6 000 DM, die, obgleich nicht dazu verpflichtet, Bücher führten, diese Buchhaltung nach dem 1. Januar 1949 aufgaben und sich als VOL-Landwirte veranlagen ließen. Jenen Landwirten allerdings, die nach der Erhöhung der Buchführungsgrenze auf 9 000 DM aufgrund der VOL veranlagt wurden, wurde der Freibetrag nur zum Teil, „echten" (und „unechten") Schätzungslandwirten hingegen überhaupt nicht gewährt.

Zwar wurde nach der Einführung des Ehegatten-Splitting die Forderung erhoben, nunmehr beiden Ehepartnern der Betriebsleiterfamilie, soweit sie in der Landwirtschaft beschäftigt waren, den Freibetrag zuzusprechen[87], doch waren weder die Finanzgerichte[88] noch der Steuergesetzgeber bereit, dieser Forderung nachzugeben. Aber bereits im Gesetzentwurf des GDL wurde der Freibetrag von 1 000 DM beiden Ehepartnern ungeachtet der Höhe ihrer landwirtschaftlichen Einkünfte zugestanden, jedoch sollte er vom Veranlagungszeitraum 1970 an stufenweise (um 500 DM pro Jahr) abgebaut werden[89], 1972 also völlig entfallen. Die Mehrheit der Finanzausschußmitglieder aber sprach sich für eine Erhöhung auf 1 200 DM (2 400 DM für das Betriebsleiter-Ehepaar) und für eine völlige Beibehaltung in dieser Höhe bis 1972 aus. Im Finanzausschußbericht wird diese Erhöhung des Freibetrages (für Verheiratete) um 14 v. H. folgendermaßen begründet: „Der Freibetrag ist jetzt so gestaltet, daß die Steuerbelastung der kleinen Landwirte sich gegenüber der bisherigen Regelung nicht erhöht[90]." Mit dieser Ausdehnung des Freibetrages auf alle landwirtschaftlichen Einkünfte ist zwar der frühere Verstoß gegen das Verhältnismäßigkeitspostulat innerhalb der Landwirtschaft aufgehoben, dennoch kann man seiner Erhöhung und seiner Aufrechterhaltung bis 1972, wie noch zu zeigen sein wird, aus Gründen der Steuergerechtigkeit nicht zustimmen.

---

[87] Vgl. etwa *Felsmann*, a.a.O., S. 403.

[88] So etwa das Finanzgericht Düsseldorf in seinem Urteil vom 27. 10. 1961 — II 110 — 111/61 E —. Abgedruckt in: Inf. L, Jg. 1962, S. 213.

[89] § 13 des Gesetzentwurfes. BT-Drucksache IV/3441.

[90] BT-Drucksache IV/3568, S. 7.

f) Vergleich der Gewinne nach Maßgabe der VOL und der GDL-Übergangsregelung mit denen der Buchführungsstatistik und die daraus resultierenden Differenzen der Einkommensteuerschuld

Nach der Betrachtung der einzelnen Begünstigungsmaßnahmen durch die niedrigen Wertansätze für die Gewinnbestandsteile sowie durch den Sonderfreibetrag liegt es nahe, das ganze Ausmaß der Vorzugsbehandlung nichtbuchführender Landwirte durch einen Vergleich des tatsächlichen (in der Buchführungsstatistik ausgewiesenen) mit dem steuerlichen Betriebsgewinn nach Maßgabe der verschiedenen Gewinnermittlungsvorschriften darzustellen. Als tatsächlicher Gewinn (des schulden- und pachtfreien Betriebes) kann mit Einschränkungen das Roheinkommen angesehen werden, von dem es ja auch im Grünen Bericht heißt, es sei das Einkommen der bäuerlichen Familie (genauer: des Betriebsleiters und seiner mithelfenden nicht entlohnten Familienangehörigen). Die Einschränkungen betreffen vor allem die *Mängel bei der Erfassung der zurechenbaren Einkommensbestandteile,* deren Beseitigung sogar zu einem *höheren Buchgewinn* führen würde.

Der vollen Vergleichbarkeit des Buchführungs- mit dem VOL- bzw. dem GDL-Gewinn steht allerdings im Wege, daß in ersterem auch positive oder negative Bestandsveränderungen des Betriebsvermögens enthalten und daß bei seiner Berechnung ausschließlich „normale, nach der Lebensdauer des Inventars berechnete“[91] *Abschreibungen* veranschlagt worden sind. Bestandsänderungen des Betriebsvermögens wären, soweit nicht in Geld umgesetzt, bei einer Einnahmen-Ausgaben-Rechnung, zu der nicht buchführungspflichtige Landwirte verpflichtet wären, gäbe es keine Durchschnittsatzbesteuerung, nicht dem steuerlichen Gewinn zuzurechnen. Wäre eine Korrektur in diesem Punkte noch möglich, so läßt es das Zahlenmaterial der Buchführungsstatistik jedoch nicht zu, die steuerrechtlich zulässigen sowie die Sonderabschreibungen (gemäß §§ 77, 78 EStDV) an die Stelle der betriebswirtschaftlich gerechtfertigten zu setzen. Diese Faktoren fallen jedoch nicht derart ins Gewicht, daß man einen Vergleich a priori ablehnen muß. Zum andern geht es hier erneut darum, anhand des Regierung und Parlament zugänglichen Materials (annähernd) das Ausmaß der Begünstigung nichtbuchführender Landwirte und damit den Verstoß gegen das Verhältnismäßigkeitspostulat nachzuweisen.

Ferner ist zu beachten, daß sich die Betriebsgewinne der Buchführungsstatistik auf ein *Wirtschaftsjahr* beziehen, während der Steuerveranlagung der Landwirte die Gewinne in einem *Kalenderjahr* (also in der Regel die Gewinnhälften zweier aufeinander folgender Wirtschaftsjahre) zugrunde gelegt werden. Zum einen erlaubt das hier ver-

---

[91] Grüner Bericht 1967, a.a.O., S. 7.

wendete Zahlenmaterial keine Betrachtung der Entwicklung eines Betriebes in zwei Wirtschaftsjahren, zum andern ist in dieser *Gewinn-Applanierung,* wie noch zu zeigen sein wird[92], eine Begünstigung landwirtschaftlicher Einkünfte zu sehen, die es hier ebenfalls auszuschalten gilt.

Zu der Untersuchung konnte das früher benutzte Zahlenmaterial der Land- und Forstwirtschaftskammer Bonn deshalb nicht verwendet werden, weil dort die *Zins- und Pachteinnahmen und -ausgaben* nicht ausgewiesen sind. Der Buchführungs- sowie der VOL- bzw. GDL-Gewinn ist unter der Hypothese ermittelt, der Betrieb sei schulden- und pachtfrei. Da es jedoch bei der Einkommensbesteuerung darauf ankommt, den individuellen Verhältnissen des Betriebes gerecht zu werden und das tatsächliche Einkommen der Betriebsleiterfamilie zu erfassen, ist es erforderlich, Zins- und Pachtausgaben vom derart hypothetisch errechneten Gewinn als Betriebsausgaben abzuziehen resp. Zins- und Pachteinnahmen, die aus der zeitweiligen Überlassung betrieblicher Liquidität an Dritte bzw. der Vermietung oder Verpachtung von Teilen des Betriebsvermögens fließen, diesem zuzurechnen. Diese Angaben enthalten die Buchführungsergebnisse der Land- und Forstwirtschaftskammern in Kassel und Frankfurt[93], und dieses Zahlenmaterial für die Wirtschaftsjahre 1965/66 wurde deshalb der folgenden Untersuchung zugrunde gelegt.

Ziel der Untersuchung ist es, die Differenzen zwischen dem tatsächlichen und dem steuerpflichtigen Gewinn sowie der daraus resultierenden Einkommensteuerschuld aufzuzeigen. Um jedoch Differenzen auszuschalten, die auf der einen Seite durch Schwankungen des Buchführungsgewinnes von Jahr zu Jahr, auf der anderen Seite durch Veränderungen des Einkommensteuertarifs und/oder der Frei- und Pauschbeträge hervorgerufen sind, wurden die steuerpflichtigen Gewinne aufgrund der VOL und der GDL-Übergangsregelung und die daraus im Jahre 1966 resultierende Steuerschuld ermittelt und mit der nach Maßgabe des Buchführungsgewinnes im Wirtschaftsjahr 1965/66 sich ergebenden Steuerschuld verglichen.

Zum Untersuchungsverfahren sind einige grundsätzliche Vorbemerkungen zu machen:

1. Der *erste Teil der Untersuchung* (Tabelle 19 a) beschränkt sich auf *kleinere Betriebe mit weniger als 20 Hektar* landwirtschaftlicher Nutzfläche, von denen angenommen wird, sie seien früher nach den Vorschriften der VOL zur Einkommensteuer veranlagt worden. Aus

---

[92] Vgl. dazu unten S. 124 f.

[93] Aus dem Bereich der Land- und Forstwirtschaftskammer Frankfurt sind nur 6 Betriebe in der Untersuchung enthalten.

dieser Gruppe von Betrieben waren solche zu eliminieren, deren Umsatzhöhe weit (mehr als 5 000 DM) über der Grenze von 40 000 DM lag, bis zu der die VOL dem Buchstaben der Verordnung gemäß Anwendung fand. Diese Ausweitung der Umsatzgrenze erscheint dem Verfasser angesichts der groben Ermittlung der Umsatzhöhe mit Hilfe der Durchschnittsätze (vgl. oben S. 22 f.) vertretbar.

Im *zweiten Teil der Untersuchung* (Tabelle 19 b) hingegen finden sich *Betriebe bis zu 50 Hektar*, von denen unterstellt wird, sie seien unter dem Regime der VOL als „echte" oder „unechte" Schätzungsbetriebe behandelt worden. Da für diese Schätzungslandwirte ein größerer Bruchteilsatz des Einheitswertes als bei den „reinen" VOL-Landwirten für den Nettoertrag des Betriebes angesetzt wurde und dieser Bruchteilsatz in Zeit und Raum schwankte, wurde hier der höchste dem Verfasser bekanntgewordene Satz von einem Viertel des Einheitswertes veranschlagt.

2. Der steuerliche Gewinn enthält *keine Zuschläge wegen einmaliger oder nachhaltiger Betriebseinnahmen* (z. B. wegen „übernormaler" Zucht- und/oder Mastviehbestände, wegen erzielter Spitzenpreise beim Zuchtviehverkauf oder wegen Veräußerungsgewinnen, denn einmal lassen die Wertansätze der Buchführungsstatistik keine Aussage über den mengenmäßigen Viehbestand oder über die beim Viehverkauf erzielten Preise zu, zum andern ist es nicht sicher, ob Zuschüsse bei der Veranlagung vorgenommen worden wären. Um mögliche Fehlerquellen auszuschalten, wurden deshalb solche Betriebe aus der Untersuchung ausgeschieden, die einen den durchschnittlichen Viehverkaufserlös der betrachteten Betriebe wesentlich übersteigenden Wert zu verzeichnen hatten.

3. Besondere Schwierigkeiten bieten die *Wertansätze für die Arbeitsleistung der Betriebsfamilie*, weil die Angaben der Buchführungsstatistik keinen Aufschluß darüber geben, ob es sich bei den mithelfenden Angehörigen um männliche oder weibliche Arbeitskräfte handelt, für die unterschiedliche Lohnansätze zu veranschlagen sind. Um dieses Problem bewältigen zu können, wurden in die Untersuchung *nur* solche *Betriebe einbezogen, die einen Familienarbeitskräftebestand von 1,66* (in Tabelle 19 b: *1,64) Vollarbeitskräften oder weniger* aufwiesen. Von diesen wurde unterstellt, es handle sich um den Betriebsleiter und seine (neben ihrer Mitarbeit im Betrieb) den Privathaushalt versorgende Ehefrau, so daß für deren Arbeitsleistung höchstens der Wert für 0,66 (0,64) (weibliche) Vollarbeitskraft, nach Maßgabe der im Privathaushalt zu versorgenden (im übrigen aber im Betrieb nicht mitarbeitenden) Personen (Kinder, Altenteiler etc.) ein (je beköstigter Person um 0,17 bzw. 0,18 Vollarbeitskraft)

geringerer Betrag zu veranschlagen ist. Aufgrund dieses Arbeitskräftebestandes wurde ferner angenommen, daß der Betriebsgewinn dem Betriebsleiterehepaar zufließt, dessen einzige Einkommensquelle darstellt und beide Ehepartner gemeinsam (gemäß §§ 26, 26 b EStG) zur Einkommensteuer veranlagt werden. Weiterhin wurde unterstellt, das Betriebsleiterehepaar nehme nur die Sonderausgabenpauschale von 636 DM je Person in Anspruch und habe keine außergewöhnlichen Belastungen zu tragen.

Schließlich ist noch die *Berechnung der Untersuchungsergebnisse* zu erläutern: In der Buchführungsstatistik sind alle Angaben auf einen Hektar landwirtschaftlicher Nutzfläche bezogen. Um zu Ergebnissen für den Betrieb zu gelangen, müssen die Zahlenangaben zunächst mit der Hektarzahl (Pos. 3) multipliziert werden. Die Höhe des Umsatzes (Pos. 4), des betrieblichen Einheitswertes (Pos. 8) und des aufgrund der Durchschnittsätze berechneten Betriebsgewinnes (Pos. 12) bestimmt darüber, ob der Betrieb als VOL-Betrieb angesehen wurde oder nicht. Dieser Betriebsgewinn läßt sich anhand der Angabe des Einheitswertes pro Hektar (Pos. 6) und des Einsatzes von Familienarbeitskräften (Pos. 5) wie folgt berechnen: Aus dem Einheitswert pro Hektar läßt sich bei Division durch 12 der „steuerliche" Reinertrag je Flächeneinheit (Pos. 7) ableiten; nach Multiplikation dieses Wertes mit der Hektarzahl ergibt sich der „steuerliche" Nettoertrag des gesamten Betriebes (Pos. 9). Fügt man dem Betriebsnettoertrag die Lohnansätze für das Betriebsleiterehepaar (Pos. 10, 11) hinzu, erhält man den *Betriebsgewinn aufgrund der VOL* (Pos. 12). Diese Wertgröße ist um den Saldo der Zins- und Pachteinnahmen und -ausgaben (Pos. 13) zu vermindern resp. zu erhöhen, um zum steuerpflichtigen Gewinn aufgrund der VOL (Pos. 14) zu gelangen. Dabei ist zu beachten, daß Pachtausgaben nur bis zur Höhe des Produktes aus der Hektarzahl der zugepachteten Fläche (Pos. 3 a) und dem „steuerlichen" Reinertrag/ha (Pos. 7) abzugsfähig sind[94]. Schließlich resultiert aus der Subtraktion der Sonderausgabenpauschbeträge (Pos. 15) und des landwirtschaftlichen Sonderfreibetrages von 1 000 DM, der allerdings den Schätzungslandwirten nicht gewährt wird, vom steuerpflichtigen Gewinn die Einkommensteuerbemessungsgrundlage (Pos. 17), die via Anwendung der „Splitting"-Tabelle zur Einkommensteuerschuld (Pos. 17a) führt. Als „verdeckter" Subventionsbetrag (Pos. 17b bzw. 31b), auf den an anderer Stelle noch zurückzukommen sein wird[95], wurde die Differenz der Steuerschuldbeträge aufgrund des Buchführungsergebnisses (Pos. 39a) und des nach Durchschnittsätzen berechneten Gewinnes (Pos. 17a bzw. 31a) bezeichnet. Bemessungsgrundlage

---

[94] Vgl. oben S. 31.

[95] Cf. unten S. 154 ff.

und Steuerschuld (Pos. 18 bis 20 a) sind für alternative Kinderzahlen errechnet, wobei zu beachten ist, daß bei drei Kindern ein Lohnansatz für die Ehefrau entfällt.

Ausgangspunkt der Bestimmung des *GDL-Gewinnes* ist das Bodennutzungssystem[96] des Betriebes (Pos. 2), aufgrund dessen sich der Hektarsatz (Pos. 21) bestimmen läßt. Dabei wurde, soweit die Grenzziehung bezüglich des Hackfruchtbauanteils im Steuerrecht und in der Buchführungsstatistik nicht übereinstimmt, der jeweils höchstmögliche Satz für den Betrieb angesetzt. Der Nettoertrag des Betriebes (Pos. 22) resultiert aus der Multiplikation des Hektarsatzes mit der Betriebsfläche. Zu diesem Wert sind die Lohnansätze für die Arbeitsleistung des Betriebsleiterehepaares (Pos. 23, 25; einschließlich des Durchschnittsatzes für den Mietwert der eigenen Wohnung) sowie der Betriebsleiterzuschlag von 30 DM pro Hektar (Pos. 24) zu addieren, so daß sich der Betriebsgewinn aufgrund des GDL (Pos. 26) ergibt. Schwierigkeiten bereitet vor allem der Lohnansatz für die Arbeitsleistung der Ehefrau, denn dieser hängt von der Zahl der im Privathaushalt zu versorgenden Personen ab, wobei zu beachten ist, daß die Abzüge im Steuerrecht (anders als in der Buchführungsstatistik; vgl. oben S. 34) für jede im Privathaushalt beköstigte Person zwei Fünftel betragen. Dem vollen Ansatz der derart berechneten kalkulatorischen Löhne steht jedoch die Vorschrift über die betriebsnotwendigen Arbeitskräfte entgegen. Bei Betrieben mit einer landwirtschaftlichen Nutzfläche über 10 Hektar wurde daher der Lohnansatz für die Ehefrau in der Weise berechnet, daß, soweit nicht nach Maßgabe der Vorschrift über die betriebsnotwendigen Arbeitskräfte von diesem Ansatz Abschläge vorzunehmen waren, bei einem Familienarbeitskräfteeinsatz (neben dem Betriebsleiter) von 0,66 (in Tabelle: 19 b: 0,64) Vollarbeitskraft zwei Fünftel vom vollen Lohn der Ehefrau subtrahiert wurden, während bei einem Wert von 0,15 (in Tabelle 19 b: 0,64) Vollarbeitskraft zwei Fünftel vom vollen Lohn der gesamt fünf Personen im Privathaushalt zu versorgen, so daß kein Lohn für die Ehefrau zu veranschlagen sei. Wurden im Betrieb sogar weniger als 10 Hektar bewirtschaftet, entfiel ein Lohnansatz für die Ehefrau völlig, und der für den Betriebsleiter richtete sich nach der Betriebsgröße. Nach Berücksichtigung des Saldos aus Zins- und Pachteinnahmen

96 Die beiden Kammern verwenden das folgende differenzierte Gliederungsschema bezüglich des Hackfruchtbauanteiles:

Hackfruchtbau (H)	über 25 vom Hundert,
Hackfrucht-Getreidebau I (H I)	15 bis 20 vom Hundert,
Hackfrucht-Getreidebau II (H II)	15 bis 25 vom Hundert,
Hackfrucht-Futterbau (HF)	15 bis 25 vom Hundert,
Getreide-Hackfruchtbau (GH)	10 bis 15 vom Hundert,
Getreide-Futterbau (GF)	0 bis 10 vom Hundert,
Futterbau I (F I)	0 bis 15 vom Hundert,
Futterbau II (F II)	0 bis 15 vom Hundert.

und -ausgaben (Pos. 27; Pachtausgaben sind nur bis zur Höhe des Produktes aus Pachtfläche — Pos. 3a — und Hektarsatz — Pos. 21 — abzugsfähig) verbleibt der steuerpflichtige Gewinn nach Maßgabe des GDL (Pos. 28), aus dem sich durch Subtraktion der Sonderausgabenpausch- und Sonderfreibeträge (Pos. 29, 30) die Steuerbemessungsgrundlage (Pos. 31) errechnen läßt. Bei der Ermittlung der Steuerbemessungsgrundlage und -schuld bei alternativer Kinderzahl wurde davon ausgegangen, das Ehepaar habe maximal so viele Kinder, wie Abzüge vom Lohnansatz der Ehefrau vorgenommen wurden. Weist die Buchführungsstatistik zum Beispiel einen Wert von 1,49 (in Tabelle 19b: 1,46) Familienarbeitskräften aus, so wurde unterstellt, der Abzug sei entweder auf andere im Privathaushalt zu beköstigende Personen (etwa Altenteiler) oder auf ein Kind zurückzuführen.

Die Ermittlung der *Steuerschuld aufgrund des Buchführungsergebnisses* geht vom Roheinkommen des Betriebes (Pos. 35) aus. Hier ist nur der Saldo aus Zins- und Pachteinnahmen und -ausgaben (Pos. 36; Pachtausgaben sind in diesem Saldo mit ihrem vollen in der Buchführungsstatistik ausgewiesenen Betrag veranschlagt) zu berücksichtigen, um zum steuerpflichtigen Gewinn (Pos. 36) zu gelangen. Zieht man von diesem die Sonderausgabenpauschbeträge (Pos. 38) ab, so erhält man die Steuerbemessungsgrundlage (Pos. 39). Bei der Berechnung der Steuerschuld bei alternativer Kinderzahl sind nur die entsprechenden Kinderfreibeträge abzusetzen.

Das *Ergebnis des ersten Teiles der Untersuchung* (Tabelle 19a) läßt sich in aller Kürze wie folgt zusammenfassen:

Keiner der 83 betrachteten *Betriebe* hatte unter den beschriebenen Annahmen *nach Maßgabe des steuerpflichtigen Gewinnes aufgrund der VOL Einkommensteuer zu zahlen,* während *bei Besteuerung des in der Buchführungsstatistik ausgewiesenen Gewinnes nur 10 steuerfrei* gewesen wären. Die *VOL-Gewinne* (vor Berücksichtigung von Zinsen und Pacht) machen in der Regel *nur ein Viertel bis zur Hälfte des vergleichbaren Buchführungsgewinnes* aus. Zum (annähernd) gleichen Ergebnis war ja auch das Bundesfinanzministerium in seiner Berechnung anläßlich der Verhandlung über die VOL gelangt[97]. Das *GDL* hat diese Relation bis 1967/68 zwar im Durchschnitt auf die Hälfte bis zu zwei Drittel erhöht, die *starke Erhöhung des Sonderfreibetrages* führt dennoch dazu, *daß nur vier von 83 Betrieben* überhaupt *steuerpflichtig* werden, wobei sich der höchste Steuerschuldbetrag auf 192 DM (Betrieb Nr. 46, Steuerschuld aufgrund des Buchführungsgewinnes: 3 880 DM) beläuft.

---

[97] VOL-Urteil, a.a.O., S. 602.

Die *Übergangsregelung* dürfte also insgesamt *keine wirksame Veränderung der Einkommensbesteuerung kleinerer landwirtschaftlicher Betriebe* mit sich gebracht haben.

Die *Ergebnisse des zweiten Teiles der Untersuchung* (Tabelle 19b) erhärten den Widerspruch gegen die Aussage des Bundesernährungsministeriums im VOL-Urteil[98], denn *von den 51* untersuchten *Betrieben* lag der *VOL-Schätzungsgewinn in* nicht weniger als *37 Fällen unter dem Buchführungsgewinn,* während nur bei 14 Betrieben der Schätz- den Buchführungsgewinn überschritt. Daß die Durchschnittsatzbesteuerung weit davon entfernt ist, den individuellen Verhältnissen des Betriebes gerecht zu werden, beweist die Tatsache, daß auch Verlustbetriebe (Betrieb Nr. 6) Einkommensteuer zu entrichten haben.

Wendet man sich *jenen 44 Betrieben* zu, *die die* jetzige *Buchführungsgrenze von 12 000 DM unterschreiten,* so zeigt sich, daß bei dem allerdings sehr hohen Einheitswert-Bruchteilsatz von einem Viertel bis auf einen (Betrieb Nr. 17) alle Betriebe dieser Gruppe *durch die Einführung des GDL eine Senkung ihres Schätzgewinnes* zu verzeichnen haben. Wäre der Divisor, durch welchen der Einheitswert geteilt wird, um zum Nettoertrag des Betriebes zu gelangen, kleiner, würde sich freilich bei einigen Betrieben das umgekehrte Resultat einstellen. Auf diese Senkung des Schätzgewinnes ist es auch zurückzuführen, daß außer den weder früher noch heute buchführungspflichtigen nunmehr *28 Betriebe, die die 9 000-DM-Grenze früher überschritten, jetzt auch nach dieser alten Buchführungsgrenze nicht mehr buchführungspflichtig wären,* während *durch* deren *Ausdehnung 12 Wirtschaftseinheiten dieser Pflicht enthoben wurden.* Daneben wird ja den früheren „echten" und „unechten" Schätzungslandwirten jetzt auch der *Sonderfreibetrag* gewährt. Dieser führt zusammen mit den niedrigen Schätzgewinnen dazu, daß nach der Neuregelung durch das GDL *nur noch 22 der 44 Betriebe* dieser Gruppe der *Steuerpflicht unterlagen,* während *nach Maßgabe des Buchführungsgewinnes 40, aufgrund des alten „Steuergewinnes" sogar 43 Einkomensteuer zu entrichten hatten.* Dabei hat sich auch der nunmehr zu verzeichnende höchste Steuerschuldbetrag auf 842 DM — gegenüber früher 3 190 DM unter den angegebenen Voraussetzungen — erheblich vermindert.

Auch bei jenen *7 Betrieben, deren steuerpflichtige Gewinne früher wie heute jenseits der Buchführungsgrenze liegen, erreichen in 4 Fällen die Schätz- die Buchführungsgewinne nicht.* Die Ergebnisse lassen ferner erkennen — wie aufgrund der oben angestellten Überlegungen[99] zu erwarten —, daß sich die Relationen der „Steuergewinne" durch das GDL

---

[98] Vgl. oben S. 90.

[99] Vgl. oben S. 92.

verschoben haben: Zwei Betriebe haben eine Senkung ihres Schätzgewinnes zu verzeichnen, während dieser bei 5 gestiegen ist, was jedoch in bezug auf die Steuerschuld partiell durch die Gewährung des Sonderfreibetrages kompensiert wird.

Die *GDL-Übergangsregelung* dürfte *im Hinblick auf einen großen Teil der früher „echten" und „unechten" Schätzungslandwirte* eine *erhebliche Steuerentlastung* mit sich gebracht haben: Ein Teil der in vielen Fällen ohnehin schon zu niedrigen Schätzgewinne ist noch gesenkt worden, dazu wird ihnen der Sonderfreibetrag gewährt. Dieser wird besonders für die kleineren Betriebe dieser Gruppe, deren Durchschnittsatzgewinn sich erhöht hat, dafür zumindest einen „Ausgleich" bedeuten.

g) Kritische Betrachtung der Gewinnermittlung buchführender Landwirte im Vergleich mit der Gewinnermittlung nach Durchschnittsätzen

Es gibt im deutschen Steuerrecht keine Handhabe, um buchführungspflichtige, aber nicht buchführende Landwirte zu Aufzeichnungen und zur Versteuerung ihres tatsächlichen Gewinnes zu zwingen. Der Buchführung werden also vorwiegend nur solche Landwirte nachkommen, deren Betriebe Gewinne abwerfen, die niedriger sind, als die nach Durchschnittsätzen berechneten. Das trifft vor allem bei größeren Betrieben zu, weil wegen des mit steigender Betriebsgröße sinkenden Pro-Hektar-Gewinnes und der Vervielfachung des „steuerlichen" Reinertrages bzw. der Hektarsätze, in denen die Betriebsgröße bisher nicht berücksichtigt wurde, der steuerliche den tatsächlichen Gewinn erreicht oder überschreitet[100].

Gegen die Gewinnermittlungsvorschriften für die buchführenden Landwirte sind nur *einige wenige kritische Einwände* vorzubringen. Deren erster betrifft die Möglichkeit, via *Vieh-Durchschnittsätze* stille Reserven zu legen. Zuzugeben ist, daß diese Durchschnittsätze eine erhebliche Vereinfachung der Bilanzierung bedeuten, und deshalb soll hier auch nicht ihrer völligen Beseitigung das Wort geredet werden. Um aber die Gefahr unerwünschter Gewinnverlagerungen in gewinnschwache Jahre auszuschalten, ist zu fordern, daß die Finanzverwaltung nicht jahrzehntelang an den einmal festgesetzten Durchschnittswerten festhält, sondern in regelmäßigen Abständen (etwa von zwei Jahren) neue veröffentlicht.

An den *Pauschbeträgen für das „imputed income"* zeigt sich deutlich die Inkonsistenz der Einkommenbesteuerung der Landwirtschaft in der Bundesrepublik, denn die Finanzverwaltung setzte für den *Selbstver-*

---

[100] Vgl. oben S. 90.

brauch der buchführenden etwa die gleichen oder sogar höhere Pauschbeträge fest wie für die Arbeitsleistung einer Vollarbeitskraft bei nichtbuchführenden Landwirten (vgl. diese Werte der Tabelle 2 mit denen in Tabelle 6). Jedoch läßt diese Tatsache noch keine Aussage darüber zu, ob diese Pauschbeträge angemessen sind. Das kann man am besten beurteilen, wenn man sie mit den Verbrauchsausgaben eines (städtischen) Vier-Personen-Haushaltes mit mittlerem Einkommen vergleicht. Der Verbrauch von Gütern, die im landwirtschaftlichen Betrieb hergestellt werden können, betrug bei einer solchen Familie im Jahre 1960 (1956) 1 730,04[101] (1 488,84[102]) DM, während von der Finanzverwaltung z. B. in Baden-Württemberg[103] für die gleichen Personen (Ehepaar mit einem Kind unter, einem über 14 Jahre) 1 892 (1 500) DM angesetzt worden sind, wenn diese einen Betrieb mit einem Einheitswert unter 60 000 DM bewirtschaftet haben. Bedenkt man, daß in der Regel der mengenmäßige Konsum selbsterzeugter Güter einer bäuerlichen Familie größer sein wird als der Verbrauch gekaufter Nahrungsmittel in einer städtischen und daß ersterer mit reduzierten Großhandelspreisen bewertet wird, erscheinen diese Durchschnittsbeträge als angemessen. Zweifelhaft aber ist, ob mit steigendem betrieblichen Einheitswert eine Erhöhung des Pauschbetrages gerechtfertigt ist, denn weder läßt die absolute Höhe des Pro-Hektar-Einheitswertes eine Aussage über die Entnahme selbsterzeugter Güter zu, noch ist sicher, ob bei zunehmender Betriebsgröße und damit möglicherweise einhergehender stärkerer Spezialisierung der landwirtschaftlichen Produktion ein Selbstverbrauch in größerem Umfange möglich ist. Kritikwürdig ist außerdem die Tatsache, daß die Pauschsätze für mehrere Jahre konstant gehalten werden.

Auch bei der Betrachtung der Pauschbeträge für den *Mietwert der eigenen Wohnung* bietet es sich an, diese mit dem Aufwand eines Vier-Personen-Haushaltes mit mittlerem Einkommen für die Wohnungsmiete zu vergleichen. Dieser betrug im Jahre 1965 (1958) 1 180[104] (636[105]) DM. Allerdings ist dabei zu beachten, daß in diesem Durchschnittswert auch die relativ niedrigen Mieten des sozialen Wohnungsbaues enthalten sind. Daher kann man wohl behaupten, die Sätze der Finanzverwaltung seien in der Vergangenheit insgesamt und — soweit neu festgelegt — zumindest für die kleineren Betriebe auch gegenwärtig zu niedrig veranschlagt. Bereits 1966 mußte diese Vier-Personen-Familie 1 326[106] DM

[101] Statistisches Jahrbuch für die Bundesrepublik Deutschland 1967, hrsg. vom Statistischen Bundesamt, Stuttgart und Mainz 1967, S. 497.

[102] Statistisches Jahrbuch für die Bundesrepublik Deutschland 1964, hrsg. vom Statistischen Bundesamt, Stuttgart und Mainz 1964. S. 524/525.

[103] Vgl. Tabelle 2.

[104] Statist. Jahrbuch 1967, a.a.O., S. 498/499.

[105] Statist. Jahrbuch 1964, a.a.O., S. 523.

[106] Statist. Jahrbuch 1967, a.a.O., S. 498/499.

für die Wohnungsmiete aufbringen. Daran zeigt sich die Gefahr der Unterschätzung des steuerpflichtigen landwirtschaftlichen Einkommens, die das Festhalten an den Mietwerten während mehrerer Jahre mit sich bringt.

Als unbefriedigend muß allerdings auch bei Buchführungslandwirten die Regelung angesehen werden, die die Besteuerung von Gewinnen betrifft, die anläßlich der Veräußerung von Grund und Boden entstehen. Während nämlich Gewinne aus der Veräußerung anderer Wirtschaftsgüter dem üblichen Besteuerungsverfahren unterliegen, bleiben sämtliche in ihrer Höhe beachtlichen *Veräußerungsgewinne beim Verkauf von Boden* einkommensteuerfrei. Diese Schlußfolgerung läßt sich daraus ableiten, daß Grund und Boden zwar dem Betriebsvermögen angehört, jedoch nicht aktivierungspflichtig ist und folglich beim (unvollständigen) Betriebsvermögensvergleich auch dann „außer Ansatz“[107] bleibt, wenn nicht der gesamte (oder ein Teil-) Betrieb veräußert wird. Das führt ferner dazu, daß solche Veräußerungsgewinne auch bei nichtbuchführenden Landwirten, bei denen überdies auch die Erfassung der übrigen Veräußerungsgewinne unzulänglich ist, nicht der Besteuerung unterliegen und folglich dafür keine Sonderzuschläge vorgenommen werden können, weil für diese Landwirte ja formal nicht einmal ein derartiger unvollständiger Betriebsvermögensvergleich vorzunehmen ist. Zwar ist generell die Behandlung von Veräußerungsgewinnen im deutschen Einkommensteuerrecht unzureichend zu nennen, doch ist die Befreiung von Gewinnen, die anläßlich des Verkaufs von Grund und Boden entstehen, um so erstaunlicher, als der Steuergesetzgeber bei der Pauschbesteuerung der Landwirtschaft gerade an den Einsatz dieses Produktionsfaktors die Gewinnpauschalierung in hohem Maße geknüpft hat. Sieht man von dieser Steuerfreiheit bestimmter Veräußerungsgewinne ab, ist zuzugeben, daß bei Buchführungslandwirten mit Einschränkungen, die besonders die Einbeziehung der Nutzung der eigenen Wohnung in das Einkommen betreffen, das aktuelle Einkommen der Besteuerung unterworfen wird. Nach der Untersuchung der Gewinnermittlung nichtbuchführender Landwirte kann das allerdings von diesen nicht behauptet werden. Aufgrund des GDL nähern sich die steuerlichen den tatsächlichen Gewinnen zwar bei kleineren Betrieben stärker an, als das unter dem Regime der VOL der Fall war; dafür führt aber diese Neuregelung bei einem beträchtlichen Teil mittlerer und größerer nichtbuchführender Betriebe zu einer Reduktion des steuerpflichtigen Gewinnes. Im Hinblick auf das Ergebnis der Gewinnermittlung bei buchführenden und nichtbuchführenden Landwirten bleibt also der

---

[107] *Felsmann*, a.a.O., S. 436.

Verstoß gegen das Verhältnismäßigkeitspostulat innerhalb des Agrarsektors auch *nach dem VOL-Urteil* bestehen.

Kam jedoch vor 1965 noch die Ungleichbehandlung der Landwirte bezüglich des Sonderfreibetrages hinzu, so ist diese jetzt durch die Gewährung des Freibetrages an alle Landwirte beseitigt worden.

Dieser Verstoß gegen das Verhältnismäßigkeitspostulat ist jedoch dann noch stärker zu verurteilen, wenn man bedenkt, daß die buchführenden Landwirte eine Gewinnschmälerung in Höhe der von ihnen zu tragenden *Buchführungskosten* in Kauf zu nehmen haben.

Im allgemeinen bereitet die Erfassung der Kosten, die dem Steuerzahler als Fiskalgehilfen, sei es bei der Ermittlung des Betriebsgewinnes, sei es beim Quellenabzug der Lohnsteuer, entstehen, nicht unerhebliche Schwierigkeiten. Bei der überwiegenden Zahl der landwirtschaftlichen Buchführungsbetriebe hingegen läßt sich zumindest der größte Teil dieser Kosten bestimmen, denn die Mehrheit der buchführenden Landwirte führt ihre Bücher nicht selbst, sondern läßt dies von einer landwirtschaftlichen Buchstelle besorgen, was darauf schließen läßt, daß sie die Alternativkosten eigener Buchführungsarbeit wenigstens gleich hoch veranschlagt. Die „Landwirtschaftliche Buchführungs-Verordnung" läßt die Form der sogenannten *Fernbuchführung* ja ausdrücklich zu[108] und verlangt vom Steuerpflichtigen nur, daß er die Grundbuchungen selbst vornimmt und daß diese Aufzeichnungen den Regeln ordnungsmäßiger landwirtschaftlicher Buchführung entsprechen. Die *Buchstelle* übernimmt dann für ihn die Buchführung im eigentlichen Sinne, die Erstellung des Jahresabschlusses, die Abgabe der Steuererklärung und die damit verbundene Steuerberatung. Für die Kosten, die dem Landwirt durch diese Fernbuchhaltung entstehen und die er als Betriebsausgaben absetzen kann[109], hat der Hauptverband der Landwirtschaftlichen Buchstellen e. V. Honorarsätze, die die ihm angeschlossenen Buchstellen berechnen, in der sogenannten „Stader Gebührenordnung" [110] festgelegt. Diese Honorarsätze der Buchstellen steigen (seit 1963) mit zunehmender Betriebsgröße und wachsendem Unternehmensrohertrag (einschließlich der Einlagen) degressiv an. Die absolute Höhe der Buchführungskosten und die daraus resultierende Belastung für den Landwirt sind im folgenden an einigen empirischen Buchführungsergebnissen größerer Betriebe illustriert.

---

[108] Vgl. oben S. 24.

[109] *Felsmann*, a.a.O., S. 249.

[110] Gebührenordnung für Buchführung und Steuerberatung in der Landwirtschaft. „Stader Gebührenordnung", hrsg. von G. Seidel. 2. Aufl., Bonn 1961. Ergänzungslieferung Mai 1963.

Tabelle 20: **Die Gewinnschmälerung aufgrund der Buchführungskosten**

1. Laufende Nummer des Betriebes	1	2	3	4	5
Beschreibung des Betriebes					
2. Bodennutzungssystem	GF	H	GF	GF	HG II
3. Betriebsgröße ha	80,5	53,6	91,8	73,9	107,3
4. Rohertrag des Betriebes DM	211 796	221 904	184 518	203 225	247 970
5. Einsatz von Familienarbeitskräften (gemessen in Vollarbeitskräften)	0,97	1,29	1,19	1,11	1,29
Buchführungsergebnis ohne Berücksichtigung der Buchführungskosten					
6. Roheinkommen DM	29 785	37 842	25 979	58 898	53 114
7. Buchführungskosten DM	1 090	985	1 070	1 035	1 235
8. Korrigiertes Roheinkommen DM	30 875	38 827	27 049	59 933	54 349
9. Saldo aus Zins- und Pachteinnahmen und -ausgaben DM	–18 354	–12 006	–11 383	–6 429	–17 597
10. Steuerpflichtiger Gewinn DM	12 521	26 821	15 666	53 504	36 752
11. Sonderausgabenpauschbeträge DM	1 272	1 272	1 272	1 272	1 272
12. Einkommensteuerbemessungsgrundlage DM	11 249	25 549	14 394	52 232	35 480
12. a. Einkommensteuerschuld DM	1 492	4 538	2 086	13 346	7 410
13. ESt-Bemessungsgrundlage bei einem Kind DM	10 049	24 349	13 194	51 032	34 280
13. a. ESt-Schuld DM	1 264	4 234	1 858	12 884	7 034
14. ESt-Bemessungsgrundlage bei zwei Kindern DM	8 369				
14. a. ESt-Schuld DM	946				
15. ESt-Bemessungsgrundlage bei drei Kindern DM					
15. a. ESt-Schuld DM					
Buchführungsergebnis nach Berücksichtigung der Buchführungskosten					
16. ESt-Bemessungsgrundlage DM	10 159	24 564	13 324	51 197	34 245
16. a. ESt-Schuld DM	1 288	4 294	1 892	12 954	7 016
17. Differenz der Steuerschuldbeträge (Pos. 16 a ./. Pos. 12 a) DM	204	244	194	392	394
18. Gewinnminderung aufgrund der Buchführungskosten DM	886	741	876	643	841

Quelle: Cf. Quellenangabe zu Tabelle 19 a.

6	7	8	9	10	11	12	13	14
HG II	HG I	GH	HG II	H	H	HG II	HG II	GF
112,1	161,7	81,5	69,6	70,6	70,6	132,4	80,2	167,8
377 217	489 789	354 851	127 229	280 494	216 954	334 840	189 112	385 101
1,01	0,97	0,97	0,97	0,64	0,99	1,19	1,36	1,17
68 942	72 118	41 891	21 584	83 449	37 206	77 189	35 288	26 177
1 450	1 743	1 300	860	1 155	1 050	1 470	1 040	1 685
70 392	73 861	43 191	22 444	84 604	38 256	78 659	36 328	27 862
–2 130	–32 502	–15 159	–2 366	–16 591	–12 002	–9 665	–6 737	–13 927
72 522	41 359	28 032	20 078	68 013	26 254	68 994	29 591	13 935
1 272	1 272	1 272	1 272	1 272	1 272	1 272	1 272	1 272
71 250	40 087	26 760	18 806	66 741	24 982	67 722	28 319	12 663
21 122	8 926	4 868	2 958	19 220	4 400	19 624	5 274	1 766
70 050	38 887	25 560	17 606	65 541	23 782	66 522		11 463
20 612	8 522	4 554	2 710	18 718	4 100	19 120		1 538
68 370	37 207		15 926	63 861	22 102			
19 900	7 968		2 382	18 022	3 694			
				62 061				
				17 280				
69 800	38 344	25 460	18 216	65 586	23 932	66 252	27 279	10 978
20 510	8 344	4 522	2 834	18 744	4 128	19 020	4 996	1 436
612	582	346	124	476	272	604	278	330
838	1 161	954	736	679	778	866	762	1 355

Bei der Untersuchung der Buchführungsbetriebe (Tabelle 20) bedürfte es keiner besonderen Beachtung der Anzahl familieneigener Arbeitskräfte, wenn nicht, da auch hier das Prinzip der Individualbesteuerung beibehalten ist, durch das Eingehen eines Dienstverhältnisses mit diesen Arbeitskräften für die Landwirte die Möglichkeit bestünde, die Einkommensteuerschuld der bäuerlichen Familie zu senken. Bei den nichtbuchführenden Landwirten besteht der Anreiz für eine derartige *Gewinnverteilung* insbesondere darin, daß einmal die landwirtschaftlichen Sonderfreibeträge der Angehörigen geltend gemacht werden können und daß zum andern, soweit überhaupt eine Steuerschuld entsteht, die Wirkung der Progression gemildert wird. Buchführenden Landwirten stand vor Inkrafttreten des GDL ja kein Sonderfreibetrag zu, jedoch konnten sie den an die Familienangehörigen gezahlten Lohn bei Vorliegen eines Dienstverhältnisses als Betriebsausgabe absetzen, eine Möglichkeit, die nichtbuchführenden prinzipiell dadurch verwehrt ist, daß ihre Betriebsausgaben bei der Gewinnermittlung nach Durchschnittsätzen bereits pauschal berücksichtigt sind. Dadurch, daß den Buchführungslandwirten nunmehr auch der landwirtschaftliche Sonderfreibetrag gewährt wird, hat sich der Anreiz noch verstärkt, eine solche Gewinnverteilung vorzunehmen, weil dann auch die Sonderfreibeträge der Familienangehörigen geltend gemacht werden können. Daher ist bei der Betrachtung der Einkommensteuerschuld größerer Betriebe aufgrund des Buchführungsergebnisses des Wirtschaftsjahres 1965/66, die zu der folgenden Untersuchung herangezogen wurden, Vorsicht geboten. Es wurden deshalb nur die Ergebnisse solcher Betriebe betrachtet, deren Familien-Arbeitskräftebestand darauf schließen läßt, daß es sich dabei um das Betriebsleiter-Ehepaar handelt. Denn einmal ist der Abschluß eines Dienstverhältnisses zwischen den beiden Ehepartnern unwahrscheinlicher als bei anderen Angehörigen, zum andern besteht dazu aufgrund des Freibetrages kein Anlaß, da dieser ohnehin beiden Ehepartnern zugestanden wird.

Das hat zur Folge, daß, da pro im Privathaushalt zu versorgender Person bei Betrieben über 50 Hektar vom Lohnansatz für die Ehefrau 30 v. H. abgezogen werden, nur Betriebe mit weniger als 1,4 Familien-Arbeitskräften herangezogen werden. Liegt dieser Wert unter 1,4, ist zu vermuten, daß mehr als zwei Personen der Betriebsleiterfamilie angehören, von denen allerdings dann unterstellt wird, sie seien im Betrieb nicht beschäftigt. Bezüglich der Annahmen über die Kinderzahl wird wie bei der Untersuchung der nichtbuchführenden Landwirte (vgl. oben S. 99 f.) vorgegangen. Der Sonderfreibetrag ist in der Untersuchung (wie bei der Ermittlung der Steuerschuld aufgrund des Buchführungsergebnisses bei den Nichtbuchführenden) nicht berücksichtigt, um die Höhe der Einkommensteuerschuld und die Gewinnschmälerung durch die Buchführungskosten aufzeigen zu können.

B. Kritik der französischen Besteuerungsverfahren für die Landwirtschaft

Der erste grundlegende Mangel des „forfait collectif" ist in dem starken im französischen Steuerrecht sogar gesetzlich verankerten Einfluß der landwirtschaftlichen Interessenvertreter auf die Höhe des „bénéfice moyen par hectare" sowie des „revenu cadastral" zu sehen.

In den Verhandlungen vor allem der departementalen Steuerkommissionen geht es den *landwirtschaftlichen Interessenvertretern* allein darum, die von der Finanzverwaltung vorgeschlagenen *Reingewinnsätze zu drücken.* Über diese Verhandlungen urteilt Lotz wie folgt: „Die Art und Weise, in der die Steuerkommissionen ihre Beschlüsse (fassen), (ähnelt) mehr einem Feilschen als einer ernsthaften Diskussion"[1], an deren Ende Reingewinnsätze verabschiedet werden, die *in aller Regel 60 bis 70 v. H. unter den von der Steuerbehörde vorgeschlagenen liegen*[2]. Freilich wird den Interessenvertretern der Angriff auf die vorgeschlagenen Reingewinnsätze auch nicht besonders schwer gemacht, denn der „compte-type d'exploitation" steht im allgemeinen auf tönernen Füßen, weil dieser zu einem beträchtlichen Teil auf Schätzungen der Finanzverwaltung beruht, die weit einfacher anzuzweifeln sind als exakte statistische Ergebnisse.

Sieht man einmal von diesem Einfluß der „pressure group" ab, so ist das französische dem deutschen Pauschbesteuerungsverfahren deshalb vorzuziehen, weil bei den „fermiers" die gesamte, bei den „exploitants propriétaires" der *wichtigste Teil der Steuerbemessungsgrundlage alljährlich neu festgelegt* wird, die Abhängigkeit der Einkommen- von der Grundsteuerbemessungsgrundlage also weit geringer als in Deutschland ist. Damit ist prinzipiell eine Anpassung der Gewinnsätze an die aktuelle Gewinnlage und die längerfristige Einkommensentwicklung der Landwirtschaft möglich. Die folgende Tabelle 21, die die Hektarsätze für die beiden Regionen Bassigny und Montagne-Sud des Departements Haute-Marne in den Jahren 1956 bis 1966 enthält, zeigt auf, daß diese Sätze in der Tat von Jahr zu Jahr schwanken und insgesamt einen ansteigenden Trend — wenn auch von einem sehr niedrigen Niveau ausgehend — aufweisen.

Die Tatsache, daß in jedem Departement ein Betriebsergebnis verhältnismäßig unabhängig von anderen ermittelt wird, ermöglicht daneben die *Berücksichtigung der aktuellen Gewinnentwicklung* im Departement und verhindert jene Starrheit, die das deutsche System der

---

[1] *Lotz*, a.a.O., S. 159.

[2] Ebenda.

Hundertsätze bzw. Vergleichszahlen auszeichnet. Ein Blick auf die folgende Tabelle 22 beweist, daß das Verhältnis der Hektarsätze von Departement zu Departement sich in jedem Jahr verändert, und zeigt, zu welchen Hektarsatz-Unterschieden die relativ unabhängige Bewertung in den Departements im Norden (Nord, Pas de Calais, Aisne), in Mittelfrankreich (Doubs) und im Süden (Var, Aude, Hérault) führt.

Daß die *Betriebe* innerhalb einer Region *in Ertragsklassen nach Maßgabe ihres „revenu cadastral" eingeordnet* werden, erlaubt zwar scheinbar eine Abstufung ihrer steuerlichen im Maßstab der effektiven Betriebsgewinne, doch ist die Ermittlung des Katasterwertes so unzureichend — weil ebenso dem Einfluß der Interessenvertreter ausgesetzt —, daß er *nicht als Ausdruck der relativen Gewinnsituation* der Betriebe angesehen werden kann, und zum andern wird dieser Wert theoretisch alle fünf, praktisch nur in noch längeren Zeitabständen neu festgelegt, so daß ein Betrieb ungeachtet seines aktuellen Gewinnes mehrere Jahre lang in einer Ertragsklasse verbleibt.

Das *niedrige Niveau und die Konstanz des „revenu cadastral"* sind aber vor allem deshalb *nachteilig,* weil dieser bei den Landwirten, die ihren Betrieb selbst bewirtschaften, als *Teil der Bemessungsgrundlage* zur Einkommensteuer herangezogen wird. Wie in Deutschland setzt sich also der steuerliche Gewinn beim „propriétaire exploitant" aus *zwei pauschalierten Bestandteilen* zusammen, die beide Begünstigungscharakter tragen und von denen einer der Einkommensteuer wesensfremd ist.

Eine Modifizierung des pauschalierten Gewinnes, wie sie das deutsche Besteuerungsverfahren durch das — wenn auch nur vorwiegend theoretisch existente, praktisch aber nur in wenigen Fällen angewandte — Zuschlagsystem für einmalige und/oder nachhaltige Betriebseinnahmen kennt, ist im französischen Steuerrecht nicht vorgesehen, während eine Anpassung „nach unten" durch das „dégrèvement" und den Übergang zur Buchführung möglich ist.

Die *Ergebnisse des französischen* lassen sich am besten *mit denen des deutschen Pauschbesteuerungsverfahrens vergleichen,* wenn man auf der Grundlage der für das französische Steuerrecht relevanten Merkmale (Pacht- und gesamte Betriebsfläche) der bereits früher herangezogenen (vorwiegend nord-) hessischen Betriebe den steuerlichen Gewinn errechnet und diesen dem VOL- bzw. GDL-Gewinn gegenüberstellt. Zu diesem Zweck ist ein Department auszuwählen, das in seinen Bedingungen für einen landwirtschaftlichen Betrieb (Klima, Boden, Absatzverhältnisse, Betriebsgrößenstruktur etc.) denen in (Nord-) Hessen etwa entspricht. So wird in der folgenden Untersuchung angenommen, es handle sich nicht um hessische, sondern um französische Betriebe, die in dem ausgewählten Departement den gleichen Betrag in französischen Francs als Gewinn erzielt hätten, wie sie ihn tatsächlich in Hessen in DM erwirtschaftet haben.

Als den Bedingungen in Nordhessen vergleichbar können etwa die im Departement Haute-Marne angesehen werden, das wie Hessen neben fruchtbaren Ebenen Mittelgebirgslandschaft aufweist. Die Gewinnpauschalierung für die hessischen ist daher mit der nach dem „forfait"-Verfahren in diesem Departement zu vergleichen, wobei mit dem *höchsten Hektarsatz (173 F) und Katasterreinertrag (67 F)* im Jahre 1965 (in dem diese Sätze höher als 1966 waren) gerechnet wurde. Daß dieser Vergleich nicht ganz so „heroisch" ist, wie es prima vista erscheinen mag, zeigen die (tatsächlichen) Pro-Hektar-Gewinne, die Lotz anhand empirischer Betriebsergebnisse für die Jahre 1960 bis 1963 ermittelt hat[3]. Ferner wird unterstellt, daß die Betriebsleiter in Frankreich jene Betriebsfläche zugepachtet haben, die als Pachtfläche bei den hessischen Betrieben ausgewiesen ist. Auch die Annahme erscheint nicht als völlig unrealistisch, wenn man bedenkt, daß in Mittelfrankreich die Zahl der „propriétaires exploitants", die einige Hektar zugepachtet haben, überwiegt.

Das Hauptaugenmerk ist bei dieser Untersuchung allerdings auf den nach Pauschsätzen ermittelten steuerlichen Betriebsgewinn gerichtet; ein *Steuerbelastungsvergleich* zwischen deutschen und französischen Landwirtschaftsbetrieben wird also *nicht angestrebt,* denn dazu bedürfte es einmal weiterer Informationen vor allem über die „charges à déduire" (Sonderausgaben), für die das französische Steuerrecht in diesem Falle keinen Pauschbetrag vorsieht, zum andern müßte daneben die Belastung der Betriebe mit anderen Steuern wie der I. R. P. P. betrachtet werden.

Um eine volle Vergleichbarkeit der Ergebnisse des deutschen und französischen Pauschbesteuerungsverfahrens zu erreichen, wurde zunächst wegen der unterschiedlichen Behandlung von Pacht und Zinsen (letztere sind ja nach französischem Recht nicht mehr abzugsfähig) angenommen, die gesamte Betriebsfläche befinde sich im Eigentum des Betriebsleiters (Brutto-„forfait"-Gewinn). Diese Annahme liegt a priori dem deutschen Verfahren zugrunde, jedoch wird in Deutschland a posteriori der Abzug von Zinsen und Pacht zugelassen. Diesen Umweg im Hinblick auf die Pachtzahlungen geht das französische Steuerrecht allerdings insofern nicht, als der steuerliche Gewinn von vornherein nur als die Summe der „bénéfices forfaitaires" der gesamten und der „revenus cadastraux" der eigenen Nutzfläche zu errechnen ist. Daher ist hier der „revenu cadastral" für die zugepachtete Fläche vom steuerlichen Gewinn abzuziehen. Dazu bedarf es der Angabe des „revenu

[3] *Lotz,* a.a.O., S. 156, Tabelle 36 für das Departement C in Mittelfrankreich.

cadastral". Da dieser aber bei der Einstufung der Betriebe in die Ertragsklassen nötig ist, wird er dem „Tableau des éléments retenus pour le calcul des bénéfices agricoles forfaitaires", der Zusammenstellung der Gewinnsätze im „Journal officiel", bei der Angabe der Ertragsklasse entnommen, in die der Betrieb annahmegemäß eingestuft wird. Für jede Region enden bzw. beginnen die Ertragsklassen jedoch mit offenen Flügelgruppen („bis" bzw. „unter" einem bestimmten Katasterwert), so daß hier ein Wert angenommen wurde, der um 5 F über dem entsprechenden liegt (vgl. Tabelle 23).

Wenn die Annahme richtig ist, die Betriebe hätten im Departement Haute-Marne den gleichen Gewinn in Francs erzielt wie in Hessen in DM, so kann als *Ergebnis der Untersuchung* festgehalten werden, daß, legt man die für alle Betriebe höchsten in diesem Departement veranschlagten Pauschsätze zugrunde, die steuerpflichtigen *„forfait"-Gewinne* in der überwiegenden Mehrzahl der Fälle *höchstens die Hälfte,* bei vielen Betrieben weit weniger als die Hälfte *der tatsächlichen Gewinne* ausmachten. Zu einem ähnlichen Ergebnis ist auch Lotz gelangt, wenn er schreibt, die steuerlichen schwankten zwischen 15 und 43 vom Hundert der tatsächlichen Periodengewinne[4]. Nur in 6 der hier betrachteten 134 Fälle überschreitet der pauschalierte den tatsächlichen Gewinn.

Die Brutto-„forfaits" erreichen etwa das Niveau der VOL-Gewinne (vor Berücksichtigung von Zinsen und Pacht): In 81 Fällen war dieser VOL-Gewinn sogar — wenn auch in der Regel nicht sehr erheblich — höher als der französische Pauschalgewinn; das trifft vor allem für die größeren Betriebe zu, für die ein höherer Einheitswert-Bruchteilsatz angenommen wurde. Verursacht insbesondere durch das Verbot des Zinsabzuges in Frankreich, ändert sich allerdings das Verhältnis bei der Betrachtung der steuerpflichtigen Pauschgewinne: In 75 Fällen überschreiten die „forfaits" die steuerlichen VOL-Gewinne. (Ordnet man die Betriebe jedoch in die Ertragsklasse mit dem niedrigsten Hektarsatz ein — eine Untersuchung, die hier aus Raumgründen nicht abgedruckt wurde —, erreichen sie diese nur in 7 Fällen und liegen im übrigen weit unter diesen.)

Außer in 11 Fällen bleiben die Brutto-„forfaits" auch (im Durchschnitt 20 bis 30 vom Hundert) hinter den vergleichbaren GDL-Gewinnen zurück. Bei Berücksichtigung von Zinsen und Pacht trifft das hingegen nur noch für 102 Betriebe zu.

Die absolute Höhe der Hektarsätze und des Durchschnittsatzes für die Grundrente offenbart die zweite Schwäche der Einkommensbesteuerung französischer Landwirtschaftsbetriebe: Zur *Buchführung* werden auch in Frankreich vorwiegend *solche Betriebe* übergehen, *deren tatsäch-*

[4] *Lotz,* a.a.O., S. 157

licher den steuerlichen Gewinn unterschreitet. Das trifft angesichts der äußerst niedrigen Pauschsätze jedoch nur bei sehr wenigen kleinen und mittleren Betrieben zu, zumal ihnen in gewinnschwachen Jahren die Möglichkeit offensteht, durch das „dégrèvement" eine einmalige Gewinnreduktion zu beantragen.

Die Ergebnisse Lotz' aus drei in ihren Produktions- und Absatzbedingungen unterschiedlichen Departements beweisen, daß der Pro-Hektar-Gewinn mit zunehmender Betriebsgröße abnimmt[5], so daß sich der Abstand zwischen tatsächlichem und steuerlichem Gewinn verringert, der *Grad der Begünstigung* durch die niedrigen Pauschsätze (wie in Deutschland) also *mit wachsender Betriebsgröße* sinkt, weil die Pauschsätze für einen typischen Betrieb im betreffenden Departement aufgestellt werden und die Betriebsgröße bei der Veranlagung des einzelnen Betriebes unberücksichtigt bleibt. Es werden daher vorwiegend gewinnschwächere größere Betriebe sein, die so zur Buchführung und zur Versteuerung ihres tatsächlichen Gewinnes veranlaßt werden.

Anders als in Deutschland hat die Steuerverwaltung in Frankreich zwar mit der „dénonciation administrative" eine Handhabe, um gewinnstarke Betriebe zur Buchführung zu zwingen. Jedoch ist einmal die einschlägige Bestimmung des CGI so ungenau, daß sie nur in wenigen Ausnahmefällen — und das sind maximal 1 000 im Jahr[6] — von der Finanzverwaltung angewendet werden kann, zum andern sind die betroffenen Landwirte nur ein Jahr an die Buchführung gebunden, nach dessen Ablauf sie — macht die Steuerverwaltung nicht erneut von der „dénonciation" Gebrauch, was nur in wenigen Fällen geschieht — die buchmäßige wieder zugunsten der Pauschalgewinnermittlung aufgeben können.

In keiner dem Verfasser bekanntgewordenen Schrift findet sich eine Auskunft über die *Zahl der zu Steuerzwecken buchführenden Betriebe* in Frankreich[7]. Nach den Angaben Lotz'[8] betrug die Mitgliederzahl der rund 80 landwirtschaftlichen Buchführungs- und Beratungsringe in Frankreich rund 16 000, wobei es jedoch nicht sicher ist, ob alle 16 000 Landwirte ihren Buch- anstelle des pauschalierten Gewinnes versteuerten und wie groß die Zahl der selbständig buchführenden und nach ihrem buchmäßig ermittelten Gewinn zur Einkommensteuer veranlagten Landwirte ist.

Insgesamt dürfte die Zahl der nach ihrem Buchgewinn besteuerten Agrarbetriebe eher unter 16 000 liegen, wobei anzunehmen ist, daß es

[5] *Lotz,* a.a.O., S. 152 und Tabellen 36 bis 38, S. 155 und 156.

[6] WTS, France, op. cit., p. 655.

[7] Mehrfache diesbezügliche Anfragen des Verfassers bei der „Direction Générale des Impôts" blieben unbeantwortet.

[8] *Lotz,* a.a.O., S. 108, Fußnote 1.

sich dabei vorwiegend um große landwirtschaftliche Betriebe handelt. Daraus erhellt, daß auch das *französische Pauschbesteuerungsverfahren* für die Landwirtschaft *zu einem Verstoß gegen das Verhältnismäßigkeitspostulat* führt.

Tabelle 21

Die Schwankungen der Hektarsätze in den Regionen Bassigny und Montagne-Sud et Poissons des Department Haute-Marne in den Jahren 1956 bis 1966 (1)

Ertragsklassen und Hektarsätze für das Kalenderjahr

Landwirtschaftliche Region	1956 Ertragsklasse frcs.	1956 Hektarsatz frcs.	1956 Hektarsatz in v.H. des Höchstsatzes	1957 Ertragsklasse frcs.	1957 Hektarsatz frcs.	1957 Hektarsatz in v.H. des Höchstsatzes	1958 Ertragsklasse frcs.	1958 Hektarsatz frcs.	1958 Hektarsatz in v.H. des Höchstsatzes
Bassigny	über 2 800	6 800	100	über 2 800	7 900	100	über 2 800	9 900	100
	1 900—2 800	6 200	91	1 900—2 800	7 200	91	1 900—2 800	9 000	91
	bis 1 900	4 900	72	bis 1 900	5 700	72	bis 1 900	7 200	72
Montagne-Sud et Poissons	über 850	1 400	100	über 850	2 000	100	über 850	2 530	100
	600—850	1 300	93	600—850	1 900	95	600—850	2 300	91
	bis 600	1 000	71	bis 600	1 500	75	bis 600	1 840	73

Landwirtschaftliche Region	1959 Ertragsklasse frcs.	1959 Hektarsatz frcs.	1959 Hektarsatz in v.H. des Höchstsatzes	1961 Ertragsklasse frcs.	1961 Hektarsatz frcs.	1961 Hektarsatz in v.H. des Höchstsatzes	1962 Ertragsklasse frcs.	1962 Hektarsatz frcs.	1962 Hektarsatz in v.H. des Höchstsatzes
Bassigny	über 2 700	10 800	100	über 27	120	100	über 27	53	100
	2 050—2 700	9 000	83	20,5—27	100	83	20,5—27	44	83
	1 450—2 050	7 200	67	14,5—20,5	80	67	14,5—20,5	35	66
	bis 1 450	5 900	55	bis 14,5	60	50	bis 14,5	26	50
Montagne-Sud et Poissons	über 850	3 000	100	bis 8,5	35	100	über 8,5	17	100
	600—850	2 730	91	6—8,5	32	91	6—8,5	15	88
	bis 600	2 190	73	bis 6	26	74	bis 6	12	71

Landwirtschaftliche Region	1963 Ertragsklasse frcs.	1963 Hektarsatz frcs.	1963 Hektarsatz in v.H. des Höchstsatzes	1965 Ertragsklasse frcs.	1965 Hektarsatz frcs.	1965 Hektarsatz in v.H. des Höchstsatzes	1966 Ertragsklasse frcs.	1966 Hektarsatz frcs.	1966 Hektarsatz in v.H. des Höchstsatzes
Bassigny	über 54	120	100	über 62	173	100	über 62	169	100
	41—54	100	83	45—62	133	77	45—62	135	80
	29—41	80	67	bis 45	93	54	bis 45	101	60
	bis 29	60	50	über 32	64				
Montagne-Sud et Poissons	über 17	35	100	über 32	64	100	über 32	67	100
	12—17	32	91	22—32	53	83	22—32	56	84
	bis 12	26	74	bis 22	42	66	bis 22	45	67

(1) Aus Raumgründen wurden die Jahre 1960 und 1964 ausgelassen.
Quelle: Jahrgänge 1957 bis 1967 des „Journal officiel".

Tabelle 22

Die Reingewinnsätze in einigen Departements Nord-, Mittel- und Südfrankreichs in den Jahren 1965 und 1966

Department	Landwirtschaftliche Region	Ertragsklasse F	Hektarsatz (in F) im Jahre 1965	1966
Nord	Thièrache	über 220	300	348
		205 bis 220	275	319
		175 bis 205	250	290
		160 bis 175	225	261
		bis 160	200	232
	Hainaut-Wallon	über 204	240	278
		184 bis 204	220	255
		174 bis 184	200	232
		154 bis 174	180	209
		bis 154	160	186
	Hainaut cambrésien et Plaine de la Scarpe	über 158	308	319
		138 bis 158	271	281
		128 bis 138	246	255
		108 bis 128	221	230
		bis 108	185	191
	Cambrésis	über 141	258	274
		131 bis 141	246	261
		bis 131	234	248
	Lille et Pévèle	über 148	322	315
		138 bis 148	307	300
		bis 138	292	285
	Plaine de la Lys	über 166	349	347
		157 bis 166	332	330
		bis 157	315	314
	Flandre intérieure	über 164	322	347
		154 bis 164	307	330
		bis 154	292	314
	Flandre maritime	über 166	307	296
		156 bis 166	292	282
		bis 156	277	268

Tabelle 22 (Fortsetzung)

Department	Landwirtschaftliche Region	Ertragsklasse F	Hektarsatz (in F) im Jahre 1965	1966
Pas de Calais	Artois	über 145	282	300
		131 bis 145	259	275
		121 bis 131	235	250
		107 bis 121	212	225
		bis 107	188	200
	Ternois	über 121	285	291
		106 bis 121	241	256
		96 bis 106	219	233
		81 bis 96	197	210
		bis 81	153	175
	Flandre maritime, Béthunais	über 166	311	324
		152 bis 166	285	297
		142 bis 152	259	270
		128 bis 142	233	243
		bis 128	207	216
	Plaine de la Lys	über 157	321	347
		151 bis 157	306	330
		bis 151	291	314
	Haut-Pays	über 107	238	244
		92 bis 107	211	226
		82 bis 92	176	188
		67 bis 82	158	169
		bis 67	123	132
Aisne	Région de Laon-Soissons	über 77	288	296
		73 bis 77	264	272
		65 bis 73	240	247
		60 bis 65	216	222
		bis 60	204	210
	Région de St. Quentin	über 100	288	288
		94 bis 100	264	264
		81 bis 94	240	240
		75 bis 81	216	216
		bis 75	204	204
	Champagne agricole	über 58	235	242
		48 bis 58	204	210
		bis 48	173	213
Doubs		über 80	168	167
		65 bis 80	150	149
		50 bis 65	120	119
		35 bis 50	90	89
		bis 35	72	71

Tabelle 22 (Fortsetzung)

Department	Landwirtschaftliche Region	Ertragsklasse F	Hektarsatz (in F) im Jahre 1965	1966
Var		über 60	116	117
		50 bis 60	99	100
		40 bis 50	83	84
		30 bis 40	66	67
		20 bis 30	50	50
		10 bis 20	33	33
		bis 10	17	17
Aude	Lauragais	über 52	140	123
		35 bis 52	108	95
		bis 35	86	76
	Montagne noire	über 25	78	69
		13 bis 25	52	46
		bis 13	20	18
	Piège et Razès	über 33	116	103
		23 bis 33	86	76
		bis 23	65	57
	Carcassonnais-Limousin	über 36	128	113
		24 bis 36	95	84
		bis 24	66	59
	Sous-pyrénéenne	über 19	91	80
		7 bis 19	52	46
		bis 7	15	14
	Littorale et super-littorale	bis 25	108	108
		12 bis 25	70	70
		bis 12	31	31
	Montagnes	über 17	105	105
		12 bis 17	75	75
		bis 12	60	60
	Causses	über 22	97	97
		15 bis 22	67	67
		bis 15	50	50
	Coteaux et garrigues	über 34	105	105
		19 bis 34	68	68
		bis 19	41	41
	Littoral	über 54	133	133
		26 bis 54	70	70
		bis 26	39	39

Quelle: Jahrgänge 1966 und 1967 des „Journal officiel".

Tabelle 23

Vergleich der Ergebnisse der Gewinnpauschalierungsmethoden in Deutschland und Frankreich

Betrieb Nr.	„Bénéfices forfaitaires" F	„Revenus cadastraux" F	Brutto-Gewinn aufgrund der Durchschnittsätze F	„Revenus cadastraux" der Pachtfläche F	Steuerpfl. Gewinn aufgr. der Durchschn.-Sätze F	Brutto-Gewinn aufgrund der VOL DM	Brutto-Gewinn aufgrund des GDL DM	Steuerpfl. Gewinn aufgrund der VOL DM	Steuerpfl. Gewinn aufgrund des GDL DM	Tatsächlicher Gewinn nach Berücksichtig. des Saldo aus Zins u. Pacht DM/F
1	2 877	1 114	3 991	620	3 371	3 596	6 518	2 748	5 670	10 876
2	2 993	1 159	4 152	0	4 152	3 795	5 849	716	2 770	7 941
3	2 820	1 092	3 912	151	3 761	3 779	7 779	3 596	7 424	14 637
4	3 432	1 329	4 761	570	4 191	4 680	7 463	3 410	6 193	10 275
5	3 422	1 325	4 747	109	4 638	4 512	7 455	2 732	5 675	16 210
6	2 318	898	3 216	0	3 216	3 842	7 012	3 986	7 066	8 475
7	2 477	959	3 436	0	3 436	4 005	6 836	3 189	6 020	14 621
8	2 659	1 030	3 689	99	3 590	4 367	5 298	2 975	3 967	13 649
9	1 765	683	2 448	0	2 448	3 479	5 701	3 367	5 599	7 099
10	2 716	1 052	3 768	531	3 237	5 079	5 341	3 886	4 549	11 069
11	1 557	603	2 160	0	2 160	2 475	4 140	2 448	4 113	14 130
12	1 592	616	2 208	27	2 181	2 619	4 968	2 583	4 904	16 422
13	1 626	630	2 256	107	2 149	2 646	5 076	2 380	4 666	7 614
14	1 419	549	1 968	60	1 908	2 587	4 428	2 508	4 274	7 699
15	1 419	549	1 968	201	1 767	2 620	3 706	2 431	3 517	10 438
16	2 509	972	3 481	355	3 126	2 583	5 713	1 878	4 988	15 733
17	2 630	1 018	3 648	1 018	2 630	2 812	5 044	1 733	4 117	5 259
18	2 145	831	2 976	355	2 621	2 544	5 440	1 866	4 550	12 936
19	2 163	838	3 001	469	2 532	2 613	4 925	1 970	4 037	6 262
20	2 266	878	3 044	0	3 044	2 830	4 876	2 096	4 142	3 759
21	2 578	998	3 576	503	3 073	2 973	5 765	1 960	4 752	9 998
22	1 886	730	2 616	101	2 515	2 596	4 717	2 322	4 403	9 898
23	2 024	784	2 808	288	2 520	2 766	4 685	1 491	3 413	3 019
24	2 664	1 032	3 696	348	3 348	3 086	5 839	160	2 827	6 222
25	1 955	757	2 712	0	2 712	2 770	5 112	3 041	5 383	11 774
26	2 249	871	3 120	67	3 053	3 901	6 558	2 614	5 271	7 735
27	1 817	704	2 521	34	2 487	2 619	5 637	2 559	5 271	13 219

Betrieb Nr.	„Bénéfices forfaitaires" F	„Revenus cadastraux" F	Brutto-Gewinn aufgrund der Durchschnittsätze F	„Revenus cadastraux" der Pachtfläche F	Steuerpfl. Gewinn aufgr. der Durchschn.-Sätze F	Brutto-Gewinn aufgrund der VOL DM	Brutto-Gewinn aufgrund des GDL DM	Steuerpfl. Gewinn aufgrund der VOL DM	Steuerpfl. Gewinn aufgrund des GDL DM	Tatsächlicher Gewinn nach Berücksichtig. des Saldo aus Zins u. Pacht DM/F
28	2 612	1 012	3 624	0	3 624	3 093	5 791	2 851	5 549	12 182
29	1 920	744	2 664	58	2 606	2 888	5 033	2 555	4 700	6 119
30	2 855	1 106	3 961	0	3 961	3 495	6 501	2 851	5 857	15 625
31	2 353	911	3 264	509	2 755	3 124	5 068	2 277	4 116	4 515
32	3 322	1 286	4 608	858	2 393	3 117	5 270	2 247	4 570	12 864
33	2 024	784	2 808	415	3 750	3 924	6 311	1 877	4 030	5 686
34	2 491	965	3 456	0	3 456	3 526	6 612	2 043	5 129	19 167
35	3 460	1 340	4 800	0	4 800	4 340	5 428	2 560	3 648	100
36	2 889	1 119	4 008	127	3 881	3 987	5 999	2 851	4 863	11 606
37	2 820	1 092	3 912	422	3 490	3 958	5 947	1 546	3 590	— 892
38	2 180	844	3 024	0	3 024	3 436	5 466	2 315	4 345	8 909
39	1 834	710	2 544	20	2 524	3 119	7 110	2 812	6 803	10 123
40	2 128	824	2 952	80	2 872	3 415	4 891	3 241	4 757	16 997
41	2 059	797	2 856	134	2 722	3 392	6 301	3 087	5 920	12 804
42	2 768	1 072	3 840	0	3 840	3 972	5 108	3 988	5 124	— 2 912
43	1 557	603	2 160	154	2 006	2 322	4 140	1 767	3 478	4 500
44	1 332	516	1 843	0	1 848	2 924	3 542	2 647	3 265	5 221
45	3 252	1 260	4 512	235	4 277	2 990	5 870	1 245	4 153	13 236
46	2 889	1 119	4 008	0	4 008	2 986	8 391	2 702	8 107	24 165
47	1 920	744	2 664	141	2 523	2 555	5 921	1 335	4 656	9 757
48	2 578	998	3 576	462	3 114	2 913	5 548	2 384	5 143	12 785
49	2 647	1 025	3 672	0	3 672	2 986	6 345	2 282	5 641	5 844
50	2 197	851	3 048	161	2 887	2 840	6 680	1 012	4 584	8 597
51	2 301	891	3 192	891	2 301	2 840	6 680	1 012	4 584	6 144
52	2 111	817	2 928	20	2 908	2 898	4 892	2 086	4 413	3 416
53	2 370	918	3 288	67	3 221	2 913	5 467	1 558	4 107	18 384
54	2 301	891	3 192	188	3 004	3 147	6 058	2 878	5 780	10 547
55	2 093	811	2 904	0	2 904	3 124	6 891	2 693	6 306	7 998

Betrieb Nr.	„Bénéfices forfaitaires" F	„Revenus cadastraux" F	Brutto-Gewinn aufgrund der Durchschnittsätze F	„Revenus cadastraux" der Pachtfläche F	Steuerpfl. Gewinn aufgr. der Durchschn.-Sätze F	Brutto-Gewinn „in Anlehnung an" die VOL DM	Brutto-Gewinn aufgrund des GDL DM	Steuerpfl. Gewinn „in Anlehnung an" die VOL DM	Steuerpfl. Gewinn aufgrund des GDL DM	Tatsächlicher Gewinn nach Berücksichtig. des Saldo aus Zins u. Pacht DM/F
56	2 647	1 025	3 672	556	3 116	3 025	5 401	2 287	4 663	13 755
57	3 114	1 206	4 320	188	4 132	3 438	7 041	2 627	6 172	15 084
58	1 834	710	2 544	449	2 095	2 992	4 836	3 022	3 562	8 586
59	2 422	938	3 360	221	3 139	3 484	5 120	4 163	4 678	11 956
60	2 889	1 119	4 008	67	3 941	3 904	6 807	1 884	6 994	20 391
61	1 315	509	1 824	0	1 824	2 112	3 496	1 888	3 268	3 032
62	1 194	462	1 656	53	1 603	2 163	3 634	1 218	3 111	5 313
63	917	355	1 272	58	1 214	2 065	2 438	1 649	1 977	5 374
64	1 298	503	1 801	0	1 801	2 273	3 075	2 341	3 143	4 388
65	1 661	643	2 304	41	2 263	2 424	3 936	1 933	3 454	7 008
66	1 574	610	2 184	283	1 901	2 464	4 186	2 064	3 786	14 724
67	1 925	746	2 671	250	2 421	2 245	5 090	1 117	3 810	7 301
68	2 355	912	3 267	0	3 267	2 358	6 022	1 732	5 396	6 057
69	2 941	1 139	4 080	101	3 979	2 514	5 510	2 128	5 037	14 280
70	2 353	911	3 264	201	3 063	2 385	6 028	2 283	5 797	11 506
71	3 287	1 273	4 560	0	4 560	2 617	5 348	413	4 911	9 709
72	2 612	1 012	3 624	0	3 624	2 480	6 319	2 556	6 395	12 141
73	2 849	1 103	3 952	449	3 503	2 591	6 202	730	4 341	8 383
74	1 855	718	2 573	0	2 573	2 357	5 742	2 529	5 914	11 632
75	1 868	724	2 592	47	2 545	2 372	4 915	2 276	4 796	7 776
76	3 126	1 211	4 337	0	4 337	2 930	6 177	942	4 189	7 896
77	2 811	1 089	3 900	67	3 833	2 826	6 997	1 794	5 941	18 062
78	3 150	1 220	4 370	54	4 316	2 956	7 251	2 873	7 134	17 875
79	3 287	1 273	4 560	0	4 560	3 021	4 820	2 698	4 497	15 637
80	2 716	1 052	3 768	134	3 634	2 873	5 869	1 749	4 539	5 715
81	2 898	1 122	4 020	280	3 740	2 989	5 478	1 649	4 138	5 025
82	2 439	945	3 384	34	3 350	2 859	5 133	2 444	4 702	10 208
83	1 917	742	2 659	171	2 488	2 576	5 991	1 967	5 382	8 421

Betrieb Nr.	„Bénéfices forfaitaires“ F	„Revenus cadastraux“ F	Brutto-Gewinn aufgrund der Durchschnittsätze F	„Revenus cadastraux“ der Pachtfläche F	Steuerpfl. Gewinn aufgr. der Durchschn.-Sätze F	Brutto-Gewinn „in Anlehnung an“ die VOL DM	Brutto-Gewinn aufgrund des GDL DM	Steuerpfl. Gewinn „in Anlehnung an“ die VOL DM	Steuerpfl. Gewinn aufgrund des GDL DM	Tatsächlicher Gewinn nach Berücksichtig. des Saldo aus Zins u. Pacht DM/F
1	3 495	1 474	4 848	308	4 540	8 342	7 512	6 302	5 800	9 918
2	7 885	3 054	10 939	13	10 926	17 270	9 753	14 535	7 044	30 766
3	4 382	1 697	6 079	84	5 995	10 843	7 649	7 145	3 951	10 158
4	5 623	2 178	7 801	67	7 734	14 440	8 053	13 595	7 400	16 900
5	3 583	1 388	4 971	0	4 971	10 739	9 223	9 269	7 763	15 678
6	3 806	1 474	5 280	757	4 523	11 629	8 976	9 033	6 380	— 11 572
7	6 598	2 555	9 153	335	8 818	18 801	12 893	17 047	12 222	15 028
8	4 948	1 916	6 864	1 036	5 828	14 605	8 602	12 031	7 141	25 454
9	4 766	1 846	6 612	1 822	4 790	14 650	10 670	9 719	5 801	2 590
10	7 975	3 089	11 064	838	10 226	24 752	10 349	19 404	6 563	16 227
11	5 899	2 285	8 184	947	7 237	19 134	8 261	9 211	— 347	11 696
12	4 360	1 688	6 048	0	6 048	15 048	8 592	16 081	9 625	13 280
13	5 394	2 089	7 483	0	7 483	19 505	8 409	19 723	8 621	14 561
14	6 937	2 687	9 624	670	8 954	24 904	9 596	21 175	7 954	15 800
15	5 052	1 956	7 008	1 956	5 052	8 015	6 692	6 672	5 349	16 673
16	7 681	2 982	10 663	2 982	7 681	12 013	8 436	2 600	1 687	10 034
17	4 463	1 729	6 192	34	6 158	7 705	8 238	7 266	7 853	18 576
18	7 353	2 848	10 201	201	10 000	11 761	7 756	10 591	7 096	29 283
19	4 446	1 722	6 168	0	6 168	7 953	6 412	7 002	5 461	4 458
20	8 581	3 323	11 904	0	11 904	15 161	10 276	13 769	8 884	28 329
21	5 934	2 298	8 232	0	8 232	12 107	8 287	11 590	7 770	26 683
22	6 107	2 365	8 472	47	8 425	14 008	9 473	11 396	6 967	6 107
23	6 055	2 345	8 400	0	8 400	14 313	6 628	8 212	1 103	7 665
24	6 384	2 472	8 856	0	8 856	15 641	10 977	16 195	11 531	24 096
25	3 702	1 434	5 136	0	5 136	9 897	6 610	9 426	6 139	14 124
26	6 574	2 546	9 120	0	9 120	17 190	8 768	14 036	5 614	3 230
27	6 730	2 606	9 336	0	2 606	18 091	9 941	15 796	7 646	18 050
28	5 173	2 003	7 176	0	7 176	14 370	6 748	13 613	5 991	14 612
29	4 481	1 668	6 149	0	6 149	12 360	9 585	10 866	8 091	6 498
30	4 636	1 796	6 432	0	6 432	14 225	7 312	14 171	7 258	21 145

31	3 789	1 467	5 256	194	5 062	12 080	5 580	11 335	5 106	21 527
32	4 809	1 863	6 672	0	6 672	9 409	7 442	9 131	7 164	24 909
33	4 982	1 930	6 912	0	6 912	11 220	7 532	10 673	7 025	28 023
34	6 920	2 680	9 600	0	9 600	16 800	8 084	16 640	7 924	36 600
35	6 920	2 680	9 600	0	9 600	16 860	8 084	16 260	7 484	33 240
36	8 477	3 283	11 760	0	11 760	20 442	8 276	20 148	7 982	24 353
37	5 069	1 963	7 032	0	7 032	12 947	10 509	12 390	9 952	18 049
38	5 968	2 312	8 281	134	8 147	15 452	6 588	14 244	5 867	28 186
39	5 681	2 200	7 881	0	7 881	16 747	8 625	16 616	8 494	21 642
40	5 681	2 200	7 881	0	7 881	16 747	6 983	16 287	6 523	19 507
41	5 768	2 234	8 002	0	8 002	17 003	10 829	16 870	10 696	33 340
42	5 969	2 312	8 281	0	8 281	18 811	7 116	18 742	7 047	28 463
43	4 671	1 809	6 480	0	6 480	16 311	10 026	16 095	9 810	23 058
44	5 104	1 977	7 081	1 675	5 046	9 450	8 191	5 408	4 149	20 119
45	8 564	3 317	11 881	603	11 278	28 660	31 515	22 670	25 525	12 672
46	8 633	3 343	11 976	0	11 976	30 252	32 313	22 902	24 963	15 239
47	6 678	2 586	9 264	214	9 050	28 934	33 306	28 042	32 414	41 562
48	6 124	2 372	8 496	1 554	6 942	27 732	23 470	18 917	14 663	36 886
49	7 558	2 927	10 485	1 621	8 864	34 573	28 204	28 806	22 437	31 195
50	5 828	2 257	8 085	1 350	6 735	12 507	7 052	9 542	4 476	41 607
51	7 266	2 814	10 080	804	9 276	20 446	28 296	14 860	22 710	28 518

Quelle: **Tabellen 19 a und b sowie 21.**

Kapitel III

Die Einkommensbesteuerung der deutschen und der französischen Landwirtschaft im Lichte des Gleichmäßigkeitspostulates

A. Der Verstoß gegen die Gleichmäßigkeitsmaxime durch die Gewährung eines Sonderfreibetrages, durch die Wahl des Veranlagungszeitraumes und durch die unterschiedlichen Gewinnermittlungsmethoden für kleinere und mittlere gewerbliche sowie landwirtschaftliche Betriebe in Deutschland

1. Mit der Gewährung des *Sonderfreibetrag*es an alle Landwirte ist eine Vorzugsbehandlung des gesamten Agrarsektors verbunden, die im Widerspruch zum steuerlichen Gleichmäßigkeitspostulat steht. Denn einem Landwirt wird ein Abzug von seinem steuerpflichtigen Einkommen in Höhe des Freibetrages zugestanden, der einem Einkommensteuerpflichtigen in jedem anderen Wirtschaftszweig bei gleichem Einkommen versagt bleibt[1]. Allerdings wird diese Vergünstigung durch den Wegfall des Sonderfreibetrages im Jahre 1972 beseitigt werden.

Eine Begünstigung der Landwirtschaft ist auch in der Wahl des *Veranlagungszeitraum*es zu sehen. Weicht das Wirtschaftsjahr eines Gewerbetreibenden vom Kalenderjahr ab, so ist der Gesamtgewinn des Wirtschaftsjahres in dem Kalenderjahr der Steuer zu unterwerfen, in dem ersteres endet. In aller Regel beginnt das landwirtschaftliche Wirtschaftsjahr am 1. Juli eines und endet am 30. Juni des nächsten Kalenderjahres. Im Gegensatz zur Bestimmung für die Gewerbetreibenden werden Landwirte nicht mit dem Gewinn eines Wirtschaftsjahres, sondern mit der Summe zweier aufeinander folgender Gewinnhälften zweier Wirtschaftsjahre zur Einkommensteuer veranlagt. Soweit die landwirtschaftlichen Betriebsgewinne pauschaliert und langfristig konstant gehalten werden, was für die Mehrheit der Agrarbetriebe zutrifft, kommt der Frage des Veranlagungszeitraumes freilich keine Bedeutung

---

[1] Aus dem gleichen Grund lehnt auch der Wissenschaftliche Beirat beim Bundesministerium der Finanzen in seinem Gutachten zur Reform der direkten Steuern (Einkommensteuer, Körperschaftsteuer, Vermögensteuer und Erbschaftsteuer) in der Bundesrepublik Deutschland. Heft 9 der Schriftenreihe des Bundesministeriums der Finanzen. Bonn 1967, S. 22, den Sonderfreibetrag ab.

zu. Bei buchführenden Landwirten hingegen führt sie zu einer *Gewinn-Applanierung,* die ebenso im Hinblick auf die Gleichmäßigkeitsmaxime abzulehnen ist.

2. Der wichtigste Verstoß gegen diesen Steuergerechtigkeitsgrundsatz beruht jedoch auf den *unterschiedlichen Gewinnermittlungsmethoden* für kleinere und mittlere Unternehmungen der gewerblichen Wirtschaft auf der einen, landwirtschaftlichen Betrieben auf der anderen Seite.

Den landwirtschaftlichen vergleichbaren *kleineren und mittleren gewerblichen Unternehmungen* obliegt im allgemeinen *keine Buchführungspflicht aufgrund handelsrechtlicher Bestimmungen,* so daß sie formal bei Überschreiten der Grenzen des § 161 AO nach § 4 Abs. 1 EStG ordnungsmäßige Bücher zu führen oder bei Unterschreiten dieser Grenzen nach § 4 Abs. 3 EStG eine Einnahmen-Ausgaben-Rechnung vorzulegen haben. Daß für diese zuletzt genannten Betriebe nicht wie im Falle der Landwirtschaft Durchschnittsätze aufgrund der Ermächtigung des § 29 EStG aufgestellt worden sind, darf nicht zu dem Schluß verleiten, alle zum Einnahmen-Ausgaben- oder auch nur alle zum Betriebsvermögensvergleich kraft Steuergesetz angehaltenen Gewerbetreibenden kämen dieser Verpflichtung auch tatsächlich nach. Ein großer Teil dieser Zensiten wird vielmehr heute unter Zuhilfenahme von *Richtsätzen* zur Einkommensteuer veranlagt. Die Ermittlung dieser Richtsätze und deren Anwendung auf den einzelnen Betrieb ist nunmehr zu skizzieren.

Ursprünglich war die *Anwendung* der Richtsätze auf jene Betriebe beschränkt, die einen Umsatz oder Gewinn von weniger als 200 000 bzw. 6 000 RM zu verzeichnen hatten[2], also jene Betriebe, die nicht der Buchführungspflicht unterlagen. Jedoch konnten die Richtsätze bereits in der Vorkriegszeit wenigstens als eine „gewisse lose Handhabe"[3] bei der Veranlagung (größerer) zwar buchführungspflichtiger, aber tatsächlich nichtbuchführender Betriebe dienen. In der Nachkriegszeit sind viele Betriebe, die jene Grenzen früher nicht erreichten, diesen „entwachsen", ohne daß sie zu einer den Regeln ordnungsmäßiger Buchführung entsprechenden Gewinnermittlung übergegangen wären. Folglich finden die Richtsätze heute bei Betrieben mit einem *Umsatz bis 300 000* und einem *Gewinn bis 25 000 DM* Anwendung[4]. Kritikwürdig an dieser Tat-

---

[2] Vgl. die „Richtlinien für die Veranlagung zur Einkommensteuer und Körperschaftsteuer für 1937". In: RStBl. I 1938, S. 193 ff., sowie die Bemerkungen *Franks* (Grundsätze und Grenzen der steuerlichen Schätzung. Berlin 1938, S. 88).

[3] *Ullmann,* Heinz: Die Gewinnermittlung für nichtbuchführende Gewerbetreibende nach den amtlichen Richtsätzen. Berlin 1953, S. 11.

[4] *Ullmann,* Heinz: Richtsatzermittlung — Richtsatzanwendung bei Umsatz und Gewinn gewerblicher Betriebe. Ludwigshafen 1965, S. 15 und 21. Vgl. auch die jüngste Richtsatzsammlung (Gewinnermittlungsrichtsätze 1966 der Gruppen Süd, West und Nord/West. Herne-Berlin 1967, S. 1).

sache ist ohne Zweifel, daß die Finanzverwaltung stillschweigend die Grenzen des § 161 AO ausgedehnt hat, indem sie amtliche Richtsätze für nichtbuchführende, aber buchführungspflichtige Betriebe aufgestellt hat, ohne dazu legitimiert zu sein. In diesem Punkt unterscheidet sich also das Vorgehen der Finanzverwaltung nicht von dem bei der Veranlagung buchführungspflichtiger landwirtschaftlicher Betriebe, wo sie ja auch die Gewinne anhand von Durchschnittsätzen ermittelt, wenn diese ihrer Buchführungspflicht nicht nachkommen. Im folgenden ist nun aber die Frage zu prüfen, zu welchem Ergebnis die Methode der Richtsatzermittlung führt.

Diese gleicht insofern der Durchschnittsatzermittlung für die landwirtschaftlichen Betriebe, als sie von sogenannten *Richtbetrieben* ausgeht. Bei diesen handelt es sich grundsätzlich um buchführende Betriebe (in insgesamt 84 Gewerbeklassen[5]), die unmittelbar nach Abschluß des Geschäftsjahres von der Finanzverwaltung aufgefordert werden, ihren Jahresabschluß vorzulegen, der dann von Betriebsprüfern der Finanzverwaltung im Betrieb kontrolliert wird. Das Bundesgebiet ist zum Zwecke der Richtsatzermittlung in drei Regionen (Nord, Nord/West, Süd) aufgeteilt, in denen alljährlich mehrere Tausend Richtbetriebe untersucht werden, wobei zu bemerken ist, daß die Finanzverwaltung den gleichen Betrieb nach Möglichkeit nur drei Jahre lang als Richtbetrieb heranzieht. Die betriebsindividuellen Jahresergebnisse eignen sich nun aber nicht dazu, als Richtsätze festgestellt zu werden. Daher müssen diese *Ergebnisse „normalisiert"* werden, ein Verfahren, bei dem wie bei der Reinertragsermittlung des landwirtschaftlichen Spitzenbetriebes von bestimmten Annahmen ausgegangen wird. Bei der „Normalisierung" wird nämlich unterstellt[6], daß

1. der Betrieb in gemieteten Räumen ausgeübt wird,
2. eigene, keine gepachteten Betriebsmittel genutzt werden,
3. der Unternehmer nur mit eigenem, allenfalls mit kurzfristigem Fremdkapital arbeitet,
4. die Forderungsverluste 2 vom Hundert des Umsatzes nicht übersteigen,
5. die Absetzungen für Abnutzung nach der linearen Methode bemessen sind, der Unternehmer keine Sonderabschreibungen für das Anlage- und Umlaufvermögen, keine Bewertungsfreiheit für geringwertige Wirtschaftsgüter, keine individuell bedingten Abschreibungen wegen

[5] Die Einteilung in Gewerbeklassen entspricht der Systematik der Wirtschaftszweige der amtlichen Statistik.

[6] Die Beschreibung des Normalisierungsverfahrens lehnt sich weitgehend an die Darstellung *Ullmanns* (Richtsatzermittlung, a.a.O., S. 20 f. sowie 30 ff.) an.

besonderer technischer oder wirtschaftlicher Abnutzung in Anspruch genommen hat und die branchenüblichen Teilwertabschreibungen berücksichtigt sind,

6. keine außergewöhnlichen Erträge oder Verluste (z. B. durch Wertpapierverkauf) und keine außergewöhnlichen Aufwendungen vorliegen,
7. der Betriebsinhaber im Betrieb mitarbeitet,
8. die Ehefrau des Betriebsinhabers in bestimmten Gewerbezweigen nicht (Schumacher, Mechaniker), in anderen dagegen (Bäcker, Kolonialwarenhändler) mitarbeitet,
9. im übrigen nur tariflich entlohnte und betriebserforderliche Arbeitskräfte im Betrieb beschäftigt sind.

Die „Normalisierung" bei den Richtbetrieben vollzieht sich in der Weise, daß bei einem Abweichen von diesen Normalbedingungen entweder die tatsächlichen Ergebnisse der Buchführung zur Korrektur verwendet oder aber entsprechende Korrekturposten errechnet werden. So wird z. B. der für einen Betriebsleiter gezahlte Lohn dem Betriebsgewinn hinzugerechnet, wenn der Betriebsinhaber nicht im Betrieb mitarbeitet. Andererseits ist der Gewinn durch einen entsprechenden Abzug dann zu korrigieren, wenn der Betriebsleiter über die durchschnittliche jährliche Arbeitszeit von 2 200 bis 2 400 Stunden hinaus im Betrieb tätig ist; der „ersparte" Lohn ist mit dem durchschnittlichen am Ort gezahlten Spitzenlohnsatz für einen Gesellen zu bewerten und als fiktive Betriebsausgabe vom Gewinn abzuziehen. Bei Handwerksbetrieben wird die Zahl der Arbeitsstunden des Betriebsinhabers (Meisters) nach Maßgabe der Gesellenzahl verringert. Ebenso werden etwa Zinsen für langfristig aufgenommenes Fremdkapital dem Betriebsgewinn bei der „Normalisierung" zugeschlagen.

Die Finanzverwaltung beschränkt sich nicht darauf, für jede Gewerbeklasse den durchschnittlichen Jahresumsatz in Relation zum erzielten Gewinn zu setzen und so eine durchschnittliche Gewinnquote aus den Ergebnissen der Richtbetriebe zu errechnen, sondern in den Richtsatzsammlungen ist jeweils ein *oberer, mittlerer und unterer Rahmensatz* aus den Ergebnissen der gewinnstärksten bzw. -schwächsten überprüften Betriebe sowie als Mittelsatz das gewogene arithmetische Mittel aller Prüfungsergebnisse in einer Gewerbeklasse angegeben.

Weiterhin wird von *drei Gewinnbegriffen* ausgegangen, die sich dadurch unterscheiden, daß sie in unterschiedlichem Maße Betriebsausgaben enthalten: Der *Rohgewinnsatz* ist je nach Art des Gewerbes zu ermitteln, indem bei Handelsbetrieben der Wareneinsatz, bei sogenannten Herstellungsbetrieben (Handwerksbetrieben) daneben noch die Fertigungslöhne vom Warenumsatz abgezogen werden und die Residualgröße zum Umsatz in Beziehung gesetzt wird, während aus dem *Halbreingewinnsatz* auch die Gemeinkosten sachlicher Art (etwa Ausgaben für Heizung und Beleuchtung, für Instandhaltung der Betriebseinrichtungen) sowie Abschreibungen eliminiert sind. Bei der Ermittlung des *Reingewinnsatzes* schließlich werden auch die Gemeinkosten persönlicher Art (z. B. Löhne und Gehälter des Vertriebs) vom Umsatz abgezogen.

Diese Methode der Richtsatzermittlung unterscheidet sich in wesentlichen Punkten von dem Verfahren der Durchschnittsatzfeststellung für die landwirtschaftlichen Betriebe. Zunächst werden aus den Ergebnissen der Richtbetriebe *nicht absolute Beträge für den Betriebsnettoertrag* errechnet, wie sie als Ergebnis der Bewertungsarbeit bei einem landwirtschaftlichen Spitzenbetrieb festgelegt werden, *sondern* es werden *Gewinnquoten* in verschiedenen Gewerbeklassen ermittelt, mit deren Hilfe nach Maßgabe der im Betrieb vorhandenen Aufzeichnungen (in der Regel: des Umsatzes) der steuerpflichtige Gewinn berechnet wird. Die Richtsatzermittlung geht darüber hinaus in einer Gewerbeklasse nicht von einem, sondern von einer *Vielzahl von Betrieben* aus, so daß in den Richtsätzen durch die Fixierung von Rahmensätzen Gewinnschwankungen zum Ausdruck kommen. Ferner werden diese Gewinnquoten, wenn nicht in allen, so doch in vielen Gewerbeklassen *alljährlich neu festgesetzt.*

Bei der Anwendung der Richtsätze auf einen zu veranlagenden Betrieb kann sich die Finanzverwaltung in der Regel auf *bestimmte Aufzeichnungen* des Steuerpflichtigen stützen. Alle Betriebe des gewerblichen Sektors sind zur Führung eines *Wareneingangsbuches*[7] verpflichtet, in dem sie alle erworbenen und zur Weiterveräußerung bestimmten Waren (einschließlich der Rohstoffe, Halbfabrikate und Hilfsstoffe) zu verzeichnen haben. Von der Führung eines solchen Wareneingangsbuches sind nur diejenigen befreit, die eine ordnungsmäßige Buchführung nach den handelsrechtlichen Bestimmungen vorzuweisen haben. Mit Recht bemerkt daher Wöhe, das Wareneingangsbuch sei für die Finanzverwaltung ein wichtiges Kontrollmittel der Kleinbetriebe[8]. Ergänzt wird es durch das *Warenausgangsbuch,* das jedoch nur von gewerblichen Unternehmern zu führen ist, die an Wiederverkäufer liefern. Es müssen darin alle Lieferungen an Wiederverkäufer verbucht und diesen Belege ausgestellt werden, die aufzubewahren sind. Ferner unterliegen gewerbliche Unternehmer der *Aufzeichnungspflicht auf-*

[7] „Verordnung über die Führung eines Wareneingangsbuches" („Dresdner Verordnung"). Vom 20. Juni 1935. In: RGBl. I, S. 881.

[8] *Wöhe,* Günter: Betriebswirtschaftliche Steuerlehre. Band I. Berlin-Frankfurt 1964. S. 147.

grund der Umsatzsteuergesetze. § 14 der alten Umsatzsteuer-Durchführungsverordnung forderte von ihnen den buchmäßigen Nachweis des Umsatzes (ungeachtet seiner Höhe), während landwirtschaftliche Unternehmer formal bis zu einem Umsatz von 30 000 DM von der Aufzeichnungspflicht befreit waren, in vielen Fällen dieser Pflicht aber auch bei einem höheren Umsatz nicht nachgekommen sind (vgl. oben S. 22). Die neue Umsatzsteuer-Durchführungsverordnung behält die Aufzeichnungspflicht auch für gewerbliche Unternehmer mit niedrigem Gesamtumsatz bei (§ 11 der 1. UStDV) (während ja *alle* landwirtschaftlichen Betriebe nunmehr von dieser — von geringen Ausnahmen abgesehen — freigestellt sind [vgl. oben S. 23]). Da gewerbliche (wie landwirtschaftliche) Unternehmer auch als Fiskalgehilfen beim Quellenabzug der Einkommensteuer der Arbeitnehmer agieren, erwächst ihnen daraus die Pflicht zur *Führung eines Lohnkontos* (§ 13 der Lohnsteuer-Durchführungsverordnung[9]).

Selbst dann also, wenn der zum einfachen Einnahmen-Ausgaben-Vergleich verpflichtete Gewerbetreibende dieser Auflage des Einkommensteuerrechts nicht nachkommt, wird es der Finanzverwaltung angesichts der geschilderten Aufzeichnungen, die von den meisten Unternehmungen des gewerblichen Sektors in mehr oder minder vollständigem Umfange vorgenommen werden, gelingen, den Gewinn zu schätzen, wobei die sogenannte *Entnormalisierung,* d. h. die Anpassung der Richtsätze an die betriebsindividuellen Verhältnisse, soweit diese den bei der Richtsatzermittlung unterstellten Bedingungen nicht entsprechen, einerseits, die Berücksichtigung der von den Gewinnrichtsätzen abzuziehenden tatsächlichen Betriebsausgaben und der Zuschläge andererseits eine relativ große Gewähr dafür bieten, daß der Forderung des § 217 AO, der eine Beachtung aller für die Schätzung bedeutsamen Umstände fordert, weitgehend entsprochen wird.

In der Regel wird zwar der Betriebsgewinn anhand des Umsatzes ermittelt; geht man aber bei der Betrachtung der Veranlagung eines Betriebes vom ungünstigsten Fall aus, daß der Betriebsinhaber nicht einmal seinen Umsatz aufgezeichnet hat, sondern auch dieser anhand von Richtsätzen geschätzt wird, so kann die Finanzverwaltung sich immerhin auf das Wareneingangsbuch (bei Handelsbetrieben), insbesondere bei Herstellungsbetrieben zusätzlich etwa noch auf das Lohnkonto und möglicherweise auf die Inventurunterlagen stützen, um den Umsatz zu errechnen. Dazu verwendet sie den sogenannten *Rohgewinnaufschlagsatz,* der aus dem Rohgewinnsatz für die betreffende Gewerbeklasse errechnet ist. Der so entstehende Rohgewinn ist zunächst zu „entnormalisieren"; der Veranlagungsbeamte hat also zu prüfen, ob die

[9] In der Fassung vom 12. Januar 1968. In: BGBl. I, S. 61.

Voraussetzungen, mit deren Hilfe die Gewinnsätze abgeleitet sind, für den zu veranlagenden Betrieb zutreffen. Hat der Unternehmer zum Beispiel mit langfristigem Fremd- anstatt — wie beim Richtbetrieb unterstellt — mit Eigenkapital gewirtschaftet, sind die dafür gezahlten Zinsen vom Rohgewinn abzuziehen. Ein anderes Beispiel für die „Entnormalisierung" ist dann gegeben, wenn der Betriebsinhaber nicht selbst im Betrieb mitarbeitet oder über die normale Arbeitszeit von 2 200 bis 2 400 Stunden hinaus beschäftigt ist. Im ersten Fall ist das an die fremde Arbeitskraft gezahlte Gehalt vom Rohgewinn zu subtrahieren, im zweiten Fall die Mehrarbeit mit dem Spitzenlohnsatz für einen Gesellen zu bewerten und dem Rohgewinn zuzuschlagen. Nach der „Entnormalisierung" sind die im Rohgewinn noch enthaltenen Betriebsausgaben (Gemeinkosten, Abschreibungen, gezahlte Löhne und Gehälter etc.) zu berücksichtigen, um zum steuerpflichtigen Gewinn zu gelangen. Die *Abzugsmöglichkeit dieser Betriebsausgaben* und die damit verbundene Verminderung des steuerpflichtigen Gewinnes stellt naturgemäß einen *Anreiz* dar, die *Abzugsposten exakt aufzuzeichnen* oder wenigstens die entsprechenden Belege aufzubewahren. Liegen solche Aufzeichnungen nicht oder nur in unzureichendem Maße vor, bieten immerhin Rein- bzw. Halbreingewinnsatz in Verbindung mit dem „Entnormalisierungs"-Verfahren der Finanzverwaltung die Möglichkeit, den Gewinn annähernd zutreffend zu schätzen. Zu bedenken ist in diesem Zusammenhang auch, daß die Vorbemerkungen der amtlichen Richtsatzsammlungen der Finanzverwaltung grundsätzlich die schematische Anwendung des Mittelsatzes verbieten, vielmehr die Berücksichtigung der betrieblichen Verhältnisse (etwa die Lage des Betriebes, Kaufkraft und Zahlungsfähigkeit der Kundschaft) bei der Festsetzung des anzuwendenden Gewinnsatzes fordern.

Einen bedenklichen Mangel enthält die Veranlagung aufgrund der Richtsätze jedoch bezüglich der *Berücksichtigung des Eigenverbrauches.* Die Finanzverwaltung veröffentlicht zwar ebenso wie für die buchführenden landwirtschaftlichen Betriebe (siehe oben S. 26) für jede einzelne Gewerbeklasse im Abstand von 2 bis 3 Jahren sehr differenzierte Eigenverbrauch-Pauschsätze pro dem Privathaushalt des Betriebsinhabers angehörende Person, die auf den Ergebnissen der Verbrauchsstatistiken der Statistischen Landesämter basieren[10], jedoch werden diese Pauschsätze in der Regel nur bei der Richtsatzermittlung, also bei den Richtbetrieben, herangezogen. Bei diesen wird der Eigenverbrauch nach Maßgabe der Pauschsätze bewertet und dem Umsatz zugeschlagen. Im Hinblick auf den Selbstverbrauch wird jedoch so lange keine „Normalisierung" vorgenommen, wie die Zahl der „Eigenverbraucher" weniger

[10] Vgl. dazu *Ullmann,* Heinz: Der Eigenverbrauch, seine Besteuerung beim Umsatz und Einkommen. Ludwigshafen 1955.

als fünf beträgt. Bei der Veranlagung eines Betriebes ist sodann in den einzelnen Gewinnsätzen der Selbstverbrauch von maximal 5 Personen bereits veranschlagt, so daß eine Korrektur des Betriebsergebnisses erst bei einer größeren Anzahl von Familienmitgliedern mit Hilfe der Pauschbeträge vorgenommen wird, bei einer geringeren Anzahl hingegen unterbleibt, so daß dann gegebenenfalls der Gewinn überschätzt wird. (Dieser Mangel wäre zu beseitigen, wenn man bei den Richtbetrieben den Selbstverbrauch am Wareneingang abzöge und nur noch die Differenz zwischen Warenumsatz [ohne Eigenverbrauch] und derart bereinigtem Wareneinsatz als Rohgewinn auswiese. Dem Rohgewinn wären bei der Veranlagung eines einzelnen Betriebs die Pauschbeträge für den Selbstverbrauch nach Maßgabe der im Privathaushalt beköstigten Personen [oder — soweit buchmäßig nachgewiesen — der tatsächliche Wert des Eigenverbrauchs] zuzuschlagen[11].)

Wenngleich es unbefriedigend ist, daß ein großer Teil gewerblicher Unternehmungen in Deutschland nicht über vollständige Aufzeichnungen aller Geschäftsvorfälle und damit die Möglichkeit einer exakten Gewinnermittlung verfügt (so daß er auch einen Teil der Buchführungskosten nicht zu tragen hat), muß man (trotz der bestehenden Mängel bei der Veranschlagung des Eigenverbrauches, der allerdings bei den meisten Gewerbetreibenden nicht den Umfang wie in einem landwirtschaftlichen Betrieb annimmt) zugestehen, daß *diese beschriebene Form der Schätzung eine ungleich größere Annäherung an den tatsächlichen Betriebsgewinn ermöglicht, als das aufgrund der a priori Begünstigungscharakter tragenden Durchschnittsätze für die landwirtschaftlichen Betriebe der Fall ist.* Zum einen bietet dafür die Ermittlung der differenzierten Richtsätze, zum anderen die Berücksichtigung der aktuellen Verhältnisse des Betriebes, bei der sich die Finanzverwaltung wenigstens z. T. auf Aufzeichnungen des Steuerpflichtigen stützen kann, eine Gewähr. Außerdem werden diese Gewinne alljährlich neu eingeschätzt und nicht wie bei den meisten Agrarbetrieben mehrere Jahre lang konstant gehalten. Somit ist also auch die Frage zu verneinen, ob das Durchschnittsatzbesteuerungsverfahren für die Landwirtschaft die Gleichmäßigkeit der Besteuerung garantiere.

---

[11] Diesen Vorschlag macht *Ullmann* (Richtsatzermittlung, a.a.O., S. 24).

B. Die Gewinnermittlung bei kleineren und mittleren gewerblichen Unternehmen im Vergleich zum Pauschalverfahren für die Landwirtschaft in Frankreich

Die Besteuerung der *„bénéfices industriels et commerciaux"* kennt wie die der „bénéfices de l'exploitation agricole" seit der Einführung der Einkommensteuer die Möglichkeit der *Gewinnpauschalierung* (die jedoch Kapitalgesellschaften prinzipiell verschlossen ist). Der Kreis der Bezieher solcher Einkünfte, die für den „forfait" optieren konnten, war *in der Zeit von 1917 bis 1926* unbegrenzt. Allein das Über- oder Unterschreiten der Umsatzgrenze von zunächst 50 000 frcs. setzte unterschiedliche Bedingungen für die Pauschalierungsmethode. Überschritt der Jahresumsatz diese Grenze, so war seine Höhe buchmäßig nachzuweisen. Zur Bestimmung des Gewinnes war für jede Branche eine „Bandbreite" von Gewinnsätzen festgelegt, aus der die Finanzverwaltung den „coefficient approprié" auszuwählen hatte, wobei der „coefficient ... doit tendre à une évaluation aussi rapprochée que possible du bénéfice réel"[1]. Ein solcher Anspruch auf eine möglichst exakte Gewinnermittlung wurde von vornherein dann nicht gestellt, wenn die Umsatzgrenze 50 000 frcs. unterschritt. Im Grunde genommen handelte es sich um eine doppelte Pauschalierung, denn der Gewinn wurde mit Hilfe *eines* allerdings für jede Branche verschiedenen Koeffizienten aus dem Jahresumsatz errechnet, der aber seinerseits in der Regel eine Schätzgröße und zwischen Pflichtigem und Steuerverwaltung auszuhandeln war. Der derart ermittelte Gewinn galt zunächst für zwei Jahre, seine Gültigkeit konnte aber von Jahr zu Jahr „par tacite reconduction" verlängert werden. Als schließlich 1924 das Optionsrecht für größere Unternehmungen abgeschafft und die kritische Umsatzgrenze auf 200 000 frcs. („... s'il s'agit de redevables dont le commerce principal est de vendre des marchandises, denrées, fournitures et objets à emporter ou à consommer sur place, ou de fournir le logement"[2]) ausgedehnt (bzw. „s'il s'agit d'autres redevables"[3] — also vorwiegend solche des Dienstleistungsgewerbes — auf 40 000 frcs. beschränkt) wurde, war das „forfait"-System innerhalb kurzer Zeit so unerträglich geworden, daß Robaglia behaupten konnte: „Le forfait ... a pour conséquence de créer, aux dépens de l'équité fiscale, un régime de faveur au profit d'une certaine catégorie de commerçants et d'industriels[4]." *1926* wurde diese Form der Pauschalierung *völlig beseitigt* und durch ein System ersetzt, das die Abgabe einer Steuerdekla-

---

[1] *Robaglia,* Jacques: Le Forfait en matière fiscale. Paris 1926, p. 91.

[2] *Robaglia,* op. cit., p. 96. Der Wortlaut dieser Abgrenzung stimmt mit dem noch heute gebrauchten (cf. Art. 50—1 CGI) überein.

[3] Ebenda.

[4] *Robaglia,* op. cit., p. 94.

ration, verbunden mit der Selbsteinschätzung in eine von 14 Gewinnklassen, obligatorisch machte. Überstieg der Gewinn 50 000 frcs., mußte er anhand einer vollständigen Buchführung nachgewiesen werden. Das Optionsrecht für die Pauschalierung war damit zu einem Sonderrecht für die Bezieher kleiner und mittlerer „bénéfices industriels et commerciaux" geworden.

Diese Art der Gewinneinschätzung erwies sich jedoch als impraktikabel, so daß die *Wiedereinführung des „forfait" nach Maßgabe der Umsatzhöhe im Jahre 1934* nur als eine Kapitulation des Steuergesetzgebers vor dem Widerstand der Pflichtigen zu werten ist. Die gesetzlichen Vorschriften entsprachen etwa den vor 1926 gültigen; der Gewinn war und ist bis heute *formal mit Hilfe eines auf den Jahresumsatz anzuwendenden Gewinnkoeffizienten* zu errechnen. Allein die kritische Umsatzgrenze war zwar für das Dienstleistungsgewerbe beibehalten, jedoch für die übrigen Gewerbetreibenden auf 300 000 frcs. erhöht worden. Bedeutete diese wie die weiteren *Erhöhungen der Umsatzgrenze* für die Gewerbetreibenden wegen der in Frankreich zu jener Zeit herrschenden schleichenden Inflation noch keine *Ausdehnung des Kreises der „forfait"-Besteuerten,* so hat diese aber zumindest seit der Steuerreform von 1959, wenn nicht schon früher stattgefunden, wie die folgende Tabelle 24 zeigt.

Tabelle 24

Die Entwicklung der Pauschalierungsgrenzen bei Einkünften aus Gewerbebetrieb

Gültigkeit	Umsatzgrenze für die Gewerbetreibenden des Dienstleistungsgewerbes	Umsatzgrenze für die übrigen Gewerbetreibenden
1917 bis 1924	50 000 frcs.	50 000 frcs.
1924 bis 1926	200 000 frcs.	40 000 frcs.
1926 bis 1934	Paschalierung bei einem Gewinn bis zu 50 000 frcs.	
1934 bis 1938	300 000 frcs.	40 000 frcs.
1939	400 000 frcs.	40 000 frcs.
1940 bis 1943	500 000 frcs.	60 000 frcs.
1944 bis 1945	1 000 000 frcs.	100 000 frcs.
1946	2 000 000 frcs.	500 000 frcs.
1947	3 000 000 frcs.	800 000 frcs.
1948 bis 1951	5 000 000 frcs.	1 200 000 frcs.
1952 bis 1955	10 000 000 frcs.	2 500 000 frcs.
1956	15 000 000 frcs.	4 000 000 frcs.
1957	20 000 000 frcs.	6 000 000 frcs.
1958	30 000 000 frcs.	8 000 000 frcs.
1959 bis 1964	400 000 F	80 000 frcs.
seit 1965	500 000 F	125 000 frcs.

Quelle: Robaglia, op. cit., p. 96 seq., WTS, France, op. cit., p. 350, sowie Art. 50 CGI.

Der Steuerpflichtige, dessen Betriebsgewinn im Wege des Pauschverfahrens ermittelt wird, hat heute der Finanzverwaltung in seiner Steuerdeklaration folgende Angaben zu liefern:

1. Den Jahresumsatz,
2. den Gesamtwert seiner Lagerbestände, bewertet mit den Anschaffungskosten oder dem Marktpreis,
3. die Zahl der in seinem Betrieb Beschäftigten,
4. die Lohn- und Gehaltssumme,
5. die Mietsumme der für private und Geschäftszwecke gemieteten Räume,
6. die Zahl und Stärke (PS) der sich im Besitz des Steuerpflichtigen befindlichen Kraftfahrzeuge,
7. eine Liste der in seinem Privathaushalt lebenden Personen[5].

Es ist jedoch die Frage zu erörtern, inwieweit und aufgrund welcher *buchmäßigen Nachweise* heute der Finanzverwaltung eine Kontrollmöglichkeit der wichtigsten Angaben in der Steuererklärung verblieben ist.

Nach den Vorschriften des „Code Commercial" ist jeder Gewerbetreibende dazu verpflichtet, ein „livre-journal"[6] sowie ein „livre d'inventaires"[7] zu führen. Aber selbst die Verteidiger des „forfait"-Systems, Trotabas und Cérèze, müssen eingestehen, daß „l'obligation de tenir des livres de commerce est juridique et n'a de sanction réelle qu'au cours d'un procès commercial"[8], und die meisten Gewerbetreibenden kommen dieser Verpflichtung folglich nicht nach. Aber auch dann, wenn sie diese Bücher führen, sind sie nicht verpflichtet, diese der Steuerverwaltung vorzulegen[9]. Somit ist in aller Regel von der Seite der nach handelsrechtlichen Vorschriften zu führenden Bücher kein exakter Nachweis der deklarierten Wertansätze zu erwarten, und die Finanzverwaltung ist auf die *Aufzeichnungen* verwiesen, *die das Steuerrecht vorschreibt:* Das ist für die „commerçants et industriels" ein *„livre*

---

[5] Art. 37 Annexe III CGI.

[6] Das ‚livre-journal' „présente jour par jour — ou, au moins, récapitule mois par mois des documents journaliers annexes — ses actives et passives, les opérations de son commerce, les négociations, acceptations, endossements d'effets et, généralement, tout ce qu'il reçoit et paye ... à la dépense de sa maison." (*Trotabas*, Louis, et *Cérèze*, Jean: L'Imposition forfaitaire des bénéfices industriels et commerciaux. Paris 1958, p. 140/141).

[7] Das ‚livre d'inventaires' „ser(t) au moins une fois l'an, de les biens actifs et passifs qui constituent l'avoir commercial d'un particulier (...)." (*Trotabas-Cérèze*, op. cit., p. 142).

[8] *Trotabas-Cérèze*, op. cit., p. 141.

[9] Ebenda.

d'achats" („appuyé des factures et de toutes autres pièces justificatives"; Art. 52, 4e al., CGI), für die „prestataires" ein *„livre-journal"* sowie generell ein *Lohnkonto* zur Ermittlung des „versement forfaitaire". Konnten Trotabas und Cérèze 1958 noch mit Recht behaupten, der Jahresumsatz sei anhand der Umsatzsteuererklärung zu ermitteln[10], so trifft diese Feststellung heute nicht mehr zu. Denn mit der Abstimmung der Pauschalierungsvorschriften im Umsatz- und Einkommensteuerrecht wurde die *umsatzsteuerrechtliche Aufzeichnungspflicht für die unter dem „forfait"-Regime Besteuerten abgeschafft* (Art. 298, 1e al., CGI). In kleineren und mittleren Gewerbebetrieben haben also die Steuerpflichtigen *in Frankreich* heute *weniger Bücher* zu führen *als in Deutschland.* Durch den Wegfall der umsatzsteuerrechtlichen Aufzeichnungspflicht ist es der Finanzverwaltung jetzt nicht einmal mehr möglich, den Gewinn anhand des Jahresumsatzes mit Hilfe eines Gewinnkoeffizienten zu bestimmen. Ihr verbleibt nur die Möglichkeit, diesen durch die Anwendung des in Deutschland nur in Ausnahmefällen gebrauchten sogenannten Rohgewinnaufschlagsatzes zu schätzen. Die *Pauschalierung* ist damit *heute* wieder *auf dem Stand des Jahres 1926* angelangt. Sie führt heute wie damals viel mehr zu einer „imposition d'après des signes extérieurs" (die in der Deklaration anzugeben sind) als zu einer Besteuerung des anhand von Buchführungsunterlagen geschätzten Gewinnes.

Der französische Steuergesetzgeber hat aber auch der Finanzverwaltung *nicht* die Aufgabe gestellt, den *tatsächlichen Gewinn zu schätzen,* sondern ihr obliegt es nur, den „bénéfice que l'entreprise peut produire *normalement"* (Art. 51, 1e al., CGI; Hervorhebung vom Verfasser) zu erfassen. Dieser Normalgewinn ist, vom Veranlagungsjahr ausgehend, als ex post-Größe „sur une période de longueur indéterminée"[11] zu berechnen.

Zu diesem Zwecke werden von der „Direction Générale" jährlich *Berichte über die Umsatz-, Kosten- und Gewinnentwicklung* in einzelnen Branchen und Departements erstellt[12]. Darüber hinaus werden die Unternehmungen in eine „grille de classement" eingeordnet, um durch Vergleich ihrer Angaben deren Stichhaltigkeit beim einzelnen Pflichtigen überprüfen zu können.

Das *Veranlagungsverfahren* vollzieht sich in der Weise, daß dem Steuerpflichtigen zunächst vom „Inspecteur" ein *Normalgewinn* seines Unternehmens *vorgeschlagen* wird. Dieser Vorschlag wird entweder vom Pflichtigen *akzeptiert* oder er dient als *Ausgangspunkt von Ver-*

---

[10] *Trotabas-Cérèze,* op. cit., p. 142.

[11] *Trotabas-Cérèze,* op. cit., p. 124.

[12] Vgl. dazu WTS, France, op. cit., p. 353 seq., sowie *Trotabas-Cérèze,* op. cit., p. 56 seq.

handlungen zwischen dem Zensiten und der Steuerbehörde (weshalb diese Pauschalierungsmethode „forfait contractuel" genannt wird). Der steuerpflichtige Gewinn wird also in vielen Fällen ausgehandelt, nicht anhand objektiver Wertgrößen von der Finanzverwaltung festgestellt. In 70 vom Hundert der Fälle[13] führt dieses Verfahren zu beiderseitigem Einvernehmen. In 30 von hundert Fällen hingegen hat die „Commission départementale", die zu diesem Zweck auch mit Vertretern der jeweiligen Berufsgruppe besetzt ist, eine Entscheidung herbeizuführen. Bleiben auch diese Verhandlungen ergebnislos, was in einem von hundert Fällen zutrifft, wird ein Finanzgericht angerufen.

Diesem Verfahren haben sich die Beteiligten jedoch *nicht alljährlich* zu unterziehen, denn der *festgelegte Gewinn gilt* prinzipiell *für das vergangene und das laufende Geschäftsjahr* als Steuerbemessungsgrundlage (selbst wenn im laufenden Jahr der Umsatz die kritische Grenze überschreitet). Erhebt keiner der beiden Partner Einspruch gegen die weitere Gültigkeit des Pauschalgewinnes, was in sehr vielen Fällen zutrifft, so kann dieser „renouvelé par tacite reconduction" (Art. 52, 1e al., CGI) werden. Wird allerdings das stillschweigende Einvernehmen von einer der beiden Seiten gebrochen, wird der Pauschalgewinn entweder neu festgesetzt oder der Pflichtige kann von seinem Optionsrecht für eine Besteuerung nach dem „bénéfice réel" Gebrauch machen.

Es ist sicher richtig anzunehmen, daß *dieses Pauschalierungsverfahren* wie der „forfait collectif" für die Landwirtschaft *zu einer Begünstigung der Bezieher kleinerer und mittlerer „bénéfices industriels et commerciaux"* führt. Darauf deutet bereits die Tatsache hin, daß der Steuerpflichtige (oder seine Interessenvertreter) seinen Gewinn mit der Finanzverwaltung aushandeln kann, wobei sich die Finanzverwaltung in den Verhandlungen nur auf unzureichende Aufzeichnungen und die „signes extérieurs" als Beweismittel stützen kann. Im Unterschied zum „forfait collectif" wird darüber hinaus an dem einmal ausgehandelten Gewinn bei vielen Zensiten sogar vier Jahre lang festgehalten. Allerdings ist zu beachten, daß der „forfait contractuel" nur einer begrenzten Zahl von Unternehmern offensteht.

Im Gegensatz zur deutschen läßt die französische Einkommensteuerstatistik die Zahl der im Wege des Pauschverfahrens besteuerten gewerblichen Unternehmer erkennen: *Von den 1 786 000 Unternehmern,* die 1964 mit ihren Gewerbeeinkünften des Jahres 1963 von der französischen Steuerstatistik erfaßt wurden, *unterlagen 1 379 000*[14] *dem „for-*

---

[13] Diese Relation hat *Duverger* (op. cit., p. 545) geschätzt.

[14] Diese wie die folgenden Zahlenangaben sind dem Artikel „Les Bénéfices industriels et commerciaux declarés en 1964". In: Statistiques & Etudes Financières, 18e année (1966), p. 337 seq., entnommen oder aus ihnen errechnet.

fait"-Regime (77 vom Hundert, während es 1955 erst 73 vom Hundert gewesen waren), wobei zu beachten ist, daß von den 407 000 nach ihrem tatsächlichen Gewinn besteuerten ein Großteil Unternehmungen in der Form einer Kapitalgesellschaft war, denen die Gewinnpauschalierung verschlossen ist. Jene Unternehmungen, die 1963 einen Umsatz von weniger als 400 000 bzw. 100 000 F (vgl. Tabelle 24) zu verzeichnen hatten, nahmen zu 93,5 vom Hundert die Pauschalierung in Anspruch; nur rund 96 000 von ihnen wurden nach ihrem „bénéfices réels" besteuert. Zieht man diese 96 000 von der Gesamtzahl von 407 000 Unternehmen, die aufgrund ihres buchmäßig ermittelten Gewinnes zur Einkommensteuer herangezogen wurden, ab, so verbleiben 311 000 Unternehmen, die nicht zum „forfait" zugelassen waren. Erzielen ein gewerblicher und ein landwirtschaftlicher Unternehmer bei einem Umsatz von mehr als 400 000 F den gleichen Gewinn, so wird der des ersteren voll, der des Landwirtes hingegen nur zu einem Bruchteil zur Einkommensteuer herangezogen. Daher erscheint es berechtigt, von einem Verstoß gegen das Gleichmäßigkeitspostulat der Besteuerung zu sprechen. Bei der Betrachtung der Besteuerung von gewerblichen und landwirtschaftlichen Betrieben mit einem Jahresumsatz von weniger als 400 000 F läßt sich ein solcher Verstoß allerdings zahlenmäßig nicht nachweisen, weil Angaben darüber, welchen Prozentsatz des tatsächlichen Gewinnes der „forfait" bei diesen Gewerbebetrieben ausmacht, fehlen.

Kapitel IV

Die Einkommensbesteuerung der deutschen und der französischen Landwirtschaft im Lichte des Allgemeinheitspostulates

A. Versuch einer Quantifizierung des Verstoßes der Einkommensbesteuerung der deutschen Landwirtschaft gegen das Allgemeinheitspostulat anhand der Ergebnisse der Einkommensteuerstatistik

Der deutschen amtlichen Statistik kann man den Vorwurf nicht ersparen, sie führe — im Gegensatz zur französischen — nur in allzu langen Zeitabständen Erhebungen für eine Einkommensteuerstatistik durch. Ihre Ergebnisse werden dann außerdem erst mit einer erheblichen zeitlichen Verzögerung veröffentlicht, wofür allerdings auch die Tatsache verantwortlich ist, daß der Abschluß einer Erhebung wegen des großen „time-lag“ zwischen Einkommensentstehung und -steuerveranlagung zu viel Zeit beansprucht. So ist es zu erklären, daß für die vorliegende Untersuchung, die im Herbst 1968 abgeschlossen wurde, nicht, wie es wünschenswert wäre, die Ergebnisse einer Einkommensteuerstatistik für das Jahr 1966, indem die Neuregelung durch das GDL erstmals für beide Jahreshälften angewendet wurde, herangezogen werden konnten, sondern auf die des Jahres 1961 (veröffentlicht 1965) zurückgegriffen werden mußte, so daß die Auswirkungen der Neufassung des Einkommensteuerrechts für die Landwirtschaft auf die Zahl der veranlagten oder steuerpflichtigen Landwirte nicht beurteilt werden kann.

In der Bundesrepublik gab es nach Angabe des Ernährungsministeriums 1965 1 451 400 landwirtschaftliche Betriebe, die sich nach ihrer wirtschaftlichen Bedeutung für den Betriebsleiter, wie in Tabelle 25 aufgezeigt, auf die einzelnen Betriebsgrößenklassen verteilten. Das Ministerium versteht unter *Vollerwerbsbetrieben* solche, „die aufgrund ihrer Größe und Beschaffenheit den bäuerlichen Familien *ein ausreichendes Einkommen* aus der Landwirtschaft *sichern können*“[1] (wobei allerdings ungeklärt bleibt, was unter dem Begriff „ausreichendes Einkommen“ zu verstehen ist). *Zuerwerbsbetriebe* werden zwar haupt-

[1] Grüner Bericht 1967, a.a.O., S. 40; Hervorhebungen vom Verfasser. Bei den Vollerwerbsbetrieben unter 5 Hektar handelt es sich vor allem um Gartenbaubetriebe.

beruflich bewirtschaftet, sichern aber der bäuerlichen Familie *kein ausreichendes Einkommen,* so daß die Familie *auf außerbetrieblichen Erwerb angewiesen* ist[2]. Ein Nebenerwerbsbetrieb liegt dann vor, wenn der Betriebsleiter seinen *Hauptberuf außerhalb des eigenen Betriebes* ausübt[3].

Eine solche Klassifizierung der Betriebe nach ihrer wirtschaftlichen Bedeutung für den Betriebsleiter hat das Ministerium erstmals für das Jahr 1965 vorgelegt; sie fehlt also für das hier zu betrachtende Jahr 1961. Deshalb wird im folgenden angenommen, die Betriebe hätten sich 1961 innerhalb einer Betriebsgrößenklasse genau so auf Voll-, Zu- und Nebenerwerbsbetriebe verteilt wie 1965 (vgl. Tabelle 26). Es ist evident, daß damit die Zahl der Voll- und Zuerwerbsbetriebe für 1961 eher unter- als überschätzt wird.

Sicher ist es mit Einschränkungen richtig, wenn von den als Voll- und Zuerwerbsbetriebe klassifizierten landwirtschaftlichen Unternehmungen angenommen wird, daß bei ihren Betriebsleitern die Einkünfte aus Land- und Forstwirtschaft höher waren als die jeder anderen Einkunftsart. Diese zuletzt genannte Definition liegt den *Einkommensteuerstatistiken* zugrunde, denn sie geben *nähere Auskunft nur über die veranlagten Zensiten, deren Einkommen überwiegend der Land- und Forstwirtschaft* entstammte.

Eine der Einschränkungen betrifft die Tatsache, daß die im Grünen Bericht gebrauchten Begriffe offenbar als normativ anzusehen sind. Es ist also denkbar, daß ein Vollerwerbsbetrieb der Betriebsleiterfamilie zwar ein ausreichendes Einkommen sichern könnte, die Familie aber auf diesen Einkommenserwerb teilweise verzichtet und den größten Teil ihres Einkommens außerhalb des Betriebes erwirbt. Diese Einschränkung dürfte allerdings quantitativ nicht von so großer Bedeutung sein, daß die aufgrund der unterschiedlichen Konzepte ermittelten Zahlen nicht einander gegenübergestellt werden könnten.

Eine weitere Einschränkung bezieht sich darauf, daß die Einkommensteuerstatistik die *Zahl der Veranlagten* erhoben hat, während Tabelle 26 die *Zahl der Betriebe* enthält. Vergleicht man allerdings die Zahl der Betriebsleiter, die als die in einer bäuerlichen Familie Steuerveranlagten angesehen werden müssen, so zeigt sich recht deutlich, daß aus der Gleichsetzung dieser beiden Zahlen kein sehr großer Fehler resultiert: Die Zahl der 1960 voll- und teilbeschäftigten Betriebsinhaber betrug 1 662 500[4], während sich die Zahl der Betriebe 1961 auf 1 607 000[5] belief,

---

[2] Grüner Bericht 1967, a.a.O., S. 40; Hervorhebungen vom Verfasser.

[3] Ebenda.

[4] Grüner Bericht 1963, a.a.O., Tabelle 23, S. 132/133.

[5] Cf. Tabelle 26.

Tabelle 25

Die Zahl der Voll-, Zu- und Nebenerwerbsbetriebe im Jahre 1965 in den einzelnen Betriebsgrößenklassen

Bereiche der Landbewirtschaftung	0,5 bis unter 2 ha		2 bis unter 5 ha		5 bis unter 10 ha		10 bis unter 20 ha		20 bis unter 50 ha		50 bis unter 100 ha		100 und mehr ha		Insgesamt	
	Zahl der Betriebe	v. H.	Zahl der Betriebe	v. H.	Zahl der Betriebe	v. H.	Zahl der Betriebe	v. H.	Zahl der Betriebe	v. H.	Zahl der Betriebe	v. H.	Zahl der Betriebe	v. H.	Zahl der Betriebe	v. H.
Vollerwerbsbetriebe	13 100	3,3	11 400	3,5	94 600	32,4	240 500	82,4	135 000	100	14 400	100	2 700	100	511 700	35,3
Zuerwerbsbetriebe	21 500	5,5	117 000	36,4	142 000	48,6	42 400	14,5	—	—	—	—	—	—	322 900	22,2
Nebenerwerbsbetriebe	358 500	91,2	193 400	60,1	55 800	19,0	9 100	3,1	—	—	—	—	—	—	616 800	42,5
Zusammen	393 100	100,0	321 800	100,0	292 400	100,0	292 000	100,0	135 000	100,0	14 400	100,0	2 700	100,0	1 451 400	100,0

Quelle: Grüner Bericht 1967, a.a.O., Tabelle S. 39.

Tabelle 26

Die angenommene Zahl von Voll-, Zu- und Nebenerwerbsbetrieben im Jahre 1961 in den einzelnen Betriebsgrößenklassen

Bereiche der Landbewirtschaftung	0,5 bis unter 2 ha		2 bis unter 5 ha		5 bis unter 10 ha		10 bis unter 20 ha		20 bis unter 50 ha		50 bis unter 100 ha		100 und mehr ha		Insgesamt	
	Zahl der Betriebe	v. H.	Zahl der Betriebe	v. H.	Zahl der Betriebe	v. H.	Zahl der Betriebe	v. H.	Zahl der Betriebe	v. H.	Zahl der Betriebe	v. H.	Zahl der Betriebe	v. H.	Zahl der Betriebe	v. H.
Vollerwerbsbetriebe	15 100	3,3	13 400	3,5	109 100	32,4	238 500	82,4	123 800	100	13 500	100	2 700	100	516 100	32,1
Zuerwerbsbetriebe	25 100	5,5	139 800	36,4	163 600	48,6	42 000	14,5	—	—	—	—	—	—	370 500	23,1
Nebenerwerbsbetriebe	416 800	91,2	230 800	60,1	63 900	19,0	9 000	3,1	—	—	—	—	—	—	720 500	44,8
Zusammen	457 000	100,0	384 000	100,0	336 600	100,0	289 500	100,0	123 800	100,0	13 500	100,0	2 700	100,0	1 607 100	100,0

Quelle: Grüner Bericht 1963, a.a.O., Tabelle S. 23 und eigene Berechnung.

wobei zu beachten ist, daß von 1960 bis 1961 die Zahl der Betriebsleiter weiter abgenommen hat.

Nach diesen methodischen Vorbemerkungen sind nunmehr die Ergebnisse der Einkommensteuerstatistik[6] im einzelnen darzustellen und zu analysieren.

Eines ihrer beachtenswertesten Ergebnisse ist die *geringe Zahl von Landwirten, die ihren buchmäßig ermittelten Gewinn der Einkommensteuer unterwerfen.* Von den Voll- und Zuerwerbsbetrieben, von denen angenommen werden kann, daß sich aus ihrem Kreis die Buchführungsbetriebe fast vollständig rekrutieren, führten 1954 noch 44 300 Bücher; 1961 hatte sich ihre Zahl um 3 100 vermindert, und ihr Anteil an der Zahl der Voll- und Zuerwerbsbetriebe betrug nur 4,6 vom Hundert. Die von ihnen deklarierten landwirtschaftlichen Einkünfte (655,7 Mio. DM) machten rund 46 vom Hundert aller von Voll- und Zuerwerbslandwirten veranlagten Einkünfte aus. Der Rückgang der Zahl buchführender Landwirte ist vermutlich sowohl auf deren Ausscheiden aus dem Agrarsektor als auch darauf zurückzuführen, daß einige Landwirte (nicht zuletzt auch aus steuerlichen Erwägungen) ihre Buchführung aufgegeben haben und sich als VOL- oder Schätzlandwirte veranlagen ließen.

Der *Kreis der Schätzungslandwirte* (zu dem auch Winzer und Forstwirte zählen) hat sich in diesem Zeitraum offenbar vor allem durch das Nachrücken von VOL-Landwirten in diese Gruppe vergrößert. Ihre Zahl ist nämlich von 1954 bis 1961 von 36 200 auf 46 700 gestiegen. Jedoch ist dieser Zuwachs als außerordentlich gering anzusehen. Er kann als Ausdruck der Tatsache betrachtet werden, daß der Finanzverwaltung die Überwachung der kritischen Umsatzgrenze von 40 000 DM, bei der die Gewinnschätzung einsetzt, nicht gelungen ist. Denn es ist angesichts der Erhöhung der landwirtschaftlichen Umsätze in diesem Zeitraum — die Verkaufserlöse der Landwirtschaft sind von 1953/54 bis 1960/61 von 13 186 auf 20 172 Mio. DM (also um rund 65 vom Hundert[7]) gestiegen — kaum zu glauben, daß nur rund 10 000 der bis 1961 im Agrarsektor verbliebenen Betriebe zusätzlich diese Grenze überschritten haben sollten. Es stimmt daneben auch nachdenklich, daß die durchschnittlichen Einkünfte aus Land- und Forstwirtschaft, die den Schätzungslandwirten

---

[6] Die Angaben für das Jahr 1961 sind in den beiden Artikeln „Einkommen und Besteuerung der Einkommensteuerpflichtigen (Ergebnis der Einkommensteuerstatistik 1961)". In: Wirtschaft und Statistik, 17. Jg. (1965), S. 287 ff. und „Landwirtschaft und Einkommensteuer (Ergebnis der Einkommensteuerstatistik 1961)". In: Wirtschaft und Statistik, 17. Jg. (1965), S. 687, für das Jahr 1954 in dem Artikel „Landwirtschaft und Einkommensteuer. Weitere Ergebnisse der Einkommensteuerstatistik 1954". In: Wirtschaft und Statistik, 11. Jg. (1959), S. 35, zu finden.

[7] Diese Zahlen finden sich in Heft 8 der Schriftenreihe Landwirtschaftliche Buchführungsergebnisse, a.a.O., S. 24.

zuflossen, sich 1961 auf 9 077 DM beliefen und daß 42,1 vom Hundert dieser Landwirte landwirtschaftliche Einkünfte über 9 000 DM zu verzeichnen hatten. Diese Ergebnisse deuten darauf hin, daß ein Großteil dieser Gruppe aus sogenannten unechten Schätzungslandwirten bestand, bei denen die Finanzverwaltung die Buchführung, der sie bei Überschreiten der Gewinngrenze von 9 000 DM unterlagen, nicht durchsetzen konnte.

Noch 1954 betrug die Zahl der veranlagten *VOL-Landwirte* 494 000, 1961 hingegen war sie auf 75 800 gesunken. Diese starke Verminderung ist natürlich nicht allein auf deren Ausscheiden aus dem Agrarsektor zurückzuführen, sondern auf steuerrechtliche Veränderungen, die einen großen Teil dieser Landwirte aus den „tax rolls" fallen ließen. Die Einkommensgrenzen, bis zu denen von einer Veranlagung abgesehen wird, sind in diesem Zeitraum bei Ledigen von 800 auf 1 710, bei Verheirateten mit 4 Kindern von 4 500 auf 9 600 DM erhöht worden[8]. Dadurch, daß die veranlagten Gewinne der VOL-Betriebe konstant, allenfalls in wenigen Fällen durch Zuschläge korrigiert oder/und durch nichtlandwirtschaftliche Einkünfte ergänzt wurden, die aber definitionsgemäß den geringeren Teil des Einkommens dieser Pflichtigen ausmachten, war ein Großteil (84,7 vom Hundert) der noch 1954 Veranlagten nicht mehr deklarationspflichtig.

Damit kann als *erstes Ergebnis* über die Zahl der veranlagten Landwirte und ihre Betriebe festgehalten werden, daß von den *886 000 Voll- und Zuerwerbsbetrieben nur rund 18 vom Hundert* mit ihren Einkünften des Jahres 1961 *der Veranlagungspflicht unterlagen.* Bezieht man alle mit Einkünften aus der Land- und Forstwirtschaft erfaßten Veranlagten in die Betrachtung ein, kommt man zu dem Ergebnis, daß *von den* rund *1,6 Millionen Selbständigen in diesem Wirtschaftszweig* 1961 nur noch 294 000 (ebenfalls rund *18 vom Hundert) mit der Einkommensteuer in Berührung kamen,* während es immerhin noch 1954 etwa knapp 40 vom Hundert gewesen waren.

Die Einkommensteuerstatistik erlaubt daneben auch eine Aussage über die Zahl der Landwirte, die *zwar veranlagt, aber* mit Einkommensteuer *nicht belastet wurden.* Aufschlußreich sind in diesem Zusammenhang vor allem die Relationen zwischen der Zahl der Steuerbelasteten und der Gesamtzahl der in den einzelnen Gruppen Veranlagten.

Von den 41 200 veranlagten *buchführenden Landwirten* hatten 7 100 (17,2 vom Hundert) keine Einkommensteuer zu zahlen, weil entweder ihr Betrieb einen Verlust oder einen so geringen Gewinn aufwies (der

---

[8] Vgl. die Tabelle auf S. 294 des Aufsatzes „Einkommen und Besteuerung der Einkommensteuerpflichtigen (...)", a.a.O.

Durchschnittsgewinn der *nichtsteuerbelasteten Buchführungslandwirte* betrug nur 5 702 DM), daß er nach Abzug von Verlusten aus anderen Einkunftsquellen, der persönlichen und Kinderfreibeträge, der Sonderausgaben und außergewöhnlichen Belastungen nicht zu einer Einkommensteuerschuld führte. Der landwirtschaftliche Durchschnittsgewinn der 34 100 *Steuerbelasteten dieser Gruppe* belief sich hingegen auf 18 045 DM; ihr Gesamteinkommen, das zu 92,2 vom Hundert landwirtschaftlichen Quellen entstammte, war mit einem durchschnittlichen Steuersatz von 17,6 vom Hundert belastet.

Die *nichtsteuerbelasteten Schätzungslandwirte* können keinen Betriebsverlust deklarieren, denn in jedem Falle entsteht ja durch das Schätzverfahren ein steuerbarer Gewinn. Daß ihr Durchschnittsgewinn nur 5 048 DM betrug, erklärt sich, wie erwähnt, vor allem dadurch, daß dieser Gruppe auch Winzer und Forstwirte angehören, für die die VOL nicht anwendbar ist, deren Gewinnschätzung aber zu ähnlich niedrigen Ergebnissen führt wie die nach der VOL. Diesem niedrigen Durchschnittsgewinn steht ein solcher der *steuerbelasteten Schätzlandwirte*, die 77,3 vom Hundert dieser Gruppe stellten, von 10 262 DM gegenüber, von dem zusammen mit 5,8 vom Hundert Einkünften aus anderen Einkunftsquellen 10,7 vom Hundert Einkommensteuer zu zahlen waren.

Scheinbar hat sich der Durchschnittsgewinn der *VOL-Betriebe*, die in den beiden Einkommensteuerstatistiken von 1954 und 1961 erfaßt wurden, von 3 250 und 4 806 DM erhöht. Diese Erhöhung dürfte allerdings nicht durch eine Veränderung der Steuerbemessungsgrundlage verursacht worden sein, die ja nur aus Zuschlägen zum konstanten VOL-Gewinn resultieren könnte, sondern dadurch, daß die Betriebe mit niedrigem steuerpflichtigen Gewinn in der Zwischenzeit wegen der Erhöhung der Veranlagungsgrenzen nicht mehr veranlagt wurden. *Von* den *75 800* im Jahre 1961 erfaßten *VOL-Betrieben* waren *nur* noch *29 700* mit Einkommensteuer *belastet* (das sind 39,2 vom Hundert), und die durchschnittlichen landwirtschaftlichen Einkünfte der *Steuerbelasteten (Nichtsteuerbelasteten) dieser Gruppe* betrugen 6 293 (3 841) DM. Die Gesamteinkünfte der *steuerbelasteten VOL-Landwirte* von insgesamt 210,9 Mio. DM flossen zu etwa 11 vom Hundert aus nichtlandwirtschaftlichen Quellen und davon waren nur 6,2 vom Hundert Einkommensteuer zu entrichten. Die Steuerschuld der für mehrere Jahre Veranlagten machte sogar nur 3,7 vom Hundert ihres Gesamteinkommens aus.

Zusammenfassend kann man feststellen, daß *von* den im Jahre 1961 bestehenden *886 000 Voll- und Zuerwerbsbetrieben nur 99 500* — das sind rund *11 vom Hundert* — *Einkommensteuer zu entrichten* hatten. Die Bundesregierung sieht in dem Differenzbetrag zwischen Verkaufserlösen und den laufenden Betriebsausgaben „ein(en) globalen Indikator für die Entwicklung der Ertragslage in der Landwirtschaft"[9]; man kann sogar weitergehen und behaupten, er sei der aufgrund einer Einnahmen-Ausgaben-Rechnung ermittelte Gewinn aller landwirtschaftlichen Betriebe in der Bundesrepublik. Dieser Differenzbetrag wird jeweils für das Wirtschaftsjahr ermittelt, Veranlagungszeitraum jedoch ist das Kalenderjahr, so daß das arithmetische Mittel der beiden Differenzbeträge für die Wirtschaftsjahre 1960/61 und 1961/62 als Basis eines Vergleiches mit der Gesamtsumme der 1961 deklarierten Einkünfte dienen kann. Dem sich derart ergebenden Betrag von 8 288 Mio. DM, der allerdings keine Bestandsveränderungen enthält wie das steuerpflichtige Einkommen der Buchführungslandwirte, stehen die in der Einkommensteuerstatistik 1961 insgesamt erfaßten Einkünfte aus Land- und Forstwirtschaft in Höhe von 1 662,1 Mio. DM gegenüber. Der Veranlagungsgrad landwirtschaftlicher Einkünfte in der Bundesrepublik (die „compliance score", wie das in der amerikanischen Literatur genannt wurde[10]) beträgt also rund 20 vom Hundert.

Nach dieser Betrachtung läßt sich das Gesamturteil über die Einkommensbesteuerung der Landwirte in der Bundesrepublik leicht fällen. Wenn *nur rund ein Fünftel aller landwirtschaftlichen Einkünfte* überhaupt *veranlagt* wurde und nur *jeder neunte Voll- und Zuerwerbslandwirt zur Einkommensteuerzahlung herangezogen* wurde, dann erscheint es gerechtfertigt, davon zu sprechen, die Einkommensbesteuerung der Landwirtschaft habe zumindest in jenem Jahr 1961 gegen das Allgemeinheitspostulat verstoßen. Aufgrund der Erkenntnisse im II. Kapitel steht allerdings zu vermuten, daß sich vor allem die zuletzt genannte Relation in der Gegenwart nicht sehr wesentlich verändert hat.

B. Einkommensbesteuerung der französischen Landwirtschaft und das Allgemeinheitspostulat

Eine Einkommensteuerstatistik wird in Frankreich im Gegensatz zu Deutschland alljährlich erstellt und regelmäßig in dreijährigem Zeitabstand von der Periode der Einkommensentstehung veröffentlicht. Diese vergleichsweise *kurze Veröffentlichungsfrist geht* allerdings *auf Kosten sowohl der Differenzierung der Ergebnisse als auch der Vollständigkeit der erfaßten Veranlagten und Einkünfte.* Was den letzten Punkt anlangt, so werden jeweils die Einkünfte eines Veranlagungszeitraumes (z. B. „revenus de 1963") ausgewiesen, soweit ihre Veranlagung im folgenden Kalenderjahr abgeschlossen ist („imposés en 1964"). Im Gegensatz dazu wird ja bei der deutschen Einkommensteuerstatistik

---

[9] Grüner Bericht 1967, a.a.O., S. 82

[10] Vgl. unten S. 170 ff.

der Abschluß aller Veranlagungsverfahren des Jahres abgewartet, bis Ergebnisse veröffentlicht werden. Von ihrem Erhebungsmodus ist die französische Einkommensteuerstatistik jedoch im Jahre 1967 insofern abgewichen, als sie die Einkünfte des Jahres 1964, die bis zum 31. März 1966 veranlagt worden waren, erfaßte[1]. Diese Erhebung umfaßt zwar demnach eine größere Zahl von Veranlagungsfällen als ihre Vorgängerinnen, doch läßt sich nach wie vor nicht mit Sicherheit feststellen, wie groß der Anteil der in diesen 15 Monaten nach der Einkommensentstehung veranlagten an der Gesamtzahl der mit ihren landwirtschaftlichen Einkünften des Jahres 1964 von der Finanzverwaltung erfaßten Landwirte war. Außerdem enthält die in der Einkommensteuerstatistik ausgewiesene Zahl auch „bailleurs", also unter Umständen Nicht-Landwirte.

Die Zahl der bis zum Ende des ersten Quartals 1966 für 1964 veranlagten Landwirte betrug 381 967; nach der (letzten) Volkszählung von 1962 belief sich die Zahl der „patrons" in der Landwirtschaft auf 1 673 000[2], die bis 1964 allerdings noch (geringfügig) gesunken sein dürfte. Nimmt man an, der größte Teil der französischen Landwirte sei 15 Monate nach der Einkommensentstehung veranlagt gewesen, so kann man feststellen, daß *in Frankreich nur ungefähr jeder vierte Landwirt von der Einkommensteuer* erfaßt wurde. Das entspricht bereits nicht dem Allgemeinheitsprinzip der Besteuerung.

Die geringe Differenzierung der Ergebnisse läßt es nicht zu, die Zahl der nach dem „forfait" und nach ihrem Buchführungsgewinn Veranlagten oder die der Steuerbelasteten zu errechnen, so daß es ungeklärt bleiben muß, ob dieser Widerspruch zur Allgemeinheitsmaxime weitergeht, weil nur bei einem Teil der Veranlagten aufgrund der niedrigen Durchschnittsätze eine Steuerschuld entstanden ist.

---

[1] L'Impôt sur le revenu des personnes physiques en 1965 (revenus de 1964). In: Statistiques & Etudes Financières. 19e année, cahier 221, mai 1967, p. 527.

[2] Résultats du recensement général de la population de 1962. In: Annuaire Statistique de la France 1963. Paris 1963, Tableau II, p. XVII.

Kapitel V

Einige ökonomische und haushaltspolitische Konsequenzen des Einkommensteuerprivilegs der deutschen Landwirtschaft

A. Die Bedeutung der Buchführung für den landwirtschaftlichen Unternehmer und die Einkommensbesteuerung

Der höhere Kapitaleinsatz der Landwirtschaft und der Einzug des technischen Fortschritts in den Agrarsektor sowie die zunehmende Arbeitsteilung zwischen Landwirtschaft und gewerblicher Wirtschaft deuten darauf hin, daß sich dieser Wirtschaftssektor heute in den Industrieländern nur wenig von den übrigen Sektoren unterscheidet. Die Tatsache aber, daß in Deutschland nur höchstens 48 000[1] Landwirte eine Buchführung aufzuweisen haben, beweist allerdings, daß jener „Geist der Rechenhaftigkeit" (Neumark), der sich gleichzeitig mit zunehmendem Kapitaleinsatz und technischem Fortschritt in anderen Sektoren ausbreitete, in der deutschen Landwirtschaft nicht vorherrscht. Jedoch erfordert die Lage der Landwirtschaft in der modernen Industriegesellschaft einerseits, die Situation des einzelnen Betriebes in einem durch nahezu atomistische Konkurrenz gekennzeichneten Absatzmarkt andererseits vom landwirtschaftlichen Unternehmer noch eher als von dem in anderen Wirtschaftssektoren eine exakte Erfolgsermittlung. Denn ohne eine *Buchführung als Kontroll- und Planungsinstrument* kann es dem Landwirt kaum gelingen, etwa eine marktgerechte Produktionsplanung durchzuführen oder aber zu erkennen, daß in seinem Betrieb kein Gewinn zu erwirtschaften ist, wie das in einem anderen Wirtschaftszweig mit gleichem Kapital- und Arbeitseinsatz möglich wäre[2].

---

[1] Zu dieser Angabe vgl. unten S. 149.

[2] Bereits *Aereboe* (Allgemeine landwirtschaftliche Betriebslehre. Berlin 1923, S. 652) hat auf die Bedeutung der Buchführung als Kontrollinstrument des Landwirtes eindringlich hingewiesen. Von neueren Veröffentlichungen siehe *Meimberg,* Paul: Landwirtschaftliches Rechnungswesen. Einführung in Buchhaltung, Kostenrechnung, Kalkulation und Betriebsplanung. Stuttgart 1966; *Brandes,* Wilhelm: Buchführung und Kalkulation. Entwickelt aus der Theorie des landwirtschaftlichen Betriebes. Hamburg 1964; sowie *Müller,* Arno: Untersuchungen über die Entwicklung und den Stand des landwirtschaftlichen Buchführungswesens in der Bundesrepublik Deutschland und seine Leistungsfähigkeit für die Betriebsanalyse, Agrarpolitik und Besteuerung. Diss. Gießen 1952.

Liegt die Lösung des Agrarproblems à la longue in einer weiteren Abwanderung von Arbeitskräften aus der Landwirtschaft und damit verbunden einer Erhöhung der durchschnittlichen Betriebsgröße und/oder einer weiteren Spezialisierung der Produktion, so wird die größere Verbreitung der Buchführung um so dringlicher.

Wenn der Ernährungsausschuß glaubte, die Auffassung vertreten zu müssen, die Ergebnisse buchführender lägen ceteris paribus um 15 vom Hundert[3] über denen nichtbuchführender Betriebe, so hätten sich seine Mitglieder anläßlich der Diskussion über die Neuregelung der Einkommensbesteuerung nichtbuchführender Landwirte als erste für eine größere Ausbreitung der Buchführung einsetzen müssen, weil damit der Beweis erbracht wäre, daß eine *Buchführung zu einer besseren Allokation der Ressourcen* und damit zu einem höheren Einkommen führt. Das Ernährungsministerium hingegen hat zwar wiederholt das Lippenbekenntnis abgelegt, es sehe eine Buchführung „für eine Kontrolle des wirksamen Einsatzes von Kapitalmitteln" als „wünschenswert und erforderlich"[4] an, hat aber erst in jüngster Zeit daraus die Konsequenz gezogen und die Vergabe von Investitionsbeihilfen auf solche Betriebe beschränkt, die eine Buchführung vorweisen können[5]. *Von finanzwissenschaftlicher Seite* ist immer wieder eine *Erhöhung der Zahl der Buchführungslandwirte aus Gründen der Steuergerechtigkeit gefordert* worden[6]. Der deutsche *Steuergesetzgeber* hat dieser Forderung nicht stattgegeben, sondern er hat im Gegensatz dazu sogar die formalen Vorbedingungen für eine Reduktion der Zahl buchführungspflichtiger Landwirte geschaffen und materiell den Nichtbuchführenden keinen Anreiz für einen Übergang zur Buchführung geboten.

Was die formalen Vorbedingungen betrifft, so hat der Gesetzgeber durch eine *zweimalige Erhöhung der Buchführungspflichtgrenze die Zahl der zu Aufzeichnungen Verpflichteten gesenkt.* Da in der Bundesrepublik die Bemessungsgrundlagen (von den in wenigen Ausnahmefällen angewandten Zuschlägen abgesehen) seit 1949 konstant gehalten wurden, mußte die Erhöhung der Buchführungsgrenze auf 9 000 DM die Anzahl aufzeichnungspflichtiger Betriebe vermindern. Als schließlich eine Erhöhung der Durchschnittsätze 1965 durchgesetzt war, wurde

---

[3] Vgl. oben S. 53. Dabei ist es fraglich, wie der Ernährungsausschuß eine derartige Relation angesichts der Tatsache ermittelt hat, daß von nichtbuchführenden Betrieben keinerlei Zahlenmaterial vorliegt.

[4] So zuletzt im Grünen Bericht 1966, BT-Drucksache V/255, S. 72.

[5] Siehe dazu Grüner Plan 1967, BT-Drucks. *zu* V/1400, S. 45.

[6] Vgl. etwa aus jüngster Zeit *Haller,* Heinz: Die Steuern. Grundlinien eines rationalen Systems öffentlicher Abgaben. Tübingen 1964, S. 185, sowie das Gutachten des Wissenschaftlichen Beirats beim Bundesfinanzministerium über die Reform der direkten Steuern, a.a.O., S. 22.

diese Grenze in dem Maße hinaufgesetzt, in dem die Bemessungsgrundlagen zu steigen „drohten". Wie in Kapitel II dargelegt, führte die Neuregelung jedoch bei vielen Betrieben sogar zu einer Senkung des steuerlichen Gewinnes, so daß sich per Saldo eine Senkung der Zahl buchführungspflichtiger Betriebe ergeben haben dürfte.

Materiell bietet das *Ergebnis des Pauschalierungsverfahrens keinerlei Anreiz zur Buchführung.* Denn einmal sind die Durchschnittsätze so niedrig bemessen, daß sie bei der überwiegenden Mehrzahl der VOL-/GDL-Landwirte nicht zu einer Einkommensteuerschuld führen, so daß sich kein Landwirt deshalb zur Buchhaltung veranlaßt sieht, weil die Einkommensteuerschuld aufgrund des Durchschnittsatz- die nach Maßgabe des tatsächlichen Gewinnes überschreitet; zum anderen entfiel unter dem Regime der VOL beim Übergang zur Buchführung der Sonderfreibetrag von 1 000 DM. Unter dem VOL-Regime waren selbst nach Erhöhung des Einheitswert-Bruchteilsatzes bei den meisten „echten" Schätzungslandwirten die tatsächlichen weit höher als die Durchschnittsatzgewinne. Der Verstoß gegen die gesetzlich vorgeschriebene Buchführungspflicht durch die „unechten" Schätzungslandwirte schließlich wird nicht nur nicht geahndet, sondern durch im Vergleich zu den tatsächlichen in den meisten Fällen zu niedrige Pauschalgewinne honoriert.

Bei oberflächlicher Betrachtung könnte man als *einzigen Anreiz zur Buchhaltung* die Differenzierung der Sonderabschreibungssätze in den §§ 76 bis 78 EStDV ansehen. Dabei ist aber zu bedenken, daß die Mehrzahl der VOL-/GDL-Landwirte auf diese Begünstigung verzichten kann, weil für sie keine Einkommensteuerschuld entsteht. Bei der Majorität der übrigen nach dem Pauschverfahren besteuerten Landwirte ist die Steuerschulddifferenz aufgrund des effektiven und des Durchschnittsatzgewinnes so groß, daß die unterschiedlichen Sonderabschreibungssätze im Jahre der Anschaffung der begünstigten Investitionsgüter keine Umkehrung der Steuerschulddifferenz entstehen lassen.

Neben den psychologischen Hindernissen ist gegen die weitere Durchsetzung der Buchführung immer wieder das Argument ins Feld geführt worden, daß die *Landwirte überfordert*[7] seien, *wenn man von ihnen eine exakte Buchführung verlange.* Bei dieser Argumentation ist der Steuergesetzgeber offenbar von der Annahme ausgegangen, die gesamte Buchhaltung werde von den Landwirten selbst im Betriebe durchgeführt. Tatsächlich gilt diese Annahme aber nur für einen kleinen Teil

---

[7] So lautet auch das Argument für die Befreiung der Landwirtschaft von der umsatzsteuergesetzlichen Aufzeichnungspflicht (vgl. schriftlicher Bericht des Finanzausschusses über den Entwurf eines Umsatzsteuergesetzes, BT-Drucksache V/1581, S. 3).

der buchführenden Landwirte in der Bundesrepublik. Vertreter des Hauptverbandes der landwirtschaftlichen Buchstellen, die der Verfasser 1967 befragt hat, schätzten aufgrund älterer Erhebungen und ihrer Erfahrungen die Zahl der Kunden landwirtschaftlicher Buchstellen, zu denen auch die rund 8 000 Testbetriebe zu rechnen sein dürften, auf 35 000. Der Einkommensteuerstatistik 1961 ist eine Zahl von 41 200 Buchführungsbetrieben zu entnehmen, die sich allerdings (wie in der Vergangenheit) bis 1967 noch weiter reduziert haben wird und zu der der größte Teil der etwa 8 000 Testbetriebe nicht zu rechnen ist, weil er nicht nach Maßgabe des Buchgewinnes besteuert worden und folglich in der Einkommensteuerstatistik nicht enthalten ist. Demnach dürfte nur rund ein Viertel aller buchführenden Landwirte diese Arbeit selbst im Betrieb besorgen (lassen). *Von vier nehmen hingegen drei Buchführungslandwirte eine Buchstelle in Anspruch.* Sie haben dann nur die Grundaufzeichnungen vorzunehmen. Diese bedürfen aber keiner besonderen Form und beanspruchen nur den Bruchteil jener Zeit, die für eine vollständige landwirtschaftliche Buchführung, eine Gewinn- und Verlustrechnung oder eine Einnahmen-Ausgaben-Rechnung, die von der Buchstelle vorgenommen wird, benötigt wird.

Eine Buchführung neben der Gewinnpauschalierung hat der Gesetzgeber bis zum Außerkrafttreten der VOL nur bei den 8 000 Testbetrieben zugelassen[8]. Wurde bei den übrigen Betrieben eine Buchführung angetroffen, war ihr Ergebnis obligatorisch anstelle des Pauschalgewinnes zu versteuern. So betrachtet, kann *die Differenz aus der fiktiven Steuerschuld aufgrund des tatsächlichen und der effektiven Steuerschuld nach Maßgabe des pauschalierten Gewinnes als eine Prämie für die Unkenntnis des exakten Betriebsgewinnes* angesehen werden.

B. Versuch einer Darstellung der Wirkungen der Durchschnittsatzbesteuerung auf die Faktorallokation

War in der Vergangenheit unter dem Regime der VOL *den nach Durchschnittsätzen besteuerten Landwirten* ihr effektiver *Betriebsgewinn* in der Tat *unbekannt*, so konnte der Gewinn seine Funktion als Steuerungsinstrument der Produktionsfaktoren nicht ausüben. Es kann also nicht mit dem traditionellen Argument operiert werden, eine Abwanderung von Produktionsfaktoren aus der Landwirtschaft sei deshalb verhindert worden, weil die Steuerfreiheit oder -begünstigung eine weit höhere Bruttoentlohnung in anderen Wirtschaftssektoren nötig mache, um die Faktoren zur Abwanderung zu veranlassen.

---

[8] Die Testbetriebe waren gemäß § 7 Abs. 2 des Landwirtschaftsgesetzes (a.a.O.) von der Verpflichtung des § 1 VOL befreit, ihren Buchgewinn der Besteuerung unterwerfen zu müssen.

Diese Argumentation trifft allerdings nach der Neuregelung der Einkommensbesteuerung zu, weil das GDL eine Buchführung zuläßt, ohne die Besteuerung des Buchgewinnes zu fordern. Freilich ist es den Landwirten nicht gestattet, die Buchführungskosten als Betriebsausgaben vom Durchschnittsatzgewinn abzuziehen, wenn sie diesen der Besteuerung unterwerfen. Es kann also *keine Rede* davon sein, *die Neuregelung fördere* damit *die Buchführung,* wie das im Bericht des Finanzausschusses behauptet worden ist[1], sondern es kann allenfalls davon gesprochen werden, die Neuregelung hebe eine der Ausbreitung der Buchführung in der Landwirtschaft entgegenstehende Maßnahme auf[2].

Steuerobjekt der in Deutschland derzeit praktizierten Form der Einkommensbesteuerung ist *der Einsatz bestimmter Produktionsfaktoren,* denn die Steuerbemessungsgrundlage besteht aus der Summe der für jede dieser Faktoreinheiten veranschlagten Pauschbeträge. Die Steuer knüpft an den Einsatz von Grund und Boden und familieneigenen Arbeitskräften, für die der Hektarsatz und der Betriebsleiterzuschlag pro Flächeneinheit bzw. der Lohnansatz pro Arbeitskraft veranschlagt werden, sowie daneben von Viehkapital an, für dessen Verwendung in der landwirtschaftlichen Produktion, wie dargelegt, nur in Ausnahmefällen, von denen hier abgesehen wird, Zuschläge zum Pauschalgewinn vorgenommen werden. Ungeachtet des aus dem Faktoreinsatz resultierenden Betriebsgewinnes steigt die Steuer mit zunehmendem Input der besteuerten Faktoren progressiv an; sie ist somit als *eine progressive Steuer auf den Einsatz selektiver Produktionsverfahren zu bezeichnen, die den aktuellen Gewinn unberücksichtigt läßt.* Um die *Wirkung dieser Form der Besteuerung* zu analysieren, wird im folgenden zuerst darzulegen sein, welcher Steuerbelastung der tatsächliche Gewinn bei steigender Betriebsgröße ausgesetzt ist. Bei dieser Betrachtung wird eine Entwicklung des Einsatzes familieneigener Arbeitskräfte, des einen besteuerten Faktors, unterstellt, wie er im Durchschnitt der Testbetriebe bei wachsender Betriebsgröße (gleich Betriebsfläche, dem zweiten besteuerten Faktor) zu beobachten ist. Um Aufschlüsse über die Steuerbelastung des tatsächlichen Gewinnes geben zu können, ist ferner zu untersuchen, wie sich der tatsächliche Pro-Hektar-Gewinn bei steigender Betriebsgröße entwickelt.

Der *Einsatz des Faktors Arbeit* fällt im Durchschnitt, wie die folgende Tabelle 27 exemplarisch für das Wirtschaftsjahr 1965/66 zeigt, mit wachsender Betriebsgröße ständig ab; diese Feststellung gilt in beson-

---

[1] BT-Drucksache IV/3568, S. 2. Die gleiche Meinung wie der Finanzausschuß vertritt auch *Meimberg* (a.a.O., S. 15).

[2] Daß das Einkommensteuerrecht einer Ausbreitung der Buchführung entgegengestanden hatte, mußte auch das Ernährungsministerium (Grüner Bericht 1966, a.a.O., S. 72) zugeben.

derem Maße für den Einsatz familieneigener Arbeitskräfte je Flächeneinheit.

Tabelle 27

Arbeitskräfte-Einsatz/100 ha bei wachsender Betriebsgröße in der Bundesrepublik im Wirtschaftsjahr 1965/66

Betriebsgrößenklasse	Gesamter Arbeitskräfte-Einsatz/100 ha	Einsatz familieneigener Arbeitskräfte/100 ha
bis 20 ha	13,2	12,4
20 bis 50 ha	8,9	7,3
50 und mehr ha	7,2	2,4

Quelle: Grüner Bericht 1967, Tabelle S. 99 und Tabelle 14 S. 183.
Anmerkung: Der Arbeitskräfteeinsatz wurde aus der ersten Tabelle errechnet, indem das einfache arithmetische Mittel aus den Werten für Nord- und Süddeutschland in jeder Größenklasse gebildet wurde.
In der zweiten o. a. Tabelle ist die absolute Zahl der in jeder Betriebsgrößenklasse Beschäftigten, differenziert nach Lohn- und Familien-Arbeitskräften, angegeben; aus diesen Werten wurde der Einsatz von Familien-Arbeitskräften/100 ha errechnet.

Steuerrechtlich kommt *bei kleineren Betrieben* die Bestimmung zum Zuge, daß *je Hektar der Lohnansatz für höchstens 0,1 Familien-Arbeitskraft* anzusetzen ist. Die Grenze, von der an der tatsächliche Einsatz familieneigener Arbeitskräfte zu veranschlagen ist, liegt, geht man vom Durchschnittswert der Tabelle 27 aus, bei rund 24 Hektar. Daraus folgt, daß ungeachtet des tatsächlichen Familienarbeitskräfte-Einsatzes pro Hektar 330 DM für die körperliche Arbeitsleistung der Familienmitglieder, der Betriebsleiterzuschlag von 30 DM sowie der je nach Bodennutzungsart variierende Hektarsatz mit steigender Betriebsgröße anzusetzen ist. Aufgrund dieser Überlegung läßt sich daher unter bestimmten vereinfachenden Annahmen aussagen, *bei welcher Betriebsgröße für die einzelnen Bodennutzungsarten die Steuerpflicht nach Maßgabe der GDL-Übergangsregelung beginnt.* Unterstellt man, daß die Betriebsleiterfamilie nur aus dem Landwirt und seiner Ehefrau besteht, die beide die Sonderausgabenpauschale von je 636 DM geltend machen, der Betrieb keine übernormale Viehhaltung zu verzeichnen hat und pacht- und schuldenfrei ist, so gelangt man zu dem in der folgenden Tabelle 28 aufgezeigten Ergebnis.

Tabelle 28

Beginn der Steuerpflicht bei verschiedenem Hackfruchtbauanteil

Hackfruchtbauanteil in v. H.	Beginn der Steuerpflicht bei ... Hektar
0 bis 10	17,3
10 bis 15	15,5
15 bis 20	14,0
über 20	12,8

Um den Gültigkeitsbereich der GDL-Übergangsregelung abgrenzen zu können, ist ferner die Frage zu stellen, *bei welcher Betriebsgröße die Grenze von 12 000 DM erreicht ist, von der ab der Landwirt formal zur Buchführung verpflichtet ist* oder eine sprunghafte Erhöhung der Bemessungsgrundlage (z. B. in Hessen Verdreifachung der Hektarsätze) in Kauf nehmen muß, wobei wiederum wegen der unterschiedlichen Hektarsätze nach Bodennutzungsarten zu differenzieren ist. Dazu sind erneut einige Annahmen nötig. Veröffentlichungen über die durchschnittliche Abnahme des Familienarbeitskräfte-Einsatzes pro Flächeneinheit bei verschiedener Bodennutzungsart und anwachsender Betriebsgröße sind nicht verfügbar. Deshalb hat der Verfasser unterstellt, daß die in Tabelle 27 mitgeteilten Zahlen, die sich auf alle Bodennutzungsarten beziehen, für die durchschnittliche Betriebsgröße in den einzelnen Größenklassen gelten[3] und daß dieser Wert linear pro Hektar abnimmt. Außerdem ist zu bedenken, daß die Buchführungspflichtgrenze sich auf den Betriebsgewinn unter Ausschluß jeglicher Frei- und Pauschbeträge bezieht. Demnach kann man annehmen, daß die Buchführungspflicht bei Erreichen der in Tabelle 29 errechneten Betriebsgrößen beginnt.

Der *Gewinn je Flächeneinheit* (eines schulden- und pachtfreien Betriebes), als welcher das Roheinkommen anzusehen ist, *vermindert sich mit wachsender Betriebsgröße* in allen Testgruppen und nach allen bisherigen Grünen Berichten, allerdings mit unterschiedlicher Rate. Die Ergebnisse der hessischen und niedersächsischen Testbetriebe in Tabelle 30 mögen dazu als Beweis dienen.

Tabelle 29

Beginn der Buchführungspflicht bei alternativem Hackfruchtbauanteil an der Betriebsfläche

Hackfruchtbauanteil in v. H.	Beginn der Buchführungspflicht
Über 20	zwischen 21 und 22 Hektar
15 bis 20	zwischen 24 und 25 Hektar
10 bis 15	zwischen 33 und 34 Hektar
0 bis 10	zwischen 44 und 45 Hektar

Quelle: Eigene Berechnungen aufgrund des § 12 GDL.

[3] Die durchschnittlichen Betriebsgrößen der hessischen und niedersächsischen Testbetriebe betragen in der Größenklasse unter 20, zwischen 20 und 50, über 50 Hektar in der Hackfruchtbaugruppe 14,8, 33,0, 77,5
Getreide-Hackfruchtbaugruppe 14,5, 29,3, 87,3,
Getreide-Futterbau-Gruppe 15,0, 29,3, 76,2,
Hackfrucht-Getreidebau-Gruppe 14,5, 31,4, 81,7,
Futterbaugruppe 14,8, 31,0, 69,4 Hektar.

Tabelle 30

Durchschnittliche Betriebsgewinne/ha der im Grünen Bericht 1967 verzeichneten hessischen und niedersächsischen Testbetriebe im Wirtschaftsjahr 1965/66

Bodennutzungsart	Bundesland	Betriebsgrößenklasse unter 20 ha	20 bis 50 ha	über 50 ha
Hackfruchtbau	Hessen	1 526 DM	1 071 DM	832 DM
	Niedersachsen	1 238 DM	862 DM	696 DM
Hackfrucht-	Hessen	1 155 DM	851 DM	449 DM
Getreidebau	Niedersachsen	1 076 DM	741 DM	473 DM
Getreide-	Hessen	996 DM	791 DM	297 DM
Hackfruchtbau	Niedersachsen	992 DM	664 DM	316 DM
Getreide-Futterbau	Hessen	883 DM	622 DM	223 DM
	Niedersachsen	974 DM	599 DM	364 DM
Futterbau	Hessen	842 DM	510 DM	—
	Niedersachsen	836 DM	540 DM	270 DM

Quelle: Eigene Berechnungen aufgrund der Angaben des Grünen Berichtes 1967, a.a.O., S. 205 ff.

Aus diesen Daten läßt sich nun im Hinblick auf die *Beziehung zwischen Steuerschuld und tatsächlichem Gewinn* der Landwirte bei Betrachtung der Durchschnittswerte folgendes schließen:

1. Nach dem Eintritt in die Steuerpflicht (vgl. Tabelle 28) steigt die Steuerschuld, bezogen auf den effektiven Gewinn, von einem sehr niedrigen Niveau an progressiv. Die Form der Progression hängt im Bereich der unteren Größenklassen allein von der Entwicklung des Pro-Hektar-Gewinnes ab, denn dort übersteigt der Familienarbeitskräfteeinsatz den Wert 0,1, steuerrechtlich ist hingegen nur der Pauschalsatz für 0,1 Vollarbeitskraft zu veranschlagen, so daß die Bemessungsgrundlage proportional mit der Betriebsgröße anwächst, während der tatsächliche Gewinn unterproportional steigt. In jedem Fall hat das Sinken des Pro-Hektar-Gewinnes zur Folge, daß sich der Progressionsgrad verschärft. Vermindert sich der Gewinn/ha progressiv, so kann daraus im Extremfall eine beschleunigte Progression der Einkommensteuer resultieren.

2. Bei weiteren Anstieg der Betriebsgröße wird die Progression dann „entschärft", wenn die Bemessungsgrundlage nicht mehr proportional, sondern nur noch unterproportional anwächst, weil der Einsatz von Familienarbeitskräften pro Hektar unter den Wert von 0,1 sinkt, was im Durchschnitt bei 24 Hektar der Fall ist. Ist dieses Absinken der Bemessungsgrundlage stärker als das des Pro-Hektar-Gewinnes, resultiert daraus eine Verminderung des Progressionsgrades der Steuer, im umgekehrten Falle geht der Progressionsgrad zwar über dieses Maß hinaus, erreicht jedoch nicht den im Falle 1. zu verzeich-

nenden. Bei dieser Betrachtung ist aber zu beachten, daß im Gültigkeitsbereich der GDL-Übergangsregelung (d. h. bis zum Eintritt der Buchführungspflicht) die Steuerbelastung des Durchschnittsgewinnes nur in wenigen Ausnahmefällen über 6 vom Hundert hinausgeht.

3. Nach Überschreiten der Buchführungsgrenze erhöht sich die Bemessungsgrundlage sprunghaft wegen der Vervielfachung des Hektarsatzes. Daraus folgt, daß bei diesem Übergang der Grenzsteuersatz auf den aus dem Anwachsen der Betriebsgröße resultierenden Zusatzgewinn außerordentlich hoch ist. Bei rationalem Verhalten wird der Landwirt nur dann zur Buchführung übergehen, wenn die Steuerschuld auf den Buchgewinn einschließlich der vom Landwirt zu tragenden Buchführungskosten kleiner ist als die aufgrund der nach Pauschsätzen berechneten Bemessungsgrundlage. Auch in diesem Bereich „bremst" das Abfallen des Familienarbeitskräftebestandes pro Hektar das Anwachsen der Bemessungsgrundlage, jedoch vermindert sich auch der Gewinn je Flächeneinheit. Der Progressionsgrad ist also wiederum abhängig von den Veränderungsraten: Sinkt die Steuerbemessungsgrundlage stärker als der Pro-Hektar-Gewinn, verschärft sich die Progression, während sie sich im umgekehrten Falle abschwächt.

4. Dennoch bleibt aber auch bei Versteuerung des Buchführungsgewinnes die Wirkung des landwirtschaftlichen Sonderfreibetrages bestehen. Seine relative Bedeutung nimmt jedoch mit zunehmendem Einkommen immer mehr ab, d. h. die Progression nähert sich immer mehr der vom Gesetzgeber intendierten.

Die *tatsächliche Belastung* der landwirtschaftlichen Betriebe mit Einkommensteuer darf allerdings *nicht isoliert, sondern* sie muß *neben der bei exakter Gewinnermittlung unter Ausschluß des Sonderfreibetrages sich ergebenden betrachtet werden,* denn die aus diesem Differenzbetrag resultierende Entlastung führt zu einem Einnahmeausfall bei den öffentlichen Haushalten, denen die Einkommensteuer zufließt, sie stellt damit eine *„verdeckte" Subventionierung der landwirtschaftlichen Betriebe* dar. Um eine Antwort auf die Frage nach der *Form der Subventionierung* zu finden, sind zunächst die Durchschnittswerte (Pro-Hektar-Gewinn, Familienarbeitskräfte-Einsatz pro Hektar) daraufhin zu untersuchen, wie sich der auf den einzelnen Betrieb entfallende Subventionsbetrag bei steigender Betriebsgröße entwickelt. Dabei wird als *Subvention der Betrag* verstanden, *der sich als Differenz aus der fiktiven Steuerschuld bei Besteuerung des tatsächlichen Betriebsgewinnes unter Ausschluß und bei Besteuerung des Pausch-(effektiven Betriebs-) Gewinnes (bei den Buchführungslandwirten) nach Abzug des Sonderfreibetrages* ergibt. Er kann in allgemeiner Form als $U = (t_G - t_P)$ G geschrieben werden, wobei U den Subventionsbetrag, t_G den Durchschnittsteuersatz bei Besteuerung des tatsächlichen Gewinnes ohne Sonderfreibetrag, t_P dagegen den effektiven Durchschnittsteuersatz, bezogen auf den tatsächlichen Gewinn nach Abzug des Sonderfreibetrages, und G den tatsächlichen Betriebsgewinn bezeichnet. Über die *Entwicklung des Subventionsbetrages bei wachsender Betriebsgröße* läßt sich folgendes aussagen:

1. Solange keine Einkommensteuerschuld entsteht ($t_P = 0$) — also bei Betrieben, die die gleiche oder eine geringere als die in Tabelle 28 angezeigte Betriebsfläche aufzuweisen haben — wächst U mit steigender Betriebsgröße aufgrund der Einkommensteuertarifgestaltung progressiv an. Legt man zum Beispiel die in Tabelle 30 ausgewiesenen Gewinne pro Hektar, die in Tabelle 28 ermittelten Werte für den Eintritt in die Steuerpflicht sowie die Annahmen, die zur Ableitung der letztgenannten Tabelle geführt haben, zugrunde, so gelangt man je nach Bodennutzungsart zu einem Subventionsbetrag zwischen rund 2 600 und 1 900 DM p. a. pro Betrieb.

2. Überschreitet die Betriebsgröße diese Werte und steigt weiter an, so ist der Zuwachs von t_P größer als der von t_G, weil der Gewinn pro Hektar absinkt, die Bemessungsgrundlage je Flächeneinheit konstant bleibt. Folglich nimmt die „Subventionierungsrate" mit zunehmender Betriebsgröße ab.

3. Dieses Absinken wird dann abgeschwächt, wenn bei weiterem Anwachsen der Betriebsgröße der Familienarbeitskräfte-Einsatz unter den Wert 0,1 sinkt. Nur in dem Fall, da die Bemessungsgrundlage sich sogar stärker vermindert als der Pro-Hektar-Gewinn, kann U nicht nur absolut, sondern auch relativ wieder steigen.

4. Eine sprunghafte absolute und relative Verminderung der Subvention ist beim Übergang von „reinen" GDL- zu Schätzbetrieben festzustellen. Mit steigender Größe der Schätzbetriebe ist realistischerweise anzunehmen, daß die Bemessungsgrundlage pro Hektar wegen des geringeren Absinkens des Familien-Arbeitskräfteeinsatzes nahezu konstant bleibt, während der Pro-Hektar-Gewinn sich stark vermindert. Folglich wird U relativ und absolut absinken, bis jener Punkt erreicht ist, an dem die Bemessungsgrundlage abzüglich Sonderfreibetrag den tatsächlichen Gewinn erreicht hat und U damit null beträgt.

5. Bei Übereinstimmung von Bemessungsgrundlage und tatsächlichem Gewinn oder bei Besteuerung des tatsächlichen Gewinnes entsteht immer noch durch die Gewährung des Sonderfreibetrages eine Subvention, deren relative Bedeutung mit steigendem Gewinn zwar ab-, die absolut jedoch zunimmt.

Nach der Betrachtung der durchschnittlichen Gewinnentwicklung bei steigender Betriebsgröße läßt sich feststellen, daß die *relative Bedeutung der Subvention in bezug auf den Gewinn um so größer wird, je kleiner der Betrieb ist;* oder anders: der Subventionsbetrag pro DM Gewinn ist bei kleineren Betrieben größer als bei großen. Damit erhellt bereits, daß diese Form der Subventionierung einer Erhöhung der durchschnittlichen Betriebsgröße entgegensteht.

Jedoch läßt diese Betrachtung der durchschnittlichen Gewinnentwicklung die erheblichen Einkommensunterschiede bei gleichem Einsatz besteuerter Faktoren nicht erkennen. Die Besteuerungsmethode bietet dem Landwirt nämlich die Möglichkeit, *bei einer Produktionsausweitung mit Hilfe unbesteuerter Faktoren* eine *Gewinnerhöhung* zu erreichen, *bei der wegen der Konstanz der Steuerbemessungsgrundlage die Steuerbelastung seines Gewinnes relativ absinkt und der Subventionsbetrag absolut und relativ ansteigt.* Dieser „bias" besteht besonders zugunsten von Kapital (in Form von Maschinen, Gebäuden etc. oder von Vieh bis zu der Grenze, von der an ein Zuschlag „droht") als auch von Arbeitskräften, zu denen bei kleineren Betrieben, die einen Familienarbeitskräfte-Einsatz über 0,1 pro Hektar zu verzeichnen haben, auch dieser rechnet. Werden zusätzlich Investitionen durch Fremdkapital finanziert, sind darüber hinaus die Zinsen von der Steuerbemessungsgrundlage abzugsfähig. Diese *Neigung zur Substitution besteuerter Faktoren (vor allem: von Boden) durch Arbeit und/oder Kapital* kommt *an zwei Punkten* besondere Bedeutung zu: Am stärksten wird sie bei den Betrieben sein, die durch eine geringe Erhöhung ihrer Bemessungsgrundlage die Buchführungsgrenze überschreiten und eine Vervielfachung des Hektarsatzes in Kauf nehmen oder zur Versteuerung des tatsächlichen Gewinnes übergehen müßten, so daß ihre Einkommensteuerschuld sich stark erhöhen und der verdeckte Subventionsbetrag sich beträchtlich vermindern würde. Bei kleineren Betrieben, die der Einkommensteuer noch nicht unterliegen, mag die Furcht vor dem Eintritt in die Steuerpflicht und die relative Reduktion der Subvention die Substitution in gleichem Maße begünstigen wie bei den größeren Betrieben.

Insgesamt gesehen, führt die *verdeckte Subventionierung zu einer unerwünschten (suboptimalen) Allokation der Ressourcen; sie bindet Produktionsfaktoren an den Agrarsektor,* die bei wettbewerbsneutraler Besteuerung diesen Sektor verließen. Sie trägt ferner zu einer *einseitigen Begünstigung des Einsatzes bestimmter Faktoren bei.*

C. Die haushaltspolitischen Bedenken gegen das Einkommensteuerprivileg der Landwirtschaft

Der Bundesfinanzhof hatte die Ungültigkeit der VOL nicht nur mit ihrer Verfassungswidrigkeit, sondern auch damit begründet, daß es *zu einer derartigen verdeckten Subventionierung „eines ausdrücklichen Ausspruches des Gesetzgebers"*[1] bedürfe (die im Falle der VOL nicht vorlag). Eine solche Willensäußerung des Gesetzgebers liegt im Falle der GDL ebensowenig vor, denn ihr Begünstigungscharakter ist dem Gesetzestext nicht zu entnehmen; eine Begründung des Gesetzentwurf fehlt völlig. Die Äußerungen im Bericht des Finanzausschusses, das „GDL beinhalte wesentliche agrarpolitische Momente"[2], kann diese Willensäußerung kaum ersetzen. Auch aus steuerrechtlichen Gründen ist das GDL daher abzulehnen.

In dem vom Bundesfinanzminister erstmals 1967 erstellten „Bericht über die Finanzbeihilfen des Bundes und der Steuerbegünstigungen für die Jahre 1966 bis 1968"[3] („Subventionsbericht") findet sich nur eine *Schätzung des Einnahmeausfalls aufgrund des landwirtschaftlichen Sonderfreibetrages*, der für das Jahr 1967 (1968) auf 215 (215) Mio. DM beziffert ist. *Es fehlt* hingegen eine *Quantifizierung des verdeckten Subventionsbetrages, der aus der pauschalierten Gewinnermittlung resultiert.* Die Erklärung für diesen Mangel im „Subventionsbericht" lautet: „Bezifferung des Steuerausfalls mit besonderen Schwierigkeiten verbunden und nur nach weiteren Untersuchungen möglich[4]." (In den zuvor in den Finanzberichten 1964, 1966 und 1967[5] veröffentlichten Zusammenstellungen der unsichtbaren Steuervergünstigungen findet man diese verdeckte Subventionierung noch nicht einmal erwähnt.)

Bei der *Quantifizierung des Einnahmeausfalles* aufgrund des Sonderfreibetrages muß zwangsläufig bei der großen Mehrheit der Betriebe *von den Pauschgewinnen ausgegangen*[6] werden, weil Informationen über die tatsächlichen Gewinne nicht vorliegen. Der Einnahmeausfall wird also bereits auf der Grundlage einer Begünstigungsmaßnahme berechnet und ist folglich weit höher zu veranschlagen, wenn die effektiven Betriebsgewinne zugrundegelegt werden.

---

[1] VOL-Urteil, a.a.O., S. 607 (Hervorhebung vom Verfasser).

[2] BT-Drucksache IV/3568, S. 2.

[3] BT-Drucksache V/2423.

[4] BT-Drucksache V/2423, S. 89: Erläuterung zu Fußnote 4 a.

[5] Hrsg. vom Bundesministerium der Finanzen, Bonn 1964 (S. 124), 1966 (S. 188) sowie 1967 (S. 160).

[6] Darauf deutet schon die Konstanz des ausgewiesenen Einnahmenausfalls hin.

Dieser Mangel an Informationen, den der Gesetzgeber in der Vergangenheit maßgeblich gefördert und zu dessen Beseitigung er seither kaum beigetragen hat, macht es auch „nach weiteren Untersuchungen" unmöglich, den tatsächlichen Einnahmeausfall zu quantifizieren, der sich aus der Zugrundelegung von zu niedrigen Pauschgewinnen ergibt. Zwar lassen sich anhand der Unterlagen der Finanzverwaltung die Summe der Pauschgewinne, wie das offenbar bei der Berechnung der 215 Mio. DM geschehen ist, und die aggregierte Gewinnsumme des Agrarsektors ermitteln, doch fehlt es an Informationen über die Verteilung dieser globalen Gewinnsumme auf die landwirtschaftlichen Betriebe, um den Subventionsbetrag schätzen zu können.

Aber selbst dann, wenn die Gewinnverteilung in einer Periode bekannt wäre, könnte der *Subventionsbetrag nur ex post ermittelt* werden. Zu einer der Vorherigkeit des Budgets entsprechenden ex ante-Analyse bedarf es hingegen einer Schätzung der Gewinnverteilung in einer zukünftigen Wirtschaftsperiode, die sich aber gerade in diesem Wirtschaftssektor als äußerst schwierig erweist.

Aus den genannten Gründen ist eine verdeckte Subventionierung abzulehnen; diese Ablehnung gilt insbesondere dann, wenn sie in einem Wirtschaftssektor anfällt, dem ohnehin offene Subventionen in einer im „Subventionsbericht" bezifferten Höhe von 3,1 Mrd. DM im Jahre 1968 — also mehr als ein Drittel des aggregierten Gewinnes — zufließen. Ist das Parlament der Auffassung, daß eine weitere Subvention mit den wirtschafts- und insbesondere den agrarpolitischen Zielsetzungen vereinbar ist, wäre es unter haushaltspolitischen Gesichtspunkten angebracht, das Einkommensteuerprivileg für die Landwirtschaft abzuschaffen und zur offenen Subventionierung überzugehen[7], die einmal durch eine Willensäußerung des Parlaments, dessen Mehrheit sich bewußt und nicht wie bei der verdeckten Subventionierung in weitgehender Unkenntnis zu entscheiden hätte, als solche gekennzeichnet und deren absoluter Betrag der parlamentarischen Kontrolle unterworfen wäre.

---

[7] Dafür hat sich auch *Haller* (Die Steuern, a.a.O., S. 276) ausgesprochen.

Kapitel VI

Die Einkommensbesteuerung der US-amerikanischen und britischen Landwirtschaft

A. Die Einkommensbesteuerung der US-amerikanischen Landwirtschaft

a) Die Forderung der Landwirtschaft nach Einführung einer Einkommensteuer

In Europa standen die Landwirte und ihre Interessenvertreter der Einführung der Einkommensteuer meist ablehnend gegenüber. In den USA hingegen waren gerade die *„agrarians in the West and the South"*[1] zusammen mit der städtischen Arbeiterschaft die *Protagonisten dieser Steuer,* die den steigenden Bedarf des Bundes anstelle weiterer indirekter, regressiv wirkender und vorwiegend landwirtschaftliche Produkte betreffender Abgaben[2] mitfinanzieren sollte. So gehen die 66 Versuche zur Wiedereinführung[3] einer Bundeseinkommensteuer zwischen 1872 und 1894 vorwiegend auf die Initiative landwirtschaftlicher Kreise zurück oder fanden deren Unterstützung.

Als schließlich 1913 nach der Verfassungsänderung der Weg für die Steuer frei war, zeigte sich, daß die Hoffnung ihrer Protagonisten sich erfüllte, jene „industrial and financial capitalists"[4] zu treffen, deren relativ geringe Steuerlast Landwirtschaft und Arbeiterschaft ein Stein im Auge gewesen war.

Bis in den 2. Weltkrieg hinein blieb die Einkommensteuer in den USA auch tatsächlich eine „rich men's tax"[5], die die Arbeiterschaft überhaupt nicht, in der Landwirtschaft allenfalls eine kleine Minderheit von

---

[1] *Studenski*, Paul, and *Krooss*, Hermann E.: Financial History of the United States. 2nd edition, New York - San Francisco - Toronto - London 1963, p. 212.

[2] So kam es zur Einkommensteuer-Episode von 1894 nicht zuletzt deshalb, weil als Alternative zur Einkommensbesteuerung die Einführung einer Zuckersteuer zur Diskussion stand (vgl. *Studenski-Krooss*, op. cit., p. 223).

[3] Die während des „Civil War" eingeführte Einkommensteuer wurde bereits 1872 wieder abgeschafft.

[4] *Studenski-Krooss*, op. cit., p. 212.

[5] *Neumark*, Theorie und Praxis, a.a.O., S. 27.

„commercial farmers" mit hohen Einkommen traf, deren Farmen nach den gleichen Grundsätzen wie gewerbliche Unternehmungen geführt wurden. Daher überrascht es einmal nicht, daß vom Anbeginn der Einkommensteuergesetzgebung die *Einkünfte aus Landwirtschaft nicht* als eine *eigenständige Einkunftsart* (wie etwa in Deutschland und Frankreich) angesehen, sondern unter die „incomes from trade or profession" eingereiht wurden, und zum andern, daß die *steuerliche Gewinnermittlung* bei den „commercial farms" von Anfang an ebenso wie bei den gewerblichen Unternehmungen *anhand der Bücher* vorgenommen wurde, wenngleich die Buchführungsvorschriften, wie zu zeigen sein wird, weniger streng als die für gewerbliche Unternehmer waren, auf subsidiäre Gewinnermittlungsverfahren dennoch nicht zurückgegriffen werden mußte.

Als sich dann im 2. Weltkrieg die Bundeseinkommensteuer zu einer „people's tax"[6] wandelte, wurde diese Konzeption der Steuergesetzgebung beibehalten, obwohl damit die große Zahl kleiner gewerblicher Unternehmungen und landwirtschaftlicher Betriebe (vgl. Tabelle 31) in die Besteuerung einbezogen wurde, ohne daß diese jene für die Einkommensbesteuerung günstigen Voraussetzungen wie die großen „commercial farms" mitbrachten.

b) Kritische Darstellung der für die Einkommensbesteuerung der Landwirtschaft relevanten Bestimmungen des „Internal Revenue Code"

Die Neukodifizierung des amerikanischen Steuerrechtes durch den „Internal Revenue Code" von 1954[7] enthält so bei der Aufzählung des in die Einkommensbesteuerung einzubeziehenden „gross income" (Sec. 61) nur das „gross income derived from business", von dem „trade and business deductions" (Sec. 62) abzuziehen sind, um zum „adjusted gross income" zu gelangen. Die *allgemeinen Gewinnermittlungsvorschriften* (Abzugsfähigkeit bestimmten Aufwandes als Betriebsausgabe, steuerliche Abschreibungen etc.) sind demnach *für die landwirtschaftlichen Betriebe* prinzipiell *die gleichen wie für die gewerblichen Unternehmungen.*

Eine Sonderstellung nimmt allerdings die Landwirtschaft hinsichtlich der *zulässigen Buchführungsvorschriften* ein. Ein Kenner der Einkommensbesteuerung der amerikanischen Landwirtschaft hat wohl mit

---

[6] *Neumark*, Theorie und Praxis, a.a.O., S. 27.

[7] „Internal Revenue Code" (IRC). (Act August 16, 1954). Abgedruckt in: US Government Printing Office: United States Code, 1964 Edition. Washington 1965, sowie Supplement I (January 4, 1965 to January 9, 1966). Loc. cit. 1966. Alle Zitate der „Sections" (Sec.) beziehen sich auf den IRC. Bei Zitaten aus den „Regulations" (Regs.) wurde das besonders vermerkt.

Tabelle 31

Die Zahl landwirtschaftlicher Betriebe in den USA in den Jahren 1940 und 1950

Betriebsgröße[a] in ha	Anzahl der Betriebe im Jahre 1940	1950
Unter 4	506 402	484 291
4 bis 20	1 780 260	1 477 850
20 bis 40	1 291 048	1 047 801
40 bis 75	1 309 741	1 102 562
75 bis 105	486 336	487 325
105 bis 200	458 787	478 084
200 bis 400	163 694	182 264
mehr als 400	100 531	121 362
zusammen	6 096 799	5 382 162

Quelle: US Bureau of the Census: Statistical Abstract of the United States: 1965. (86th edition). Washington, D. C., 1965, p. 614, table no. 874.

a) Die Betriebsgrößenklassen wurden auf der Basis 1 acre = 0,4 Hektar umgerechnet.

Recht behauptet, *„accounting methods and practises"* seien *„the most important field of farmers' tax problems"*[8]. Jeder amerikanische Steuerpflichtige ist aufgrund des § 1.6001 (1) (a) Regs. dazu verpflichtet, „to maintain permanent records or books of account, including inventories...". Von dieser Verpflichtung sind aber zwei Gruppen von Zensiten ausgenommen: Lohn- und Gehaltsempfänger sowie Landwirte. Für sie schreibt § 1.6001 (1) (b) Regs. in vergleichsweise abgeschwächter Form vor, „to keep such records as will enable the District Director to determine the correct amount of income subject to tax".

Das amerikanische Einkommensteuerrecht kennt (neben zwei unbedeutenden) *zwei Buchführungsmethoden,* nämlich die *„cash receipts and disbursement method"* und die *„accrual method"*. Gewerbliche Unternehmer sind aufgrund der zitierten Bestimmung grundsätzlich zur Anwendung der „accrual method" verpflichtet[9], und nur auf Antrag gestattet es die Finanzverwaltung kleineren Betrieben des gewerblichen Sektors, ihren Gewinn nach der „cash method" zu ermitteln. Für die Landwirtschaft hingegen muß die Finanzverwaltung wegen der angeführten Vorschrift der „Regulations" ungeachtet der Größe des Betriebes die „cash method" zulassen. Diese Begünstigung, die den Landwirten die Möglichkeiten der Gewinnverschiebung durch Zahlungsaufschub oder durch „prepurchase" eröffnet, ist freilich auf die steuer-

[8] *Halstead,* Harry M.: Federal Income Taxation of Farmers. The American Law Institute, Philadelphia 1961, p. 19. (Hervorhebung vom Verfasser).

[9] World Tax Series. Harvard Law School — International Program in Taxation —: Taxation in the United States. Chicago 1963, p. 400, im folgenden zitiert als WTS, USA.

technische Erwägung zurückzuführen, „that few farmers have had training in book-keeping, making it impossible to prepare satisfactory records under the accrual system"[10]. Obgleich sich das „Senate Finance Committee" und das „House Ways and Means Committee" dieser auf einer seit 1913 währenden Tradition beruhenden Begünstigung, insbesondere viehhaltender Betriebe, bewußt war, empfahl es dennoch, diese Tradition auch im IRC 1954 beizubehalten[11], denn diese Buchführungsmethode wurde und wird von der Mehrzahl aller amerikanischen Landwirte angewandt.

Die *besonders in großen „commercial farms"* angewandte *„accrual method"* stellt einen vollständigen Vermögensvergleich dar, bei dem auch der (nicht abschreibungsfähige) Grund und Boden zu aktivieren ist. Ihr Hauptcharakteristikum besteht neben der (obligatorischen) Einbeziehung der „inventories" darin, daß „income is includible in the year in which it is earned"[12] und daß Betriebsausgaben „are deducted when they are incurred instead of when they are actually paid"[13]. Zur Ermittlung des „gross income" schreiben die „Regulations" (§ 1.61-4 [b]) die Veranschlagung der folgenden Posten vor:

1. Die Verkaufserlöse aller landwirtschaftlichen Erzeugnisse („livestock and other product"), die zum Verkauf bestimmt waren und die während des Rechnungsjahres verkauft wurden; bei zugekauften und weiterveräußerten Erzeugnissen die Differenz zwischen Verkaufserlös und Anschaffungskosten;
2. die Differenz zwischen dem Wert des Bestandes an landwirtschaftlichen Erzeugnissen am Ende und zu Beginn des Rechnungsjahres;
3. alle sonstigen Einnahmen wie solche aus der Vermietung von Maschinen und der Verpachtung von Land, Deckgelder sowie „other incidental farm income";
4. alle Subventionen, die als Einkommen anzusehen sind.

Die Hauptprobleme dieses Gewinnermittlungsverfahrens liegen naturgemäß in der *Bewertung des Betriebsvermögens,* insbesondere des Viehbestandes. Bewertungsprobleme, die die Ernte auf dem Halm betreffen, sind insofern bereits ausgeschlossen, als diese generell nicht aktiviert zu werden braucht. Die Bewertungsmaßstäbe für das Betriebsvermögen sind prinzipiell die gleichen wie bei gewerblichen Unternehmungen, nämlich die Anschaffungskosten bzw. „cost or market price whichever is lower", und gelten für „capital assets" wie Maschinen, Gebäude etc.,

---

[10] *Halstead,* op. cit., p. 19.
[11] Vgl. *Halstead,* op. cit., p. 19/20.
[12] WTS, USA, op. cit., p. 400.
[13] *Halstead,* op. cit., p. 25.

doch wurden für Farmer zur Bewertung der „inventories" zwei zum Teil vereinfachte Bewertungsschemata entwickelt, die auch weithin von diesen gebraucht werden. Bei der „farm-price method" werden die Lagerbestände mit den um die „marketing"-Kosten verminderten Marktpreisen in der Bilanz angesetzt (Regs. § 1471-6 [d]). Selbst wenn der Farmer zur Bewertung des übrigen Lagerbestandes die „farm-price method" anwendet, ist es ihm erlaubt, seinen Viehbestand nach der „unit-livestock-price method" zu bewerten (Regs. § 1.471-6 [e]). Dieses einfache Bewertungsverfahren zeichnet sich vor allem dadurch aus, daß die bei selbstaufgezogenem Vieh sehr schwierige Kostenermittlung für die einzelnen Tiere entfällt, denn der Landwirt hat dabei seinen Viehbestand, nach Vieharten, Rassen etc. getrennt, in Altersklassen einzuteilen; für eine Altersklasse jeder Viehart sind dann die Stückkosten zu bestimmen und mit zunehmendem (abnehmendem) Alter der Tiere sind Zuschläge (Abschläge) zu den Stückkosten festzulegen, wobei die Zustimmung der Finanzverwaltung zu den Stückkosten und Altersklassen-Zu- und Abschlägen einzuholen ist. Der einmal festgesetzte „unit-price" sowie die Zu- und Abschläge sind dann in den folgenden Jahren beizubehalten, so daß bei steigenden Preisen die „unit-price-livestock method" nicht unerheblich zur Bildung stiller Reserven beiträgt.

Die *„cash method"* kann als eine modifizierte Einnahme-Ausgabe-Rechnung charakterisiert werden, denn einmal werden Wertänderungen des Betriebsvermögens, wie sie bei der „accrual method" zu berücksichtigen sind, außer acht gelassen, zum andern ist „income earned by the taxpayer ... not includible until actually or constructively received"[14], und Betriebsausgaben sind nur dann abzugsfähig, wenn sie im Laufe des Rechnungsjahres zu einer Auszahlung geführt haben. Modifiziert muß diese Einnahme-Ausgabe-Rechnung deshalb genannt werden, weil der Gesetzgeber den diesem Verfahren inhaerenten Gefahren der Gewinnverschiebung in einem Punkte insofern einen Riegel vorgeschoben hat, als er beim Verkauf zugekauften Viehs dessen Anschaffungskosten erst im Rechnungsjahr des Verkaufs für abzugsfähig erklärt hat.

Die *wichtigste Begünstigung* wird der amerikanischen Landwirtschaft bei der Besteuerung von Gewinnen aus dem Verkauf von Zucht- und Milchvieh eingeräumt. Denn obgleich zumindest Zuchtvieh partiell als „... property held by the taxpayer primarily for sale to customers in the ordinary course of the business" angesehen werden muß, für das Section 1231 (b) (1) die Behandlung als „capital gain" ausschließt, werden die aus dem Verkauf resultierenden Gewinne als „capital gains" behandelt und damit nur dem halben auf das übrige Einkommen anzuwendenden Steuersatz, höchstens jedoch 25 vom Hundert unterwor-

---

[14] *Halstead,* op. cit., p. 24.

fen, wenn das betreffende Vieh mehr als ein Jahr gehalten wurde. Im Falle eines Veräußerungsverlustes kann dieser in voller Höhe vom „ordinary income" abgesetzt werden.

Die Behandlung der „capital gains" im amerikanischen Steuerrecht ist generell wegen des damit verbundenen Verstoßes gegen das Verhältnismäßigkeitspostulat heftiger Kritik unterworfen[15]. Außer in den „extractive industries" ist die Deklarierung bestimmter Gewinnbestandteile als „capital gains" vom Gesetzgeber in keinem anderen Wirtschaftsbereich so leicht gemacht worden wie in der Landwirtschaft: neben den Verstoß gegen das Verhältnismäßigkeits-[16] tritt in diesem Punkte also noch ein Widerspruch zum Gleichmäßigkeitspostulat. Ist diese Begünstigung bisher auf „draft, breeding, and dairy livestock" beschränkt, so hat Cary mit Recht auf die Gefahr hingewiesen, daß gerade diese Vorschrift zum Angriffspunkt der landwirtschaftlichen Interessengruppen wird, die deren Ausdehnung auf andere Teile des Viehbestandes oder sogar auf die Bodenerzeugnisse fordern werden[17]. Nicht zuletzt hat diese Vorschrift dazu beigetragen, daß viele Farmer von der Buchführung nach Maßgabe des „accrual" zum „cash system" übergegangen sind, also ein primitiveres Buchführungssystem übernommen haben, das weniger „clearly reflect(s) income" (Sec. 446 [b]). Denn der „cash method farmer" kann die Aufzuchtkosten (Futter etc.) alljährlich vom „gross income" als Betriebsausgabe absetzen und im Jahr der Veräußerung den gesamten Verkaufserlös als „capital gain" deklarieren, während der Farmer mit einem exakteren Vermögensvergleich die Aufzuchtkosten zu aktivieren hat und beim Verkauf nur die Differenz zwischen Erlös und Bilanzwert als Wertzuwachs versteuern kann.

Was nun die *Betriebsausgaben* anlangt, so gilt hinsichtlich ihrer Abzungsfähigkeit für Landwirte die gleiche Bestimmung der Sec. 162 (a), nach der „all the ordinary and necessary expenses paid or incurred during the taxable year in carrying on any trade or business" abgezogen werden dürfen, wie für gewerbliche Unternehmer. Die Vorschriften über die Betriebsausgaben bieten dem Landwirt also kaum eine Vergünstigung. Allenfalls könnte man die volle Abzugsfähigkeit (anstatt der Aktivierung) von Ausgaben für die Wasser- und Bodenerhaltung (Sec. 175; „soil and water conservation"), soweit sie nicht die Anschaffung von nach anderen Vorschriften aktivierungspflichtigen Investi-

---

[15] Vgl. z. B. *Goode*, op. cit., p. 194 seq.

[16] *Baker*, Robert L.: Tax Accounting Problems of the Farmer. In: The Journal of Accountancy, September 1957, p. 53.

[17] *Cary*, William L.: Pressure Groups and the Increasing Erosion of the Tax Laws. In: Federal Tax Policy for Economic Growth and Stability. Joint Committee on the Economic Report, 84th Congress, 1st session. US Government Printing Office, Washington, D. C., 1955, p. 270.

tionsgütern (z. B. Rohrleitungen) betreffen, das Optionsrecht für die Aktivierung oder Sofortabschreibung von Bodenverbesserungen durch Düngung (Sec. 180) bzw. Kosten für die Landgewinnung durch Rodung (Sec. 180) — wobei im ersten und letzten Falle der jährlich abzugsfähige Betrag auf 25 vom Hundert des „gross income" begrenzt ist — als eine solche Begünstigung ansehen. Jedoch werden derartige Sofortabschreibungen auch Unternehmungen in anderen Wirtschaftszweigen gewährt.

Ebenso sind *Pacht sowie Zinsen* für betrieblich bedingte Verbindlichkeiten voll abzugsfähig (während Zinsen, die durch Kreditaufnahme für den privaten Haushalt entstehen, als „personal expenses" abgesetzt werden können — Sec. 163). Reparatur- und Erhaltungsaufwand wird insoweit als Betriebsausgabe angesehen, als er nicht „the life of the property" verlängert (Regs. § 1162 [4]). Trifft das jedoch zu, so ist die Grenze zu den aktivierungspflichtigen und abschreibungsfähigen „capital expenditures" bereits überschritten.

Auch bei den *Abschreibungen* (Generalklausel: Sec. 167) sucht man vergeblich nach einer Sonderbehandlung für die Landwirtschaft. Ihr wurden lediglich in gleichem Maße wie den übrigen Steuerpflichtigen Abschreibungsvergünstigungen (z. B. die „additional allowance" in Sec. 179, die 1958, der „investment tax credit" in Sec. 38, die 1962 dem IRC eingefügt wurde) gewährt. Das gleiche gilt für die regelmäßigen Abschreibungen. Seit 1954 sind neben der linearen Abschreibung die degressive (mit einem Maximalsatz von 200 vom Hundert der linearen Abschreibungsrate) und die digitale Abschreibung allgemein zugelassen worden. Mit dem Erscheinen der „Revenue Procedure 62-21", in der die „useful lives" von Kapitalgütern im Vergleich zu dem besonders in der Nachkriegszeit sehr umstrittenen „Bulletin F" erheblich verkürzt worden[18], wurde diese Politik der Investitionsförderung auch auf dem Gebiet der regelmäßigen Abschreibungen weitergeführt.

Stein des Anstoßes für die Kritiker des amerikanischen Einkommensteuerrechts[19] war immer schon der *Ausschluß des „imputed income" vom steuerbaren Einkommen.* Darin wäre kein Verstoß gegen das Gleichmäßigkeitspostulat zu erblicken, wenn allen Steuerpflichtigen in gleichem Umfang solches Einkommen zuflösse. Die Landwirtschaft ist aber durch diese Steuerbefreiung besonders begünstigt, weil sich bei ihr verschiedene Arten des „imputed income" kumulieren, von denen eine,

---

[18] WTS, USA, op. cit., p. 508.

[19] In bezug auf die Landwirtschaft vgl. insbesondere *Goode,* op. cit., p. 149, *Beneke,* Raymond R.: Some Effects of Income Tax Regulations on Farming Efficiency. In: JFE, vol. 34 (1952), p. 520, sowie *Johnson,* D. Gale: Effects of Federal Taxation on Agriculture. In: Federal Tax Policy ..., op. cit., p. 91.

nämlich der Eigenverbrauch selbsterzeugter Güter, in diesem Sektor ihre größte Bedeutung erlangt.

Es entspräche zwar dem Konzept der Einkommensteuer, bei der Berechnung des steuerbaren Einkommens aus dem *Eigenverbrauch selbsterzeugter Güter* nur das „net imputed income" zu ermitteln, jedoch steht dem auch in den USA die Tatsache entgegen, daß die Landwirte ihre Betriebsausgaben bei der Einkommensteuerdeklaration nicht um jenen Teil kürzen, der der Herstellung selbstverbrauchter Güter gedient hat, so daß das deklarierte Einkommen „is understated by the full value of the products"[20]. Da Goode die Schwierigkeit, „to ascertain the value of the home-consumed items or even to allocate costs between marketed and nonmarketed output"[21], sieht, schlägt er vor, wenigstens in den Fällen, da der Wert solcher Güter groß ist, entweder diesen zu veranschlagen oder zumindest die „deductions for the cost of producing nonmarketed output in these cases"[22] zu unterbinden. Mit dieser Lösung wäre aber ein unerwünschter „bias" zugunsten kleinerer landwirtschaftlicher Betriebe verbunden, denn „these cases" betreffen gerade jene Landwirte mit niedrigen Einkommen, bei denen mangels Spezialisierung ihrer Produktion der Selbstverbrauch absolut und sein Anteil am Gesamteinkommen relativ groß ist. Will man den Selbstverbrauch in die Besteuerung einbeziehen, hilft also nur die Festsetzung von Pro-Kopf-Sätzen, die dem Einkommen zuzuschlagen sind.

Die USA sind das einzige Land, für das verläßliche Zahlen über den Eigenverbrauch der Landwirte für einen längeren Zeitraum (Tabelle 32) vorliegen, und sie stützen die Goodesche These, daß dessen Wert in den letzten Jahren gesunken ist. Nur sollte man, um diese These zu beweisen, nicht — wie Goode — den „total farm output", sondern das „realized net income of farm operators"[23] heranziehen, um aufzuzeigen, welchen Anteil diese Art des steuerbefreiten Einkommens am Gesamteinkommen der Landwirtschaft ausmacht.

Die gleichen Probleme ergeben sich bei der Betrachtung des „imputed income", das durch die *Nutzung des eigenen Hauses* entsteht. Denn die Reparaturkosten, Abschreibungen etc. für das Wohnhaus werden bei der Einkommensteuerveranlagung ohne Widerspruch der Finanzverwaltung von vielen Landwirten geltend gemacht. Will man vermeiden, daß

---

[20] *Goode*, op. cit., p. 149.

[21] Ebenda.

[22] Ebenda.

[23] Das „realized net income of farm operators" ist die Differenz zwischen dem „gross income", das „cash receipts" und das „realized nonmoney income" (im einzelnen: „home consumption" und „imputed rent") umfaßt, und den „production expenses". (Vgl. Agricultural Statistics 1967, op. cit., p. 570 table no. 690.)

Tabelle 32

Der Eigenverbrauch der amerikanischen Landwirtschaft im Vergleich zu ihrem Gesamteinkommen („Realized Net Income of Farm Operators") in den Jahren 1949 bis 1964

Jahr (1)	Eigenverbrauch in Mrd. $ (2)	Gesamteinkommen in Mrd. $ (3)	(2) in v. H. von (3)
1949	2,23	13,65	16,3
1950	2,06	12,86	16,0
1951	2,30	14,80	15,5
1952	2,22	14,13	15,7
1953	2,01	13,71	14,5
1954	1,79	12,01	14,9
1955	1,68	11,25	14,9
1956	1,59	11,90	13,4
1957	1,48	10,70	13,8
1958	1,51	12,68	11,9
1959	1,32	11,36	11,6
1960	1,25	11,67	10,7
1961	1,17	12,57	9,3
1962	1,07	12,54	8,5
1963	1,01	12,50	8,1
1964	0,94	12,94	7,3

Quelle: Agricultural Statistics 1967. US Government Printing Office. Washington, D. C., 1967, p. 570 table no. 690.

die Steuerbefreiung dieses Teils des „imputed income" „discriminate(s) in favor of homeowners compared with renters..."[24] müßte also der Bruttomietwert in die Einkommensbesteuerung einbezogen werden. Dabei ist aber bisher weitgehend unbeachtet geblieben, daß eine solche Diskriminierung in der Landwirtschaft wenigstens zum Teil deshalb auszuschließen ist, weil der Pächter einer Farm die gesamten Pachtausgaben von seinem steuerpflichtigen Gewinn abzieht, wobei von der amerikanischen Finanzverwaltung der Einwand nicht erhoben wird, ein Teil der Pachtzahlung sei als Miete für das Wohnhaus vom Abzug auszuschließen[25].

Hinsichtlich der *Verpflichtung zur Einkommensteuerveranlagung für das abgelaufene Rechnungsjahr* unterliegen die Farmer den gleichen Bestimmungen des IRC wie die übrigen Zensiten. Jeder Empfänger eines „gross income" von $ 600 oder mehr ist zur Abgabe einer Steuererklärung verpflichtet; hat er das 65. Lebensjahr überschritten, beginnt diese Verpflichtung bei einem Bruttoeinkommen von $ 1 200 (Sec. 6012 [a]). Zur Abgabe ihrer Einkommensteuererklärung benützen die ameri-

[24] *Goode*, op. cit., p. 122.

[25] Vgl. dazu *Johnson*, op. cit., p. 92—93.

kanischen Farmer im allgemeinen drei Formularbogen: „Form 1040" dient der Zusammenfassung aller Einkünfte des Steuerpflichtigen, der Deklaration der „personal allowances" und der „exemptions" sowie dem Errechnen der Einkommensteuerschuld, während „Form 1040 D" (zum Nachweis der „capital gains and losses") und „Form 1040 F" (zur Ermittlung des landwirtschaftlichen Betriebsgewinnes) zur Erläuterung der einzelnen Einkommenskomponenten auszufüllen sind. „Form 1040 D" enthält „instructions" zur Gewinnermittlung nach Maßgabe sowohl der „cash method" (für die die „parts" I—IV vorgesehen sind) als auch der „accrual method" („parts" VI—VII; „part" V dient dem Nachweis der Abschreibungen). Der Gebrauch des „Form 1040 F" ist heute für die Landwirte nicht mehr obligatorisch: „(M)any farmers merely attach schedules of their own making to a blank Form 1040 F, thus substituting the details of their income and disbursement in a manner which appears more practical under the particular bookkeeping system used by them[26]."

Nichtlandwirtschaftliche Steuerpflichtige haben dreieinhalb Monate nach Ablauf ihres „fiscal year" (das im allgemeinen mit dem Kalenderjahr übereinstimmt, mit diesem jedoch nicht identisch sein muß) ihre Steuererklärung abzugeben und gleichzeitig die Abschlußzahlung zu leisten oder Rückerstattungen zu beantragen. Daneben ist aber bei der Finanzverwaltung eine Schätzung der erwarteten Einkünfte im laufenden Jahr einzureichen (in der amerikanischen Terminologie: „declaration", im Gegensatz zur Abschlußerklärung: „return"), aufgrund deren in vier Raten die Steuerschuld auf das laufende Einkommen zu entrichten ist. Landwirte hingegen müssen ihre „declaration" erst anderthalb Monate *nach* Ablauf ihres „fiscal year" abgeben, gleichzeitig jedoch den vollen Betrag der „estimated tax" entrichten. Sie können sich jedoch die „declaration" völlig ersparen, wenn sie zweieinhalb Monate nach Ende der Rechnungsperiode der Finanzverwaltung ihre Abschlußerklärung zusenden und die sich daraus ergebende Steuerschuld begleichen. Diese Begünstigung läßt also bei den Landwirten eine andere Art des „imputed income", nämlich einen „imputed interest", entstehen.

c) Das Problem des „underreporting" landwirtschaftlicher Einkünfte

Daß die Landwirtschaft eine gewisse Vorzugsbehandlung bezüglich der Buchführungsvorschriften genießt, hat zur Folge, daß die Finanzverwaltung Landwirte, die Bücher in nur unzureichendem Maße oder bisher überhaupt nicht führen, nicht zu einer (exakteren) Buchführung

---

[26] *Halstead,* op. cit., p. 23.

zwingen kann. *Trotz des Unterlassens oder der Vernachlässigung der Buchführung muß ein Landwirt ebenso den Veranlagungsbogen „Form 1040 F" ausfüllen wie ein buchführender Landwirt.* Im Gegensatz zu Deutschland wird der Betriebsgewinn beim Fehlen einer Buchführung also nicht a priori von der Finanzverwaltung aufgrund von Pauschsätzen festgestellt, sondern auch hier wird im Rahmen des „self-assessment" der „voluntary compliance" vertraut.

Dieses System hat zwar bezüglich der übrigen Einkunftsarten befriedigende Ergebnisse gezeitigt, jedoch wurde in empirischen Untersuchungen, auf deren Resultate noch zurückzukommen sein wird, gerade bei Einkünften aus der Landwirtschaft in der Vergangenheit ein erhebliches „underreporting" nachgewiesen. Die amerikanische Bundesfinanzverwaltung mit ihren rund 60 000 Mitarbeitern hatte im Jahre 1966 68,6 Millionen Veranlagungsfälle allein der Individualeinkommensteuer[27] zu bearbeiten. Diese Zahlen lassen erkennen, daß eine gründliche formelle und materielle Prüfung aller Veranlagungsformulare trotz elektronischer Datenverarbeitung unmöglich ist. Diese werden lediglich schematisch auf die rechnerische Richtigkeit ihrer Ergebnisse und auf ihre Vollständigkeit überprüft. Auf ihre materielle Richtigkeit hingegen werden nur etwa 5 v. H. aller Veranlagungsfälle untersucht — ein Prozentsatz, der trotz der gewaltigen Zuwachsraten der Veranlagungsfälle in den letzten Jahren konstant gehalten werden konnte.

Der Kontrolle der Veranlagungsunterlagen dienen im allgemeinen insbesondere die *„information returns"* (ähnlich den deutschen Kontrollmitteilungen), die von denjenigen an die Finanzverwaltung zu senden sind, die eine Zahlung an bestimmte Personen oder Unternehmen leisten (Cf. Secs. 6031—6052). Diese Kontrollmöglichkeit hat der Gesetzgeber der Finanzverwaltung gerade in bezug auf die Landwirtschaft versagt, denn typische Zahlungen an landwirtschaftliche Betriebe (wie die von „processors") unterliegen nicht dem Zwang zur Abgabe einer „Kontrollmitteilung".

Stellt nun die Finanzverwaltung bei der Kontrolle der Veranlagungsformulare etwa anhand der Angaben anderer Steuerpflichtiger oder einer Betriebsprüfung fest, daß der Steuerpflichtige bestimmte Einkünfte nicht deklariert hat, so stehen ihr *vier Verfahren* zur Verfügung, *um das tatsächliche Einkommen zu ermitteln:*

(1) Die „net-worth-increase"-Methode,
(2) die „bank-deposits"-Methode,
(3) die „cash-expenditure"-Methode,
(4) die „percentage"-Methode[28],

---

[27] Annual Report of the Secretary of the Treasury on the State of the Fi-

wobei es bei allen vier Prüfungsverfahren dem Pflichtigen obliegt, das Prüfungsergebnis zu widerlegen.

Die *„net-worth-increase"-Methode* ist bei landwirtschaftlichen Betriebsprüfungen nur dann zu gebrauchen, wenn der Farmer seine Bücher nach dem „accrual system" geführt hat, denn dieses Prüfungsverfahren setzt einen im Rahmen der „cash method" unmöglichen Vergleich des Betriebsvermögens zu Beginn und am Ende der Wirtschaftsperiode voraus. Wickelt der Farmer den größten Teil seiner Geschäfte über eine Bank ab, so werden nach der *„bank-deposits"-Methode* seine Bankkonten zur Prüfung herangezogen. Nach Ausschluß nichtsteuerpflichtiger Einnahmen im Rechnungsjahr wird der Überschuß der auf seinem Konto eingegangenen Zahlungen über das deklarierte Einkommen als „unreported income" angenommen. Die *„cash-expenditure"-Methode* erinnert an die französische Besteuerung „d'après des signes extérieurs", denn die Finanzverwaltung versucht aufzuzeigen, daß der Steuerpflichtige mehr nichtabzugsfähige Ausgaben geleistet, als er Einkommen deklariert hat. Das einfachste Prüfungsverfahren ist die *„percentage"-Methode,* bei der die Finanzverwaltung einen aus den Ergebnissen vergleichbarer landwirtschaftlicher Betriebe deduzierten Gewinnkoeffizienten auf den Gesamtumsatz oder die -einnahmen anwendet. Die Hauptschwierigkeit freilich ist dabei die Ermittlung des Gesamtumsatzes bzw. der Einnahmen, wenn der Steuerpflichtige über keinerlei Aufzeichnungen verfügt. Jedoch kommt es der Finanzverwaltung zustatten, daß heute durch die Spezialisierung der landwirtschaftlichen Produktion „farmers receive payments in a few large payments from one or two main resources"[29], so daß sich der Umsatz oder die Einnahmen durch Nachforschungen bei den Abnehmern der Erzeugnisse des Betriebes oder bei deren Prüfung annähernd ermitteln lassen.

Die *empirischen Arbeiten, die sich mit der „farm income tax compliance"* befassen und deren Ergebnisse nunmehr zu betrachten sind, unterscheiden sich zumindest in zweifacher Hinsicht: einmal bezüglich des Untersuchungszeitraumes und zum anderen hinsichtlich des von den Autoren angewandten „approach".

1. *Die Arbeiten von Goldsmith*[30] *sowie von Holland und Kahn*[31] beziehen sich auf den *Zeitraum von 1944 bis 1947,* der als eine Periode des

---

nances For the Fiscal Year Ended June 30, 1966. US Government Printing Office. Washington, D. C., p. 126.

[28] WTS, USA, op. cit., p. 441.

[29] *Stocker,* Frederick D., and *Ellickson,* John C.: How Fully Do Farmers Report Their Incomes? In: NTJ, vol. 12 (1959), p. 118.

[30] *Goldsmith,* Selma F.: Appraisal of Basic Data Available for Constructing Income Size Distribution. In: National Bureau of Economic Research. Conference on Research in Income and Wealth, vol. 13 (1951), p. 267 seq.

Übergangs zu charakterisieren ist, wenn man bedenkt, daß die Zahl der dem „Internal Revenue Service“ eingereichten „returns“ mit landwirtschaftlichen Einkünften von 1939 bis 1945 von 180 000 auf 2,8 Millionen gestiegen ist. Beide Untersuchungen stellen darauf ab, *das persönliche Einkommen*, wie es in der Volkseinkommensstatistik ausgewiesen ist, *dem auf den Veranlagungsformularen deklarierten Einkommen gegenüberzustellen*. Diese beiden Einkommenskonzepte sind aber weit davon entfernt, völlig vergleichbar zu sein. So sind vom persönlichen Einkommen der Farmer vor allem die im deklarierten Einkommen nicht enthaltenen zurechenbaren Einkommensbestandteile („value of home-consumption“, „net imputed rent on farm houses“[32]) sowie die „capital gains“ abzuziehen. Nach diesen Korrekturen ergab sich eine „reporting score“ bei den Einkünften aus der Landwirtschaft in den genannten Jahren von 36 bis 38,5 v. H. Von den Autoren wird nun mit Recht eindringlich davor gewarnt, diese Sätze bereits als Ausdruck des „under-reporting“ zu interpretieren, denn dieses ist nur eine von vier möglichen Ursachen für die sehr niedrige Relation. Zunächst ist darauf hinzuweisen, daß nur jene Personen zur Abgabe einer Steuererklärung verpflichtet sind, deren „gross income“ $ 600 übersteigt. Es ist also anzunehmen, daß bei einer nicht unerheblichen Zahl sogenannter „subsistence farmers“ das Gesamteinkommen diesen Wert zwar über-, daß deren „gross cash income“ ihn aber unterschritt. Entgegen der Verpflichtung zur Abgabe einer Steuererklärung bei einem „gross income“ von $ 600 geben viele Zensiten kein Formular ab, weil ihr Einkommen so niedrig ist, daß aufgrund der Freibeträge etc. nicht mit einer Steuerschuld zu rechnen ist. Es ist zwar vorstellbar, daß gerade in der Landwirtschaft die Zahl solcher Fälle relativ groß ist, doch glauben Holland und Kahn, daß sich bei deren Einschluß der „Veranlagungsgrad“ nur um 2,5 Prozentpunkte verbessern würde[33]. Schließlich ist auf statistische Fehler bei der Zahlengewinnung sowie bei der Schätzung der Korrekturposten hinzuweisen.

2. Die zweite Gruppe von Untersuchungen bezieht sich auf *Zahlen für die Jahre 1954 und 1955*. Ihr „approach“ unterscheidet sich von dem der erstgenannten Studien insofern, als sie vor allem nach der *„reporting score“ für das Bruttoeinkommen* fragen, und nur in einer der beiden Studien wird eine solche Relation für das Nettoeinkommen mitgeteilt.

---

[31] *Holland*, Daniel M., and *Kahn*, C. Harry: Comparison of Personal and Taxable Income. In: Federal Tax Policy ..., op. cit., p. 313 seq.

[32] *Holland-Kahn*, op. cit., p. 136.

[33] *Holland-Kahn*, op. cit., p. 320, note 16.

Die Arbeiten von Groves[34] *und Gardner*[35] basieren auf empirischen Untersuchungen in einem eng umgrenzten Gebiet des Staates Wisconsin, dessen Finanzverwaltung — anders als der „Internal Revenue Service" — den Autoren und ihren Mitarbeitern Einblick in die Veranlagungsformulare der Bundeseinkommensteuer gewährte. So gelang es ihnen, 500 Landwirte in die Untersuchung einzubeziehen, von denen nur 14 nicht zur Einkommensteuer veranlagt worden waren. Das tatsächliche Bruttoeinkommen dieser Farmer wurde durch Befragung der „marketing intermediaries" oder der „government agencies" ermittelt, und es zeigte sich, daß die „reporting score" besonders bei den Einnahmen aus solchen Produkten sehr hoch war, „for which good farm accounting was required either by law (e. g. under the tobacco acreage program) or by well established marketing and production procedures (as was the case for dairy production). Poor compliance, on the other hand, appeared where marketing connections tended to be irregular or where several buyers might be involved", wobei dann „incomplete tax reporting could be a consequence"[36]. Die Relation zwischen veranlagtem und ermitteltem „gross income" betrug im Durchschnitt der beiden Jahre bei den 500 untersuchten Betrieben 75,8 vom Hundert. Den Autoren ist es nun nicht gelungen, in gleicher Weise die Betriebsausgaben zu ermitteln, „since farm deductions include a great variety of small cash transactions"[37]. Daher wurde aus Erfahrungswerten der durchschnittliche Anteil der Betriebsausgaben am Bruttoeinkommen abgeleitet, und auf dieser Grundlage wurden die Betriebsausgaben aller untersuchten Betriebe berechnet. Ob diese Methode der Betriebsausgaben-Schätzung adäquat ist und ob damit die von den Autoren berechnete „compliance score" für das Nettoeinkommen von 64,6 vom Hundert[38] zuverlässig ist, erscheint dem Verfasser allerdings fraglich.

Könnte man den Untersuchungsergebnissen Groves' und Gardners entgegenhalten, sie ließen keine Schlüsse über die „compliance score" der gesamten amerikanischen Landwirtschaft zu, so trifft dieser Einwand auf die *Studie Stockers und Ellingtons*[39] nicht zu. Sie haben völlig auf eine Schätzung der Betriebsausgaben verzichtet und beschränken sich darauf, die (aggregierten) „cash farm marketing and government payments", wie sie vom Landwirtschaftsministerium ermittelt werden,

---

[34] *Groves*, Harold M.: Empirical Studies of Income Tax Compliance. In: NTJ, vol. 11 (1958), p. 291 seq.

[35] *Gardner*, Wayland D.: Farm Income Tax Compliance. In: JFE, vol. 42 (1960), p. 686 seq. Die beiden in Fußnote 34 und 35 genannten Artikel beziehen sich auf das gleiche Forschungsprogramm.

[36] *Gardner*, op. cit., p. 689.

[37] *Gardner*, op. cit., p. 689.

[38] *Gardner*, op. cit., p. 690.

[39] Op. cit.

mit den „farm business receipts", die vom „Internal Revenue Service" aufgrund der Veranlagungspapiere errechnet werden, für das Jahr 1955 zu vergleichen. Die in den beiden Statistiken verwendeten Konzepte der Einnahmen sind jedoch so verschieden, daß die Autoren Ab- und Zurechnungen vornehmen müssen, wobei sich überraschenderweise zeigt, daß „the adjustments, ..., have approximately offset one another"[40]. Die von ihnen berechnete „compliance score" betrug 86 vom Hundert.

Der Verfasser hat nun (mangels anderer Informationen) angenommen, daß die Ab- und Zurechnungen sich auch in späteren Perioden ungefähr gegenseitig aufheben, und so für das Jahr 1964 die „cash receipts"[41] und „government payments"[41] den „business receipts"[42] gegenübergestellt. Aus diesem Vergleich ergibt sich, daß die „compliance score" nach weiteren neun Jahren immerhin auf 91,5 vom Hundert gestiegen ist. Gegen diese Relationen mag man nun einwenden, sie besäßen wenig Aussagekraft, da ein „overreporting" von Betriebsausgaben eine derart hohe „compliance score" des Nettoeinkommens nicht entstehen lasse. Dem steht allerdings die Aussage Gardners entgegen, daß die Betriebsausgaben dahin tendieren, eher „under-" als „overclaimed" zu werden[43].

d) Die Voraussetzungen für den Erfolg der Einkommensbesteuerung der amerikanischen Landwirtschaft

Man mag solchen Vergleichen mit großer Skepsis gegenüberstehen. Immerhin lassen sie aber trotz aller möglichen Mängel den Schluß zu, daß es *in den USA*, wenn auch erst nach einer längeren Übergangszeit, *gelungen* ist, *die Einkommen der Landwirtschaft in gleichem Umfange zur Einkommensteuer heranzuziehen wie die übrigen „business incomes"*[44]. Es stellt sich nun die Frage, auf welche Faktoren dieser Erfolg zurückzuführen ist.

---

[40] *Stocker-Ellington*, op. cit., p. 123.

[41] Die Zahlen sind enthalten in: US Bureau of the Census: Statistical Abstract of the United States: 1966. (87th edition). Washington, D. C., 1966, p. 630, table no. 923. Danach betrugen die „cash receipts" 36.946, die „government payments" 2.169 Mio. $.

[42] Diese Angaben finden sich in: US Treasury Department — Internal Revenue Service: Statistics of Income 1964. US Business Tax Returns. US Government Printing Office. Washington, D. C., 1965. Die Summe der „business receipts" der „sole proprietorships", „partnerships" and „corporations" betrug demnach 1964 35.799 Mio. $.

[43] *Gardner*, op. cit., p. 691.

[44] Für das (Netto-)Unternehmereinkommen hatten *Holland* und *Kahn* (op. cit., p. 318) bereits für 1952 eine „compliance score" von 87,5 vom Hundert errechnet.

Ohne Zweifel hat die Revolutionierung der landwirtschaftlichen Produktionsmethoden und die damit verbundene Spezialisierung der Produktion zu einer *Kommerzialisierung der amerikanischen Landwirtschaft* geführt. Eng damit verbunden ist der absolute und relative Rückgang der Zahl kleinerer landwirtschaftlicher Betriebe, deren Erfassung erheblich mehr Schwierigkeiten bereitet als die größerer „commercial farms" (vgl. Tabelle 31). In diesem Zusammenhang hat sich „farm-record keeping ... developed with other farm business practices"[45]. Die Verbesserung oder die Neueinführung der Buchführung mag vielen Landwirten zu einer besseren Kenntnis ihres tatsächlichen Einkommens verholfen und sie im Rahmen der „voluntary compliance" zur exakteren Deklarierung ihres Einkommens veranlaßt haben.

Ein Teil des Erfolges ist jedoch auch der Finanzverwaltung zuzuschreiben. Zum einen hat der „Internal Revenue Service" auf der Ebene der „District Offices" sein *Beratungsprogramm in Steuerfragen* für Landwirte in den letzten Jahren intensiviert und ausgebaut und dazu einen *„Farmer's Tax Guide"* veröffentlicht[46]. Auf der anderen Seite hat die Finanzverwaltung, obwohl ihr der Steuergesetzgeber das Hilfsmittel der „information returns" bezüglich landwirtschaftlicher Einkünfte nicht, wie etwa von Gardner[47] gefordert, zugestanden hat, *ihre Betriebsprüfungen in der Landwirtschaft* in erheblichem Maße verstärkt, wobei sich ein partieller Ausgleich für das Fehlen von „Kontrollmitteilungen" dadurch ergeben hat, daß in der Gegenwart Informationen über Betriebseinnahmen nur noch bei wenigen Großabnehmern landwirtschaftlicher Produkte einzuholen sind.

Der Steuergesetzgeber gab 1954 einen wichtigen Anstoß zur Durchsetzung der Buchführung in der Landwirtschaft, indem er das *„Social Security System"* auch auf die selbständigen Landwirte ausdehnte. Will der Landwirt nicht auf die „Social Security benefits" verzichten, muß er zumindest seine *Betriebseinnahmen und einen Teil der -ausgaben aufzeichnen,* um in der Steuererklärung für die „employment tax" das „gross income"[48] seines Betriebes nachweisen zu können. Bemerkenswert ist, daß gerade in der Zeit der Einführung der „Social Security" für die Farmer die Zahl der von Landwirten abgegebenen Einkommensteuererklärungen um rund 300 000 gestiegen ist[49].

---

[45] *Stocker-Ellickson*, op. cit., p. 117.

[46] Vgl. dazu *Doris*, Lillian: The American Way in Taxation — Internal Revenue 1862 - 1963. Englewood Cliffs, N. J., 1963, p. 72 - 73.

[47] Op. cit., p. 691.

[48] Der Begriff des „gross income" ist für die Zwecke der „employment tax" anders definiert als für die der Einkommensteuer und erfordert auch die Aufzeichnung bestimmter Ausgaben (Sec. 1402).

[49] *Stocker-Ellickson*, op. cit., p. 118/9.

Eine wichtige Rolle bei der Durchsetzung der Einkommensteuer im Agrarsektor dürfte ferner der *Wandel in Bedeutung und Funktion der landwirtschaftlichen „pressure groups"* gespielt haben. Mit der Abwanderung vieler in der Landwirtschaft Beschäftigter zu Arbeitsplätzen in den „urban areas" und der Neueinteilung der Wahlkreise („reapportionment") ist die Zahl der landwirtschaftlichen Interessenvertreter im Parlament zurückgegangen. Aber auch in der „lobby", den Vertretern agrarischer Interessen außerhalb des Parlaments, hat sich ein Wandel vollzogen: „It might be plausibly argued that the accent upon commodity programs since, say, 1938, has stimulated a proliferation of commodity groups both as independent organizations and also within the general farm organizations, especially the Farm Bureau[50]." Daher ist von den landwirtschaftlichen Interessenvertretern heute weniger Druck mit dem Ziel zu erwarten, eine Begünstigung für die gesamte Landwirtschaft im Rahmen der Einkommensteuergesetzgebung durchzusetzen, als vielmehr Pressionen der „commodity groups", um eine Sonderbehandlung der von ihnen vertretenen Hersteller bestimmter landwirtschaftlicher Erzeugnisse zu erreichen. Angriffspunkte dieser Interessenpolitik sind dann Einzelbestimungen des Einkommensteuergesetzes, wie etwa die Deklarierung bestimmter regelmäßiger Einkünfte zu „capital gains". Auf diese Gefahren hat, wie bereits oben zitiert[51], besonders Cary hingewiesen.

Zu dem Erfolg hat schließlich auch die Tatsache beigetragen, daß die *Einkommensbesteuerung in den USA auf die Erfassung von Geldeinkommen beschränkt* ist. Den schwierigen Problemen, die sich bei der Erfassung des „imputed income", insbesondere des Eigenverbrauchs selbsterzeugter Güter, ergeben, sah sich der amerikanische Steuergesetzgeber bisher nicht gegenübergestellt. Trotz aller Kritik hat er dafür die aus dieser Befreiung resultierenden Verstöße gegen die steuerlichen Gerechtigkeitspostulate in Kauf genommen.

B. Die Einkommensbesteuerung der britischen Landwirtschaft

a) Die Präsumtivbesteuerung vor der Reform von 1941 bis 1949

Daß *in der Vergangenheit* die britische Finanzverwaltung *in bezug auf die Einkommensbesteuerung der Landwirtschaft vor den gleichen Problemen* stand *wie die kontinentale,* zeigt der lapidare Ausspruch des 1851 vor dem „Hume Committee" vernommenen Sachverständigen John

[50] *Hardin,* Charles M.: Present and Prospective Policy Problems of US Agriculture: As Viewed by a Political Scientist. In: JFE, vol. 47 (1965), p. 1096.

[51] Vgl. oben S. 164.

Nicholson: „You cannot call for accounts from a farmer[1].“ In der Tat entsprach die Landwirtschaftsbesteuerung seit der Einführung der Einkommensteuer bis in den und unmittelbar nach dem zweiten Weltkrieg dieser Haltung.

Während auf dem Kontinent Eigentümer und Landwirt traditionellerweise in den meisten Fällen identisch sind, erforderte das für die britische Landwirtschaft charakteristische *Pachtsystem*[2] einen Besteuerungsmodus für die „landlords“ (in Schedule A: „Landlord's Tax“) und ein Besteuerungsverfahren für die Pächter (in Schedule B: „Farmer's Income Tax“).

Bei der *Besteuerung in Schedule A* hatte der britische Steuergesetzgeber aus der Not, zwei Steuerschuldner für ein „estate“ anzutreffen, insofern eine Tugend gemacht, als er den „tenant“ nicht nur zur Zahlung seiner eigenen Steuerschuld, sondern auch der seines „landlord“ nach Maßgabe der „standard rate“ verpflichtete. In der Frage der *Bemessungsgrundlage* der Steuer in Schedule A, dem *„annual value“*, ergeben sich Parallelen sowohl zum deutschen Reinertrag als auch zum (jetzt für die Einkommensteuer nur noch subsidiär bedeutsamen) französischen „revenu cadastral“. Ausgangspunkt bei der Ermittlung des „annual value“ war der zwischen Pächter und Verpächter ausgehandelte Pachtbetrag. Soweit Eigenbewirtschaftung vorlag, wurde ein fiktiver Pachtbetrag unter „regard to personal knowledge“[3] von der Finanzverwaltung festgelegt. Bis zu diesem Punkt entspricht der „annual value“ dem „revenu cadastral“. Dem deutschen Reinertrag ist er insofern vergleichbar, als Ziel der Bewertung die Feststellung des „amount of income (property) is *capable of yielding*, whether or not actual income is derived from it“[4] war. Seit 1930 sollten Neubewertungen im Abstand von fünf Jahren stattfinden. Ebenso wie auf dem Kontinent wurden diese aber häufig ausgesetzt. Der grobe ertragsteuerliche Charakter dieses Erhebungsmodus tritt insbesondere bei der Berücksichtigung von „deductions“ zu Tage: Der Verpächter konnte neben außergewöhnli-

---

[1] Zitiert nach: *Sabine*, B. E. V.: A History of Income Tax. London 1966, p. 69.

[2] So waren 1895 85,9, 1909 87,8 und 1912 89,1 vom Hundert der gesamten land- und forstwirtschaftlich genutzten Fläche Pachtland. (Diese Zahlen finden sich — aufgrund verschiedener Quellen zitiert — in *Meisel*, Franz: Britische und deutsche Einkommensteuer. Ihre Moral und ihre Technik. Tübingen 1925, S. 224).

[3] *Wheatcroft*, G. S. A. (ed.): British Tax Encyclopedia. Loose-leaf edition, p. 1117.

[4] World Tax Series. Harvard Law School — International Program in Taxation —: Taxation in the United Kingdom. Boston-Toronto 1957, p. 264 (Hervorhebung vom Verfasser).

chen Aufwendungen (für Sturm- und Flurschäden, kommunale Abgaben etc.) üblicherweise ein Achtel des „annual value" absetzen[5].

Stand die Bemessungsgrundlage beim „landlord" noch in einem erkennbaren Zusammenhang mit dem tatsächlichen Einkommen (wenn auch selbst bei Einhaltung der Neubewertungsfrist eine Veränderung in den vergangenen fünf Jahren eingetreten sein konnte), so war im Gegensatz dazu ein solcher Zusammenhang bei der *Besteuerung der „tenants" unter Schedule B* nicht mehr zu erkennen. Denn auch für den Pächter war der *„annual value"*, also, wie Meisel[6] zu Recht kritisiert, eine Betriebsausgabe, die *Bemessungsgrundlage*. Daß der Pachtwert, insbesondere bei Aussetzung der Neubewertung, „nur ein höchst unvollkommener Maßstab für jenes Einkommen"[7] war, hat der Gesetzgeber wohl erkannt und daraus z. B. nach 1918 die Konsequenz gezogen, daß er die Verdoppelung des „annual value" für die „Farmer's Income Tax" vorschrieb, die allerdings nach der Neubewertung von 1923/24 wieder aufgehoben wurde. Eine Korrektur der Bemessungsgrundlage war nur in einer Richtung möglich: Blieb der tatsächliche Gewinn hinter dem „annual value" zurück, konnte der Pächter eine Reduktion der Bemessungsgrundlage beantragen.

„En somme, la loi recourt à une présomption, à un forfait, pour évaluer les bénéfices imposables sous la cédule B, et les comparaisons s'imposent ici encore avec le régime français", schreibt Lhomme[8] in seiner Untersuchung der britischen Einkommensteuer, und er nennt auch den aus der Diskussion der deutschen und französischen Verhältnisse hinreichend bekannten Grund für die Pauschalierung: „... (L)'inexistence de la comptabilité agricole, ou plutôt le fait que, même si l'on cherchait à contraindre les agriculteurs à tenir une comptabilité, celle-ci ne serait pas utilisable pour le fisc[9]."

Freilich stand (seit 1887) dem britischen Landwirt die *Möglichkeit* offen, *für eine Besteuerung nach dem Buchgewinn zu optieren*. Von diesem Optionsrecht machten die Landwirte allerdings auch in Großbritannien nur bei Gewinnen, die geringer als die pauschalierten Bemessungsgrundlagen waren, oder bei Verlusten Gebrauch. Das Ausmaß der Begünstigung durch die niedrigen Pauschalgewinne kann man an der Zahl derer ablesen, die sich für eine Besteuerung nach dem Buchgewinn aus-

---

[5] Nur in dem Falle, da der Pflichtige den Nachweis erbringen konnte, daß seine Kosten ein Achtel überstiegen, konnte er ein „repayment" erlangen.

[6] *Meisel*, a.a.O., S. 232.

[7] *Neumark*, Theorie und Praxis, a.a.O., S. 181.

[8] *Lhomme*, Jean: L'Impôt sur le revenu en Angleterre. Paris 1939, p. 218.

[9] Ebenda.

gesprochen haben: Sie betrug 1888/89 143[10], 1912/13 364, 1919/20 2017[11]. Eine Ablehnung der Pauschalbesteuerung durch die Finanzverwaltung, wie sie die französische „dénonciation" darstellt, kannte das britische Steuerrecht hingegen nicht.

Kritik am *Einkommensteuerprivileg* der Landwirtschaft wurde in Großbritannien ebenso wie auf dem Kontinent laut[12]. Eine der kritischsten Stimmen war jene der 1919 eingesetzten „Royal Commission on Income Tax", die sich mit dem Tatbestand auseinandersetzte, daß „(farmers) did not at that date keep such books of account as would enable them to make proper returns of their profits", diesen aber nicht als unabänderlich hinnahm, sondern empfahl, „that farmers should be compelled by law to keep accounts"[13] und die Landwirtschaftsbesteuerung damit der gewerblicher Gewinne gleichzustellen („... so that the farmer may be treated for Income Tax purposes in the same way as any other producer or trader"[14]). Die Kommission gab sich aber nicht mit der üblichen Forderung nach Abschaffung des Einkommensteuerprivileges zufrieden, sondern sie machte darüber hinaus konkrete Lösungsvorschläge: „As the additional work involved to the administration by this suggestion will be considerable, we think it probable that the change cannot properly be affected all at once, but that a beginning should be made by transferring to Schedule D the assessment on persons occupying farms exceeding £ 300 in annual value ...[15]."

Zur Realisierung dieser Vorschläge (nach zwanzig Jahren!) bedurfte es allerdings eines Anstoßes vom Ausmaß eines Weltkrieges. Getreu dem Kommissionsbericht schrieb die „Finance Act, 1941" (Sec. 10—11[16]) vor, daß (neben allen Gartenbaubetrieben) alle landwirtschaftlichen Betriebe mit einem Pachtwert von mehr als £ 300, soweit sie für den Markt produzierten, unter Schedule D, Case I, also nach ihrem tatsächlichen Gewinn, zu besteuern seien. Die Buchführungspflichtgrenze wurde dann in der „Finance Act, 1942" (Sec. 28[17]) auf £ 100 herabgesetzt, so daß im *Verlauf zweier Jahre die überwiegende Mehrzahl aller britischen Landwirtschaftsbetriebe zur Buchführung gezwungen* war.

---

[10] *Meisel*, a.a.O., S. 238.

[11] *Bühler*, Ottomar: Die englische Einkommensteuer. Ihr heutiger Stand und ihre Handhabung. Berlin 1925, S. 19.

[12] Siehe zum Exempel die diesbezüglichen Zitate aus Parlamentsreden des 19. Jahrhunderts in *Sabine*, op. cit., p. 118 seq.

[13] Report of the Royal Commission on Income Tax. HMSO. London 1920, Section 450.

[14] Section 451.

[15] Section 452.

[16] Zitiert nach *Neumark*, Theorie und Praxis, a.a.O., S. 182.

[17] Ebenda.

Entgegen der von Neumark unmittelbar nach dem Kriege (angesichts der früheren Erfahrungen) sicher mit Recht geäußerten pessimistischen Meinung über den Bestand der Reform[18] blieb der Rückfall in die Präsumtivbesteuerung nach dem Kriege aus. Vielmehr beseitigte die „Finance Act, 1949" jedwede Buchführungspflichtgrenze, so daß seit 1950/51 alle mit Gewinnabsicht betriebenen britischen Agrarbetriebe ihren buchmäßig ermittelten Gewinn der Besteuerung zugrunde zu legen hatten.

Auch durch das in Frankreich und Deutschland zu hörende Argument, die große Zahl kleiner Betriebe lasse eine Durchsetzung der Buchführung nicht zu, hat sich der Gesetzgeber von der Reform nicht abbringen lassen. In der folgenden Tabelle 33 ist die *Betriebsgrößenstruktur* Großbritanniens im Jahre 1960 aufgezeigt, die beweist, daß der Anteil landwirtschaftlicher Betriebe mit einer Betriebsfläche unter 20 Hektar bei weitem überwiegt.

Tabelle 33

Die Betriebsgrößenstruktur im Vereinigten Königreich im Jahre 1960

Betriebsgrößenklasse in ha	Zahl der Betriebe	in v. H. der Gesamtzahl
0,4 bis 2	91 707	19,2
2 bis 6	93 352	19,5
6 bis 20	120 244	25,2
20 bis 40	77 994	16,3
40 bis 60	37 299	7,8
60 bis 120	40 600	8,4
über 120	16 964	3,6
zusammen	478 160	100,0

Quelle: Harrach, Wichard Graf: Agrarwirtschaftliche und agrarpolitische Verhältnisse im Vereinigten Königreich von Großbritannien und Nordirland. Frankfurt 1963, S. 16.

Nun ist allerdings zu bedenken, daß diese Reform in eine Zeit fiel, in der „in return for a guarantee of economic security the representatives of British agriculture accepted on behalf of their industry an obligation to satisfy certain minimum standards of husbandry and estate management"[19], und angesichts der staatlichen und halbstaatlichen Institutionen durch die „Agricultural Act, 1947" zugestandenen Zwangsmaßnahmen, die von der „supervision" bis zur „dispossession" von Landwirtschaftsbetrieben bei schlechter Betriebsführung reichten, nahm sich der Zwang zur Buchführung noch gelinde aus. Weder von der

[18] *Neumark*, Theorie und Praxis, a.a.O., S. 182.

[19] *Self*, Peter, and *Storing*, Herbert J.: The State and the Farmer. London 1962, p. 111.

übermächtigen landwirtschaftlichen Interessenvertretung, der „National Farmers' Union" (NFU), noch von den Landwirten selbst wurde diesem Zwang in Erwartung der staatlichen Subventionen Widerstand entgegengesetzt. Freilich waren auch — anders als in den beiden kontinentalen Staaten — weniger psychologische Hindernisse zu überwinden, denn „der britische Landwirt ist vielfach kein Bauer im kontinentalen Sinne, sondern eher ein Geschäftsmann auf dem Lande, ein ‚Hersteller' von Agrarprodukten, eben ein ‚Farmer'"[20], und die Bewirtschaftungsmaßnahmen in und unmittelbar nach dem Kriege trugen erheblich zur Weiterbildung der Rechenhaftigkeit in der britischen Landwirtschaft bei[21].

b) Die britische Methode der Einkommensbesteuerung der Landwirtschaft

Die Reform der Landwirtschaftsbesteuerung durch die „Finance Act, 1949" fand Eingang in die Neukodifizierung des britischen Einkommensteuerrechts durch die „Income Tax Act, 1952"[22], in der es heißt (Sec. 124 [1] bzw. [2]): „All farming and market gardening in the United Kingdom shall be treated as the carrying on of a trade..." Die von der „Royal Commission" 1920 geforderte *steuerliche Gleichbehandlung landwirtschaftlicher Gewinne* mit den gewerblichen und freiberuflichen, die ebenso unter Schedule D, Case I und II, fallen, war damit auch in formaler Hinsicht vollzogen.

Die Landbewirtschaftung „on a commercial basis" erfordert also seither in Großbritannien eine *exakte Erfolgsermittlung*. Charakteristikum dieser Erfolgsermittlung ist einmal die Tatsache, daß man die *Buchführungsvorschriften auf das notwendige Minimum reduziert* hat, zum andern hat der Steuergesetzgeber die Aktivierungs- und Bewertungsvorschriften insofern vereinfacht, als der größte Teil des Anlagevermögens nicht aktiviert und bewertet zu werden braucht. Mit Recht hat daher Weise diese *Methode der Erfolgsermittlung* als eine *„Kopplung einer laufenden Einnahme-Ausgabe-Rechnung mit einem einfachen Vermögensvergleich im Bereich des Umlaufvermögens"*[23] genannt.

Was die Buchführungsvorschriften im einzelnen anlangt, so ist dem Landwirt prinzipiell freie Hand bei der Wahl des Buchführungssystems

---

[20] *Harrach*, a.a.O., S 7.

[21] Vgl. dazu *Weise*, Herbert: Die Steuern im Vereinigten Königreich unter besonderer Berücksichtigung der Entwicklung seit dem Ersten Weltkrieg. Kieler Studien, Heft 41, Kiel 1957, S. 79.

[22] Abgedruckt in *Wheatcroft*, op. cit., p. 3003 seq.

[23] *Weise*, a.a.O., S. 80 (Hervorhebung vom Verfasser).

gelassen, jedoch fordert der „Inspector of Taxes", sobald sich Zweifel bei der Veranlagung ergeben, das „Valuation Book", in dem das aktivierungspflichtige Betriebsvermögen (inklusive Forderungen und Verbindlichkeiten) erfaßt und bewertet ist, das *„Cash Book"*, das Einnahmen und Ausgaben enthält, das *„Bank Book"*, in dem die über die Bank abgewickelten Geschäftsvorfälle verzeichnet sind, sowie das *„Pocket Note Book"* zur Aufzeichnung der jeden Tag angefallenen Geschäfte, die später in das „Cash Book" zu übertragen sind, vom Steuerpflichtigen an, und diese Bücher sind auch bei Betriebsprüfungen vorzulegen[24]. Auffallend ist also die im Gegensatz zu Deutschland geringe Zahl vorzuweisender Bücher. So ist in England wie in Deutschland der Boden nicht aktivierungspflichtig, der englische Landwirt muß daher auch nicht wie der deutsche ein gesondertes Grundstücksverzeichnis führen.

Bei der der Bewertung vorausgehenden Inventur wird der Landwirt zwar das gesamte Betriebsvermögen mengenmäßig erfassen, es bedarf aber, wie angedeutet, für Steuerzwecke *nicht* einer *Bewertung aller Wirtschaftsgüter.* Die Hauptschwierigkeit bietet dabei die *Bewertung des Viehbestandes.* Der britische Steuergesetzgeber hat hier zwei Wege beschritten, die zu ziemlich unterschiedlichen Ergebnissen führen. Bei der *„Trading Stock"-Methode*[25] werden Anschaffungs- oder Herstellungskosten sowie die Verkaufserlöse für jedes einzelne Tier verbucht und in die Gewinnermittlung aufgenommen. Bei der Bewertung des Viehbestandes sind die Anschaffungskosten anzusetzen, und, soweit es sich um selbstaufgezogene Tiere handelt, wird sich der „Inspector of Taxes" damit zufrieden geben, wenn der Bestand mit einem 25 v. H. unter dem Marktpreis liegenden Wert veranschlagt wird. Damit kann es also in der Regel nicht wie bei den Buchführungsbetrieben in Deutschland in gleichem Maße zur Entstehung stiller Reserven via von der Finanzverwaltung zu niedrig festgelegter Viehdurchschnittswerte kommen.

Für die Bewertung sogenannter „production herds" hat der Steuergesetzgeber dagegen einer Sonderregelung zugestimmt, die zwischen Vertretern des Landwirtschafts- und des Finanzministeriums einerseits und der „National Farmers' Union" andererseits 1947 ausgehandelt wurde[26] und die schließlich in die Neukodifizierung des Einkommen-

[24] Zu den Buchführungs- und Bewertungsvorschriften vgl. die vom „Ministry of Agriculture, Fisheries and Food" in Verbindung mit dem „Inland Revenue Department" (des Finanzministeriums) herausgegebene Broschüre „Farmers' Book-keeping and Income Tax". 2nd edition. HMSO. London 1964.

[25] „Income Tax Act, 1952", Sch. 20, para. 1.

[26] Die beiden genannten Bewertungsmethoden für den Viehbestand waren zuerst enthalten in dem vom „Board of Inland Revenue" herausgegebenen

steuerrechtes durch die „Income Tax Act, 1952"[27] übernommen wurde. Die Anwendung der Bewertung nach dieser sogenannten *„herd basis"* ist allerdings auf jenen Teil des Viehbestandes beschränkt, der der Milcherzeugung, der Gewinnung von Wolle, der Aufzucht von Jungtieren etc. dient und damit nicht „kept wholly or mainly for the sale of products from the *living* animal"[28] und nicht nur für kurze Zeit gehalten wird.

Nach der Entscheidung für die „herd basis" kann der Landwirt die Anschaffungs- oder Herstellungskosten einer „production herd" oder einer Bestandserhöhung nicht als Betriebsausgabe geltend machen. Andererseits sind die Einnahmen aus dem Verkauf der gesamten Herde oder eines beträchtlichen Teiles steuerfrei. Wird hingegen ein einzelnes Tier aus einer solchen Herde verkauft, ist der Gewinn als die Differenz zwischen Verkaufserlös und Anschaffungs- bzw. Aufzuchtkosten der Besteuerung zu unterwerfen. Im Falle des Ersatzes des verkauften Tieres durch ein anderes Tier gleicher Rasse sind Betriebsausgaben und Verkaufserlös für das alte Tier in das „Loss and Profit Statement" einzustellen, so daß bei Ersatz durch ein höherwertiges Tier ein Teil der Ausgaben nicht abzugsfähig ist. Ebenso wird beim Ersatz einer verkauften Herde, soweit dieser innerhalb von fünf Jahren vorgenommen wird, verfahren: Der Verkaufserlös für die alte Herde ist als Einnahme, die Anschaffungs- oder Aufzuchtkosten des neuen Bestandes sind als Ausgabe zu verbuchen. Ein daraus entstehender Gewinn ist neben einem solchen, der aus dem früheren Verkauf einer den neuen Bestand übersteigenden Stückzahl entstanden ist, der Steuer zu unterwerfen. Dieses Verfahren führt also nicht nur, wie die deutschen Viehdurchschnittsätze, zur Entstehung stiller Reserven, sondern läßt sogar beim Verkauf der gesamten oder größerer Teile der Herde die dann realisierten „capital gains" völlig steuerfrei. Nur beim Verkauf einzelner Tiere unterliegen die Wertzuwachsgewinne der Besteuerung. Wird eine neue Herde angeschafft, bleibt immerhin noch der Teil des Wertzuwachses steuerfrei, der aus der Differenz zwischen jetzigen und früheren Anschaffungs- bzw. Aufzuchtkosten resultiert. Das Verfahren führt zwar zu einer Begünstigung landwirtschaftlicher Betriebe beim Verkauf von Tieren, jedoch darf diese Begünstigung insofern nicht überschätzt werden, als die „herd basis" nur für „production herds" im oben definierten Sinne anwendbar ist.

Bei der *Bewertung von Vorräten* selbsterzeugter Lagerbestände (Getreide, Stroh, Heu, Viehfutter etc.) kann der Landwirt den um 15 vom

---

Pamphlet No. 271 „Notes on Treatment of Livestock kept by Farmers and Other Traders". Abgedruckt in *Wheatcroft* (ed.), op. cit., p. 6017.

[27] „Income Tax Act, 1952", Sch. 20, para. 2.

[28] *Wheatcroft* (ed.), op. cit., p. 1298 (Hervorhebung vom Verfasser).

Hundert reduzierten Marktpreis der Güter ansetzen, während zugekaufte Lagergüter (Kunstdünger etc.) mit ihrem Anschaffungspreis zu veranschlagen sind. Ernten auf dem Halm, selbsterzeugter Dünger und Saatgut bedürfen hingegen keiner besonderen Bewertung, wenn ihr Wert £ 700 nicht übersteigt und nur geringfügigen Schwankungen von Jahr zu Jahr ausgesetzt ist. Erlangt der Landwirt eine Bescheinigung eines „valuer", daß Jahresanfangs- und -endbestand der „tillages, unexhausted manures and growing crops" nicht wesentlich voneinander abweichen, so gilt diese Regelung auch für einen Wert, der £ 700 übersteigt.

Das Ergebnis der Bewertung dieser Posten des Betriebsvermögens hat der Landwirt aus dem „Valuation Book" in den *ersten Teil* (Sec. I) des *Einkommensteuer-Veranlagungs*formulars *(„Form 79 D")* zu übertragen. Dieses Formular ist ein Muster an Einfachheit und Übersichtlichkeit und erleichtert mit seinen zwar knappen, aber äußerst präzisen Erläuterungen die Abgabe der Steuererklärung außerordentlich. Der Landwirt hat in diesen ersten Teil Jahresanfangs- und endbestand an Vieh (soweit dieses der „herd basis" unterliegt, gegebenenfalls nur die Veränderungen) sowie an Lagervorräten mengen- und wertmäßig einzutragen.

Im zweiten Teil von „Form 79 D" werden der *Eigenverbrauch* der Betriebsleiterfamilie sowie der Verbrauch zur Beköstigung der angestellten Arbeitskräfte erfaßt. Grundsätzlich sind die selbstverbrauchten Güter mit den Erzeugerpreisen („selling prices"), „produce consumed by workers boarded in" mit den Herstellungskosten zu bewerten, von denen angenommen wird, sie seien mit den um 15 vom Hundert verminderten Erzeugerpreisen identisch. Hier mangelt es in Großbritannien wie in Deutschland bei den meisten Landwirten an exakten Aufzeichnungen, so daß in vielen Fällen zur Schätzung Zuflucht genommen werden muß. Die britische Finanzverwaltung hat für diese Wertansätze aber keine allgemeingültigen Pauschsätze festgelegt, sondern überläßt es den „Inspectors of Taxes", diese Werte anhand der Ergebnisse vergleichbarer Betriebe, die über entsprechende Aufzeichnungen verfügen, zu schätzen.

Der Einnahme-Ausgabe-Rechnung ist der *dritte Teil* des Veranlagungsbogens vorbehalten. Die *Betriebseinnahmen* sind, nach Erzeugnissen aufgegliedert, dem „Cash" bzw. dem „Bank Book" zu entnehmen und hier einzutragen. Als Betriebseinnahmen werden auch die „deficiency payments" und andere Subventionen angesehen. Zu den *Betriebsausgaben* zählt ebenso die an den „landlord" zu zahlende Pacht; für das „farmhouse" sind allerdings zwei Drittel der darauf entfallenden Pacht von den Betriebsausgaben als „living expenses" auszuschließen. Zinsen hingegen sind generell, auch wenn sie ausschließlich für im Betrieb verwendete Kredite gezahlt werden, nicht abzugsfähig.

Die drei Teile des „Form 79 D“ werden in einem einfachen „*Loss and Profit Statement*“, das hier zur Charakterisierung des gesamten Veranlagungsformulars[29] in seinem Wortlaut wiedergegeben ist, zusammengefaßt:

TOTAL CASH PAID OUT	TOTAL CASH RECEIVED
Add	*Add*
VALUATION at BEGINNING of year (see Section I)	VALUATION at END of year (see Section I)
Farm debts owing by me at END of year (....)	Total value of farm produce etc. consumed (see Section II)
	Farm debts owing to me at END of year (....)
Deduct	*Deduct*
Farm debts owing by me at BEGINNING of year (....)	Farm debts owing to me at BEGINNING of year
	£ s d
Total of right hand column	
Total of left hand column	
Difference which is the profit or loss	

Bei diesem einfachen Vermögensvergleich bleibt zunächst also in der Tat das gesamte Anlagevermögen, soweit es sich nicht um einen Viehbestand handelt, außerhalb der Betrachtung. Dem Steuerpflichtigen ist dafür zwar die Bewertungsarbeit erspart, das „Profit and Loss Statement“ wiese aber bei Außerachtlassung der Abschreibungen den Fehler auf, daß der Gewinn zu hoch ausgewiesen wäre. Daher ist den Abschreibungsbeträgen auf Maschinen und maschinelle Anlagen schließlich der *vierte Teil* des „Form 79 D“ vorbehalten. Zwar werden in den Erläuterungen zu diesem Teil dem Landwirt die verschiedenen Abschreibungsarten erklärt, jedoch wird es ihm nicht zugemutet, die Abschreibungsbeträge selbst zu berechnen. Diese Arbeit übernimmt der „Inspector of Taxes“ aufgrund der vom Steuerpflichtigen in diesen vierten Teil einzusetzenden Daten über Anschaffungsjahr und -kosten dieser Investitionsgüter. Diese Maßnahme stellt angesichts der schwierigen, weil beinahe von Jahr zu Jahr sich verändernden Abschreibungssätze eine große Erleichterung für den Landwirt dar, die zudem noch unter „equity“-Gesichtspunkten äußerst begrüßenswert erscheint.

Der britische Steuergesetzgeber hat in der Nachkriegszeit die Gewährung und Wiederaufhebung von *Sonderabschreibungen als ein kon-*

---

[29] Das Veranlagungsformular findet sich abgedruckt in der bereits angeführten Broschüre „Farmers‘ Book-keeping and Income Tax“ (p. 33 seq.).

junkturpolitisches Instrument eingesetzt[30]. (Für die Landwirtschaft sind Sonderabschreibungen auf landwirtschaftliche Gebäude bereits in der „Income Tax Act, 1945“ enthalten, die allerdings in diesem Fall weit mehr als ein Anreiz für den Übergang zur Buchführung denn als konjunkturpolitisches Mittel angesehen werden müssen.) Da der Landwirt als „trader“ im Sinne des Steuerrechts behandelt wird, betreffen diese Variationen der Sonderabschreibungen auf Maschinen und Ausrüstungsgegenstände die Landwirtschaft in gleichem Maße wie die gewerbliche Wirtschaft. Deshalb sind in der Vergangenheit für die Anschaffung solcher Investitionsgüter dem Landwirt ebenso wie dem gewerblichen Unternehmer sogenannte „initial allowances“, im Jahr der Anschaffung von den Anschaffungs- oder Herstellungskosten abzusetzende und den Buchwert verringernde Abschreibungen, sowie „investment allowances“, den Buchwert nicht verringernde Sonderabschreibungen im Anschaffungsjahr, gewährt worden. Über die Variationen dieser Sonderabschreibungen für Maschinen und Ausrüstungsgegenstände gibt Tabelle 34 Auskunft.

Tabelle 34

Sonderabschreibungen auf landwirtschaftliche und zu gewerblichen Zwecken genutzte Maschinen in der Nachkriegszeit (in v. H.)

Art der Sonderabschreibungen	1946	1949	1951	1952	1953	1954	1955	1956	1957	1958
Initial all.	20	40	40	—	20	20	20	20	20	30
Investment all.	—	—	—	—	—	20	20	—	—	—
	1959	1960	1961	1962	1963	1964	1965	1966	1967	1968
Initial all.	10	10	10	10	10	10	10	(30)	(30)	(30)
Investment all.	20	20	20	20	30	30	30	—	—	—

Quelle: Schierloh, a.a.O., S. 118, sowie Ergänzungen anhand von *Wheatcroft* (ed.), op. cit.
Anmerkung: Die Jahreszahlen beziehen sich jeweils auf das Anschaffungsjahr des Investitionsgutes.

Dieser Politik der Sonderabschreibungen wurde durch die „Finance Act, 1966“[31] — wenigstens teilweise — ein Ende bereitet; nicht zuletzt haben bei dieser Reform die kritischen Äußerungen der „Royal Commission on the Taxation of Profits and Income“ über die Wirkungen

---

[30] Vgl. dazu *Schierloh*, Klaus: Fiscal Policy in Großbritannien. Berlin 1964, S. 115 ff. sowie *Bird*, Richard M.: Initial and Investment Allowances Under The British Income Tax and Counter-Cyclical Policy. In: The Journal of Finance, vol. 17 (1962), p. 501 seq.

[31] „Finance Act, 1966“, Section 35 (1). Abgedruckt in: *Wheatcroft* (ed.), op. cit., p. 12 089 seq.

von Sonderabschreibungen unter „equity“[32]- und „efficiency“[33]-Gesichtspunkten eine Rolle gespielt. An die Stelle der *„investment allowances“* sind für eine Reihe ausgewählter Investitionsausgaben, die nach dem 1. Januar 1966 vorgenommen werden, sogenannte *„investment grants“* getreten, die vom „Board of Trade“ gewährt werden. Im allgemeinen beträgt diese Investitionsprämie 20 vom Hundert der Anschaffungskosten für „new plant and machinery used for qualifying processes in manufacturing and extractive industries“[34]. Soweit Investitionsgüter nicht unter diese Begünstigung fallen, können 30 vom Hundert der Anschaffungskosten im ersten Jahr als „initial allowance“ abgeschrieben werden. (Deshalb wurde diese Zahl für die Jahre 1966-1968 in Tab. 34 in Klammern gesetzt.) Demgegenüber sind zwar die Sätze der Investitionsprämie für die Landwirtschaft niedriger, aber die Zahl der subventionsfähigen Investitionsobjekte ist weit größer. Der „investment grant“ für „fixed equipment, fixed plant, fixed machinery and land improvements“[35] beträgt 1966 noch 10, 1967 und 1968 aber bereits 12,5 vom Hundert. Die Investitionsprämie ist jedoch solchen Landwirten vorbehalten, deren „business amounts to at least 250 standard mandays“[36] und wird nur für Investitionsobjekte mit Anschaffungskosten über 100 £ gewährt. Daneben kann der Landwirt für neue Traktoren und Erntemaschinen eine Subvention beantragen, die 1966 10, 1967 und 1968 15 vom Hundert der Anschaffungskosten beträgt. Zu beachten ist, daß die „investment grants“ die abschreibungsfähigen Anschaffungskosten vermindern.

Was nun die jährlichen *Abschreibungen für Abnutzung* (in der älteren Terminologie: „annual allowances“, neuerdings: „writing-down allowances“) für Maschinen anbetrifft, so steht den landwirtschaftlichen wie den gewerblichen Unternehmern die Wahl zwischen degressiver und linearer Abschreibungsmethode offen. Die übliche Abschreibungsmethode ist jedoch die degressive. Die Abschreibungssätze werden von den „Commissioners of Inland Revenue“ festgelegt („agreed with representative bodies“[37]). Es ist hervorzuheben, daß die Abschreibungssätze in

---

[32] Royal Commission on the Taxation of Profits and Income: Final Report. HMSO. London 1955, Section 416.

[33] Final Report, op. cit., Section 421 seq.

[34] Eine vollständige Liste der begünstigten Investitionsgüter enthält vor allem die „Industrial Development Act, 1966“. Abgedruckt in: *Wheatcroft* (ed.), op. cit., p. 4888 seq., insbesondere Sch. 1 und 2.

[35] Eine Beschreibung der Investitionsprämien für die landwirtschaftlichen Betriebe findet sich in der von der „National Farmers' Union“ herausgegebenen Loseblattsammlung „Taxation“ (cf. Sch. 10).

[36] Ebenda.

[37] „Allowances for Capital Expenditure on Machinery or Plant“. Pamphlet no. 430. Issued by the Board of Inland Revenue. Abgedruckt in: *Wheatercroft* (ed.), op. cit., p. 6269.

Großbritannien im allgemeinen vergleichsweise hoch sind, jedoch kann kein Zweifel darüber bestehen, daß die „National Farmers' Union" bei den Verhandlungen über die jährlichen Abschreibungssätze erfolgreicher war als andere Interessenvertretungen, denn die Abschreibungssätze für landwirtschaftliche Maschinen sind um einige Prozentpunkte höher als die für ähnliche Investitionsgüter im gewerblichen Bereich. So wird zum Beispiel allein für bestimmte Erntemaschinen der Höchstsatz von 31 1/4 vom Hundert gewährt. Ähnliche Abschreibungsvergünstigungen genießen die britischen Farmer auch für landwirtschaftliche Gebäude und „works"[38]. (Das „farmhouse" darf jedoch nur zu einem Drittel abgeschrieben werden.) Ebenso wie die Abschreibungen für Maschinen werden die „in respect of capital expenditure on agricultural or forestry buildings and works"[39] vom Veranlagungsbeamten aufgrund der Angaben des Steuerpflichtigen über Art und Anschaffungsjahr der Investitionsobjekte auf einem dem Veranlagungsformular beiliegenden Sonderblatt („Form 462") berechnet. Der Satz der „writing-down allowance" beträgt 10 vom Hundert, während Industriebauten nur mit einer jährlichen Rate von 4 vom Hundert abgeschrieben werden können. Außerdem kann der Landwirt auch für diese Kategorie von Investitionsgüter einen „investment grant" beantragen.

Daß diese Sätze der jährlichen *Abschreibungen* einige Prozentpunkte über denen der gewerblichen Wirtschaft liegen, stellt heute de facto die *einzige Begünstigung der Landwirtschaft* im britischen Einkommensteuerrecht dar. Dennoch ist der Anteil der Abschreibungsbeträge am deklarierten Bruttoeinkommen mit (1965-66) 36 vom Hundert durchschnittlich zu nennen, wenn man bedenkt, daß diese Relation in anderen Wirtschaftszweigen mit allerdings weit kapitalintensiverer Produktion bis zu 90 vom Hundert beträgt[40].

Darüber hinaus werden den Landwirten keine Begünstigungen im Einkommensteuerrecht gewährt. Ihnen steht zwar die „earned income allowance" zu, jedoch können diese alle unter den Cases I und II der Schedule D Besteuerten von ihrem steuerpflichtigen Einkommen absetzen, obwohl ihr Einkommen zum Teil als fundiert gelten muß. Der Farmer kann sowohl einen Verlustausgleich als auch einen Verlustvor- und -rücktrag wie jeder gewerbliche Unternehmer geltend machen.

---

[38] Der Begriff „works" umfaßt „cottages, fences, drainage, sewerage, water and electricity installations, walls, shelter belts of trees and reclamation of former agricultural land". (So die Definition in der Loseblattausgabe „Taxation".)

[39] Titel des „Form 462".

[40] Report of Her Majesty's Inland Revenue for the year ended 31st March 1967. 110th Report. HMSO. London 1968, table 46, p. 87.

Allerdings ist dem Ausgleich eines Verlustes aus „hobby farming" 1960 ein Riegel vorgeschoben worden, denn nach Schedule 20 der „Finance Act, 1960"[41] kann ein Verlust nur dann noch geltend gemacht werden, wenn der Betrieb nachweislich mit Gewinnabsicht betrieben wurde.

Was nun die *Besteuerung der „landlords"* anlangt, so hat sich mit deren sinkender Bedeutung in der britischen Landwirtschaft — nur noch 45 vom Hundert aller landwirtschaftlichen Betriebe sind heute reine Pachtbetriebe[42] — in den letzten Jahren ein Wandel vollzogen. Angesichts der Schwierigkeiten mit der Neufestsetzung der „annual values" waren sogenannte „excess rents" der Pächter bereits in Schedule D, Case VI, erfaßt worden. Die „Finance Act, 1963"[43] (Secs. 14 seq.) hat dieser Besteuerungsform wie der gesamten Schedule A dann ein Ende bereitet, indem sie alle „receipts" (nicht aber „notional incomes") aus Vermietung und Verpachtung beim Vermieter bzw. beim Verpächter unter dem neueingerichteten Case VIII der Schedule D zu erfassen vorschrieb, den Quellenabzug für diese Einkünfte also völlig aufhob. Hatte früher der „owner-occupier" seine Grundrente, als die der „annual value" angesehen wurde, unter Schedule A zu versteuern und konnte er diesen Betrag dann bei der Erfassung seines Betriebsgewinnes abziehen, so entfällt jetzt diese Gewinnaufspaltung. Dafür bleibt aber nunmehr die „imputed rent" aus der (partiellen) Nutzung des Farmhauses als Wohnung (wie bei jedem Eigenheimbesitzer in Großbritannien) völlig steuerfrei[44].

c) Die Ursachen für den Erfolg der Einkommens-besteuerung der britischen Landwirtschaft

Es kann kein Zweifel darüber bestehen, daß in Großbritannien *der Übergang von der „presumptive taxation" zur Besteuerung der tatsächlichen, buchmäßig ermittelten Gewinne gelungen* ist. Dieser Erfolg läßt sich mit wenigen Zahlen belegen.

Trotz des Rückgangs der Zahl landwirtschaftlicher Betriebe in der Nachkriegszeit ist die Zahl der Veranlagten mit Einkünften aus Landwirtschaft und Gartenbau in der Zeit zwischen 1953/54 und 1965/66 noch von 330 800 auf 348 100[45] gestiegen. Dem stand 1963/64 eine Zahl von

---

[41] Abgedruckt in: *Wheatcroft* (ed.), op cit., p. 12069.

[42] *Harrach,* a.a.O., S. 18.

[43] Abgedruckt in: *Wheatcroft* (ed.), op. cit., p. 12076.

[44] Vgl. *Goode,* op. cit., p. 121.

[45] Ninety-Ninth Report of Her Majesty's Inland Revenue for the year endet 31st March 1956, table 32, p. 49, sowie 110th Report, op. cit., table 41, p. 82.

rund 450 000 landwirtschaftlichen Betrieben[46] im Vereinigten Königreich gegenüber, wobei zu bedenken ist, daß die Zahl der Farmer, die mehr als einen Betrieb bewirtschaften, in Großbritannien größer als auf dem Festland sein dürfte. Außerdem enthält die Steuerstatistik zwar „estimates of numbers of cases and amounts of income when no formal assessment is made because no tax is actually chargeable“[47], jedoch schließen die Schätzungen (Nebenerwerbs-)Landwirte mit einem Betriebsgewinn unter £ 275 nicht ein.

Besondere Schwierigkeiten stehen einem Vergleich der veranlagten Einkommen und dem in der Agrarstatistik ausgewiesenen aggregierten Gewinn aller landwirtschaftlichen Betriebe, dem „farming net income“, entgegen. Die Hauptschwierigkeit verursachen die unterschiedlichen Abschreibungsbeträge, denn die steuerrechtlichen Abschreibungen übertreffen die aufgrund kaufmännischer Praxis vorgenommenen gerade in Großbritannien (in allen Wirtschaftszweigen) bei weitem, und dieses „gap“ hat sich in den letzten Jahren erheblich vergrößert. Um die durch die Abschreibungen verursachten Differenzen auszuschalten, kann man vom „net true income“ (der Steuerstatistik), dem um einige beim Vergleich nicht erheblich ins Gewicht fallende Posten, vor allem aber um die steuerrechtlichen Abschreibungen verminderten Bruttoeinkommen (genauer: „gross true income“[48]), und dem „farming net income“, von dem die nach kaufmännischen Gesichtspunkten berechneten Abschreibungen bereits abgezogen sind, ausgehen und dem „net true income“ die Differenz der beiden Abschreibungsbeträge hinzufügen. So gelangt man zu einem korrigierten „net true income“. Derart kann aber mit den Zinszahlungen der Landwirte, die als Betriebsausgabe bei der Einkommensteuer nicht geltend gemacht werden können, nicht verfahren werden, weil die Agrarstatistik nur „rent and interest“ en bloc ausweist. Das Vergleichsergebnis ist daher mit dem Fehler behaftet, daß im „farming net income“ Zinszahlungen nicht, im korrigierten „net true income“ jedoch enthalten sind, so daß die Differenz zwischen diesen beiden Wertgrößen unterschätzt wird. Dieser Fehler ist jedoch bei der vergleichsweise geringen Nettoverschuldung der britischen Landwirte nicht so hoch zu veranschlagen, daß ein Vergleich völlig unmöglich wird.

Ferner behindert den Vergleich die Tatsache, daß alle Veranlagungen, die Gewinne betreffen, zwar auf der „preceding year basis“ vorgenommen werden, die Steuerstatistik aber wegen der Verzögerungen bei der Veranlagung zu 95 vom Hundert Veranlagungen aus dem vorvergange-

---

[46] Central Statistical Office: Annual Abstract of Statistics. No. 102. HMSO. London 1965, table 218, p. 183.

[47] 110th Report, op. cit., p. 77.

[48] Zur genauen Definition siehe 110th Report, op. cit., p. 70.

nen Jahr erfaßt, so daß die Zahlen der Agrarstatistik für 1965/66[49] mit denen des „Board of Inland Revenue“ für 1963/64[50] verglichen werden müssen. Die Vergleichsrechnung führt zu folgendem Ergebnis (alle Angaben in Mio. £):

(1) „net true income“ 1965/66	258,5	(3) „farming net income“ 1963/64	410,5
(2) steuerrechtl. Abschreibungen	148,1	(4) Abschreibungen	81,0
„net true income“		258,5	
+ Diff. d. Abschreibungsbeträge (2)—(4)		67,1	
(5) korrigiertes „net true income“		325,6 ((1) in v. H. von (5) : 79,4)	

Bedenkt man, daß (ein Teil der) Nebenerwerbslandwirte von der Steuerstatistik nicht erfaßt worden sind, muß diese *„compliance score“ als außerordentlich* hoch angesehen werden.

Der *Erfolg der Reform* ist nicht allein dem gesetzgeberischen Zwang zuzuschreiben, sondern daneben waren *einige Vorbedingungen* zu erfüllen, die diesen Erfolg wesentlich mitbestimmten.

Durch die „Agricultural Act, 1947“ wurde der *„National Agricultural Advisory Board“*, eine staatliche, dem Landwirtschaftsministerium unterstehende Organisation, die die Farmer in allen betriebswirtschaftlichen und -technischen Fragen kostenlos berät, gegründet. Zu den Aufgaben des „Board“, der in jedem „county“ mehrere Distriktsbüros unterhält, zählt nicht zuletzt auch die Beratung in Fragen, die „management and accounting“[51] betreffen. Der gleichen Aufgabe dient der *„Provincial Agricultural Economics Service“*, der allerdings nicht in allen landwirtschaftlichen Distrikten vertreten ist. Darüber hinaus gibt das Landwirtschaftsministerium allgemeinverständliche (und daneben preiswerte) Broschüren über alle betriebswirtschaftlichen Fragen des Landbaus, der Viehwirtschaft, aber auch der Besteuerung heraus, deren hohe Auflagen für ihren Zuspruch bei den britischen Landwirten sprechen.

Aber auch die Finanzverwaltung hat zum Erfolg beigetragen, und dieser Beitrag beschränkt sich nicht auf den Entwurf des Veranlagungsformulars. Aus der Tatsache, daß große Teile des Angebotes landwirtschaftlicher Erzeugnisse über Marktverbände („marketing boards“[52])

---

[49] Central Statistical Office: Annual Abstract of Statistics. No. 104. HMSO. London 1967. Table 215, p. 176.

[50] 110th Report, op. cit., table 41, p. 82.

[51] Zu den verschiedenen „Advisory Services“ vgl. Ministry of Agriculture, Fisheries and Food: At the Farmer's Service. 1967/68 edition. HMSO. London 1967/68.

[52] Über die seit den „Agricultural Acts“ von 1931 und 1933 gegründeten „boards“ siehe *Self-Storing*, op. cit., p. 88 seq.

geleitet werden, hat sie in zweifacher Hinsicht Nutzen gezogen: Einmal hat sie die Buchführungsarbeit für die Steuerpflichtigen dadurch erleichtert, daß sie die Monatsschecks der verschiedenen Marktverbände als Einnahmenbeleg gelten läßt, zum anderen verwendet sie die Angaben der „boards" zur Kontrolle der Steuererklärungen. Diese Kontrolle ist besonders bei einem der wichtigsten landwirtschaftlichen Produkte, der Milch, möglich, weil das gesamte Milchangebot über den „Milk Market Board", den mächtigsten britischen Marktverband, weitergeleitet wird. In der Nachkriegszeit hat — im Gegensatz zur Vorkriegszeit — auch die Bedeutung der landwirtschaftlichen Genossenschaften in Großbritannien erheblich zugenommen[53]. Die Finanzverwaltung benutzt heute auch deren Aufzeichnungen als Kontrolle der Steuerdeklarationen, und ihre Abrechnungsbelege dienen der Buchführungserleichterung.

Trotz dieser staatlichen Hilfen führt *keineswegs die Mehrzahl der britischen Landwirte ihre Bücher selbst.* Vielmehr übernimmt für sie ein „accountant" die eigentliche Buchführungs- und Bewertungsarbeit, während (wie bei den deutschen buchführenden Landwirten) nur die Grundaufzeichnungen, zu der auch die Inventur zählt, im Betrieb vorgenommen werden. Der Steuerberater verpflichtet dann häufig den Zensiten, alle Einnahmen und Ausgaben über seine Bank zu leiten, so daß der Steuerberater, soweit diese Rolle nicht die Bank selbst übernimmt, die Bankbelege als Grundlage der Buchführung und Bilanzierung benutzen kann. Der Steuerberater muß alle oben beschriebenen Bücher für den Landwirt führen und diese gegebenenfalls der Finanzverwaltung vorlegen. Anhand dieser Unterlagen bereitet dann der „accountant" für seinen Klienten das Formular „79 D" vor und reicht es nach Absprache mit dem Landwirt bei der Finanzverwaltung ein. Dieser kann (anders als in Deutschland) die Buchführungs- und Steuerberatungskosten weder als Betriebsausgaben noch als „personal relief" oder „allowance" von seinem steuerpflichtigen Einkommen absetzen[54].

Der „Board of Inland Revenue" verfügt bedauerlicherweise nicht über Zahlenmaterial, aus dem das Verhältnis selbständig buchführender und sich der Fernbuchführung bedienender Landwirte in Großbritannien zu entnehmen ist. Ein für die Veranlagung der Landwirte verantwortlicher Beamter des „Board" nannte als „rough guess" die Zahl von 50 000 selbständig buchführenden Landwirten im Vereinigten Königreich. Vor allem ist dessen Aussage beachtenswert, diese Zahl sei — nicht zuletzt wegen des Anstiegs der durchschnittlichen Betriebsgröße — ständig im Zunehmen begriffen.

---

[53] *Self-Storing* (op. cit., p. 107) schätzen, daß Mitte der fünfziger Jahre zwei Drittel aller britischen Farmer einer Genossenschaft angehörten.

[54] Vgl. *Wheatcroft* (ed.), op. cit., p. 1280—1281.

Eine weitere Vorbedingung für den Erfolg der Reform war der *hohe Ausbildungsstand der britischen Finanzbeamtenschaft,* insbesondere der Veranlagungsbeamten („Inspectors of Taxes"). Den „Inspectors" obliegt nicht nur die Prüfung der Veranlagungspapiere sowie die schwierige Berechnung der „capital allowances", sondern sie haben sich auch mit den *Landwirten* auseinanderzusetzen, *die die Buchführung und damit die Abgabe einer exakten Steuererklärung verweigern.* Aufgrund der „Income Tax Management Act" von 1964[55] (Sec. 31 [1], die in diesem Punkte älteres Recht neu kodifiziert hat) kann der Veranlagungsbeamte einen Steuerpflichtigen, der die Abgabe einer Steuererklärung verweigert, um die Vorlage seiner Bücher ersuchen. Kann der Steuerpflichtige Bücher auf Verlangen nicht vorlegen, so erlauben die Bestimmungen der ITMA dem Veranlagungsbeamten, eine Schätzung seines Gewinnes vorzunehmen. Anders als in Deutschland wird in *Großbritannien in diesen Fällen der Gewinn nicht unterschätzt, sondern kraft dieser Bestimmungen bewußt überschätzt, um den Steuerpflichtigen zu einem Einspruch gegen die Schätzung zu veranlassen.* In diesem Falle fällt dem Steuerpflichtigen die Beweislast („onus of proof") zu, das heißt, er muß seine Buchführung offenlegen, oder, wenn er über eine solche nicht verfügt, seinen Einspruch zurückziehen. Verweigert der Zensit im folgenden Jahr erneut die Buchführung, ist der Veranlagungsbeamte berechtigt, das „estimated assessment" noch höher über dem vermuteten Gewinn zu veranschlagen als im Vorjahr. Bei diesen Gewinn-(über-)schätzungen ist der „Inspector" an keinerlei Richt- oder Durchschnittsätze gebunden, sondern er kann sich an den Gewinnen vergleichbarer Betriebe in seinem Distrikt orientieren. Nicht zuletzt aufgrund dieser Vorschriften ist es der Finanzverwaltung nach 1949 gelungen, die Buchführung in der Landwirtschaft durchzusetzen.

Anders als in den beiden betrachteten kontinentalen Ländern haben auch die *landwirtschaftlichen Interessenvertreter* ihr Teil zum Gelingen der Reform beigetragen. Die mächtigste Interessenvertretung der britischen Farmer, die „National Farmers' Union", hat dem Buchführungszwang schon um deswillen nicht widersprechen können, weil sie sich der Tatsache bewußt war, daß zur Durchsetzung der Subventionierung der Landwirtschaft die Erfüllung bestimmter Mindestanforderungen „of husbandry and good management" vom Staat als Gegenleistung des Agrarsektors erwartet wurde. Angesichts dieser Subventionen ist es auch fraglich, ob es der NFU in der Nachkriegszeit gelungen wäre, gegen den Druck der Öffentlichkeit ein Einkommensteuerprivileg der Landwirtschaft zu verteidigen. Daher hat sie sich außer bei den Verhandlungen über die „capital allowances", bei denen die Vertreter

---

[55] Abgedruckt in: *Wheatcroft* (ed.), op. cit., p. 4479.

jedes betroffenen Wirtschaftszweiges gehört werden, in der Einkommensteuerpolitik nach 1949 zurückgehalten; das beweist nicht zuletzt die Tatsache, daß bei der 1965 eingeführten Besteuerung der „capital gains" der Landwirtschaft keine Sonderrechte eingeräumt wurden. Dafür hat sie sich um so mehr auf die Ausgabenseite des Budgets konzentriert; ihr Wohlverhalten in der Steuerpolitik wurde ihr durch eine ständig steigende Summe direkter Subventionen hinreichend honoriert.

Schluß

Möglichkeiten eines Abbaues des Einkommensteuerprivilegs der Landwirtschaft

Die Betrachtung der Einkommensbesteuerung der Landwirtschaft in den beiden angelsächsischen Ländern hat gezeigt, daß es keines landwirtschaftlichen Sondersteuerrechts bedarf, sondern daß eine Integration der Besteuerung landwirtschaftlicher Einkünfte in das für alle Pflichtigen gültige Steuerrecht möglich ist. Abschließend ist daher die Frage zu erörtern, auf welchem Wege eine solche Integration im deutschen Steuerrecht erreicht werden kann.

Den *Ansatz einer Reform* bieten die in jüngster Zeit veröffentlichten *Vorschläge des Wissenschaftlichen Beirates beim Bundesministerium der Finanzen*[1]. Diese Vorschläge lassen sich in zwei Punkten zusammenfassen:

1. Die Buchführungspflicht ist auf einen möglichst großen Kreis von Landwirten auszudehnen.
2. Die Besteuerung der verbleibenden nichtbuchführenden Landwirte ist so auszugestalten, daß sie zur Buchführung anspornt, wobei von der Besteuerung nach Durchschnittsätzen auf der Grundlage der Einheitswerte Abstand zu nehmen ist. Das GDL ist so zu ändern, daß dieser Forderung Rechnung getragen wird.

Der Beirat hat allerdings keine konkreten Maßnahmen zu Erreichung dieser Ziele vorgeschlagen. Daher sind solche detaillierten Reformvorschläge im folgenden zu entwickeln.

Nach Ansicht des Verfassers ist vom *Parlament*, das sich dem Druck der landwirtschaftlichen „pressure group" ausgesetzt sieht, in seiner Mehrheit eine Begünstigung der Landwirtschaft via Durchschnittsätze nicht erkennt oder diesem Druck stattzugeben bereit ist, *keine grundlegende Reform des Besteuerungsmodus zu erwarten.* Da das GDL wie die VOL gegen den Gleichheitsgrundsatz des Art. 3 des Grundgesetzes verstößt und ebensowenig die mit ihm verbundene Begünstigung nichtbuchführender Landwirte im Gesetzestext durch eine Willensäußerung des Gesetzgebers kenntlich gemacht ist, dürfte es dem *IV. Senat des*

---

[1] A.a.O., S. 22.

Bundesfinanzhofes (etwa — wie 1964 — anläßlich der Entscheidung über einen Einzelfall) keine Schwierigkeiten bereiten, die *Verfassungswidrigkeit des GDL festzustellen.* Dem Verfasser erscheint jedoch eine weitergehende Begründung des Urteils nötig zu sein, um eine grundlegende Reform des Besteuerungsverfahrens zu ermöglichen: Der IV. Senat hatte im VOL-Urteil Nachdruck darauf gelegt, daß „das EStG auf dem Grundgedanken der Besteuerung nach der wirtschaftlichen Leistungsfähigkeit" beruht und „... das tatsächliche Einkommen (erfassen)"[2] will. Eine solche Erfassung des tatsächlichen Einkommens lassen jedoch die langfristig konstant gehaltenen Durchschnittsätze, insbesondere die aus den Einheitswerten abgeleiteten nachhaltig erzielbaren Nettoerträge, aus den dargelegten Gründen prinzipiell nicht zu. Würde eine solche Begründung gegebenenfalls in das Urteil über die Verfassungswidrigkeit des GDL übernommen, wäre damit dem Steuergesetzgeber der Weg verschlossen, sich erneut für eine Besteuerung auf der Grundlage derartiger Durchschnittsätze zu entscheiden.

Führte das bisherige Besteuerungsverfahren nichtbuchführender Landwirte unter anderem zu einem Verstoß gegen das Gleichmäßigkeitspostulat, weil die steuerpflichtigen Gewinne der den Landwirten weitestgehend vergleichbaren nichtbuchführenden Gewerbetreibenden anhand von Richtsätzen ermittelt wurden, so liegt es nahe, anläßlich einer Reform, in der auch der *Sonderfreibetrag abzuschaffen* und die *Veranlagung auf der Basis des Wirtschaftsjahres durchzusetzen wäre,* auch für nichtbuchführende Landwirte eine *Gewinnermittlung mit Hilfe von Richtsätzen* zu fordern[3]. Damit würde die Einkommensbesteuerung dieser Landwirte zu der „bewährten Praxis"[4] der zwanziger Jahre zurückkehren. Dazu bedarf es, wie die Richtsatzbesteuerung nichtbuchführender Gewerbetreibender zeigt, keines Sonder-Einkommensteuerrechtes von der Form der VOL oder des GDL. Letzteres sollte also nicht, wie vom Beirat vorgeschlagen, geändert, sondern völlig außer Kraft gesetzt werden.

Voraussetzung der Besteuerung aufgrund von Richtsätzen sind aber bestimmte *Aufzeichnungen,* zu denen nichtbuchführungspflichtige Landwirte durch andere als steuergesetzliche Vorschriften nicht verpflichtet sind. Diese steuergesetzlichen Vorschriften sind bisher vom größten Teil der Landwirte nicht beachtet worden; der Steuergesetzgeber hat diese

---

[2] VOL-Urteil, a.a.O., S. 604.

[3] Diesen Vorschlag hatte der Wissenschaftliche Beirat beim Bundesministerium der Finanzen bereits 1953 unterbreitet (siehe den Bericht des Beirats über die „Organische Steuerreform". Bonn 1953, S. 33). Vgl. dazu *Knickmann,* Hans: Durchschnitt- oder Richtsätze bei der Einkommensbesteuerung der nichtbuchführenden Landwirte. In: DStZ, Ausg. A, XLII. Jg. (1954), S. 350.

[4] Organische Steuerreform, a.a.O., S. 33.

Pflichtverletzung nicht nur hingenommen, sondern er hat gerade in jüngster Zeit etwa im neuen Mehrwertsteuergesetz[5] die Landwirtschaft sogar von jeder Aufzeichnungspflicht befreit.

Wenn der Steuergesetzgeber der Landwirtschaft bereits durch die Belastung ihrer Lieferungen und Leistungen mit dem ermäßigten Steuersatz von 5,5 vom Hundert eine Begünstigung gewährt[6], dann ist nicht einzusehen, weshalb landwirtschaftliche Betriebe auch noch von der für die übrigen Steuerpflichtigen geltenden Aufzeichnungspflicht befreit sein sollten. Daher ist zu fordern, den (oben erwähnten[7]) § 12 der 1. UStDV zu streichen und die Landwirte damit der allgemeinen Aufzeichnungspflicht des § 22 des Mehrwertsteuergesetzes zu unterwerfen.

Es ist jedoch nach den Erfahrungen mit der Aufzeichnungspflicht der Landwirte im alten Umsatzsteuergesetz nicht damit zu rechnen, daß alle Landwirte dieser Verpflichtung vom Zeitpunkt ihrer Einführung an nachkommen. Zur *Durchsetzung der Aufzeichnungspflicht* und zur *Kontrolle des Umsatzes* bieten sich *drei Verfahren* an:

1. Den größten Teil ihrer Produkte liefern Landwirte heute in Deutschland (wie in den USA und Großbritannien) an „leicht kontrollierbare Organisationen (Genossenschaften)"[8], die überdies ein Körperschaftsteuerprivileg genießen[9]. Im Gegensatz zu den USA hat die Finanzverwaltung bisher von der Möglichkeit, die Wareneingänge dieser Organisationen zu überprüfen, um Aufschluß über die Umsätze landwirtschaftlicher Betriebe zu erlangen, nur selten Gebrauch gemacht. Dabei wäre die Frage zu stellen, ob das Körperschaftsteuerprivileg auch solchen Genossenschaften gewährt werden sollte, die Auskünfte über die Umsätze ihrer Genossen verweigern.

2. Eine Kontrollmöglichkeit bietet ferner der Vorsteuerabzug der Abnehmer landwirtschaftlicher Produkte.

3. Der Steuergesetzgeber ist bei der Festsetzung des Steuersatzes von 5,5 vom Hundert für die Lieferungen und Leistungen landwirtschaftlicher Betriebe davon ausgegangen, daß zwar „mit zunehmender Rationalisierung der (landwirtschaftlichen) Betriebe die tatsächlich

---

[5] Vom 29. Mai 1967. In: BGBl. I, S. 545.

[6] Daß in der Anwendung des ermäßigten Steuersatzes auf Lieferungen und Leistungen landwirtschaftlicher Betriebe eine Begünstigung der Landwirtschaft, nicht eine sozialpolitisch motivierte Maßnahme zu sehen ist, hat der Finanzausschuß (BT-Drucksache V/1581, S. 3) konzediert.

[7] Siehe oben S. 23.

[8] *Coulbois*, Paul: Art. „Staatshaushalt und Finanzsystem Frankreichs". In: Handbuch der Finanzwissenschaft. 3. Bd., 2. Aufl., hrsg. von W. Gerloff und F. Neumark, Tübingen 1958, S. 251.

[9] Vgl. §§ 31 bis 38 der Körperschaftsteuer-Durchführungsverordnung in der Fassung vom 3. Mai 1965. In: BGBl. I, S. 365.

anfallenden Vorsteuern nach einiger Zeit"[10] die Höhe der Belastung des Umsatzes erreichen werden, während der ermäßigte Steuersatz, soweit die Überwälzung gelingt, „in der ersten Zeit nach Einführung der Mehrwertsteuer noch zu einer gewissen Begünstigung der (Landwirtschaft) führen wird"[11]. Eine Möglichkeit, den buchmäßigen Nachweis ihrer Umsätze von nicht aufzeichnungswilligen Landwirten zu erzwingen, besteht darin, ihnen entweder die Verrechnung der vollen 5,5 vom Hundert Mehrwertsteuer zu untersagen oder sie bei einer (zu erwartenden) Erhöhung der Mehrwertsteuersätze von dieser auszunehmen, wenn sie an Unternehmer (im Sinne des Mehrwertsteuergesetzes) liefern. Damit sähen sie sich durch den Kostendruck der Vorsteuern veranlaßt, ihre Umsätze aufzuzeichnen, um den höheren Mehrwertsteuersatz bei ihren Lieferungen und Leistungen in Rechnung stellen zu können. Die Nachholwirkung auf der dem landwirtschaftlichen Betrieb folgenden Stufe sorgt dafür, daß die landwirtschaftlichen Erzeugnisse dennoch gleichmäßig mit Umsatzsteuer belastet sind.

Die *Ermittlung der Gewinnsätze* im Rahmen der Richtsatzbesteuerung kann *anhand der Ergebnisse der* (buchführenden) *Testbetriebe* erfolgen. Es ist allerdings zu fordern, daß den Gremien, die die neu in die Buchführungsstatistik (und damit die Richtsatzermittlung) einzubeziehenden Betriebe auswählen, auch Vertreter der Finanzverwaltung angehören. Die Testbetriebsergebnisse sind dann (wie die der gewerblichen Richtbetriebe) von Betriebsprüfern der Finanzverwaltung in jedem Bundesland zu „normalisieren", um obere, mittlere und untere Rohgewinnsätze bei alternativer Umsatzhöhe zu ermitteln, wobei sicherzustellen ist, daß landwirtschaftliche Interessenvertreter (des Bauernverbandes, der Landwirtschaftskammer etc.) keinerlei Einfluß auf die Gewinnsatzermittlung nehmen können.

Unter Beachtung der individuellen Verhältnisse des Betriebes wird dann der *Gewinn durch Anwendung eines Rohgewinnsatzes auf den Umsatz* errechnet. Dabei bietet die Abzugsfähigkeit bestimmter Betriebsausgaben vom Rohgewinn einen Anreiz zur Aufzeichnung dieser Abzugsposten. Dem derart ermittelten Gewinn sind allerdings noch die nach Maßgabe der Betriebsgröße und der Umsatzhöhe variierenden Buchführungskosten hinzuzurechnen, da der zu veranlagende Betrieb (anders als die Testbetriebe) solche Kosten nicht zu tragen hat und der mit Hilfe des Rohgewinnsatzes errechnete Gewinn um diese unterschätzt würde.

---

[10] *Schomburg*, Rudolf, und *Kühr*, Christian: Kommentar zum Mehrwertsteuergesetz. Loseblatt-Sammlung, Erläuterungen zu § 24.

[11] *Schomburg-Kühr*, a.a.O., Erläuterungen zu § 4.

Dieses Gewinnermittlungsverfahren wird allerdings bezüglich der zurechenbaren Einkommensteile *(Eigenverbrauch, Mietwert der eigenen Wohnung)* nicht zu befriedigenden Ergebnissen führen, weil eine exakte Aufzeichnung dieser Posten kaum zu erwarten und ihre Erfassung auch bei den Testbetrieben mangelhaft ist.

Was die Besteuerung des Eigenverbrauchs anlangt, so hält der Verfasser *in diesem Punkte* die Festsetzung für alle Betriebsgrößenklassen einheitlicher und jährlich neu festzusetzender Durchschnittsätze pro im Privathaushalt versorgter Person für die einzig praktikable Lösung. Solche Durchschnittsätze können zum Beispiel anhand der Ergebnisse der von der amtlichen Statistik vorgenommenen Verbrauchsstichproben ermittelt werden. Werden sie so festgesetzt, daß der (Pro-Kopf-)Verbrauch aller in einem landwirtschaftlichen Betrieb *herstellbaren* Güter veranschlagt ist, bieten sie den Landwirten einen Anreiz zum buchmäßigen Nachweis des Eigenverbrauchs, deren Entnahmen selbsterzeugter Güter aus dem Betrieb niedriger sind. Beim Abzug der Betriebsausgaben läßt sich jener Teil kaum ermitteln, der auf die Herstellung selbstverbrauchter Güter entfällt; daher erscheint es angebracht, den vollen Abzug aller Betriebsausgaben zuzulassen und die selbstverbrauchten Güter mit den Erzeugerpreisen zu bewerten, um das „imputed income“ voll zu erfassen.

Zur Erfassung des Mietwertes der eigenen Wohnung bieten sich zwei Verfahren an: Eine Abtrennung der Bewirtschaftungskosten (sowie der Abschreibungen) des Wohngebäudes oder des Wohnteiles des Wirtschaftsgebäudes von den übrigen Betriebskosten ist zu vermeiden, wenn dem Gewinn das „gross imputed income“ zugeschlagen wird. Daher könnte die Jahresrohmiete vergleichbarer Wohnungen, die von der Finanzverwaltung aufgrund von Mietpreissammlungen festzusetzen wäre, als Mietwert der eigenen Wohnung veranschlagt werden. Jedoch würde diese Regelung Landwirte insofern diskriminieren, als das zurechenbare Einkommen von Eigenheimbesitzern, die im übrigen nahezu alle Bewirtschaftungskosten von ihrem steuerpflichtigen Einkommen absetzen können, nach Maßgabe der „Verordnung über die Bemessung des Nutzungswertes der Wohnung im eigenen Einfamilienhaus“[12] veranschlagt wird. Deshalb erscheint es gerechtfertigt, Landwirte in diese Regelung einzubeziehen und 3,5 vom Hundert[13] des Wohnungswertes[14] zur Einkommensteuer heranzuziehen, solange für Besitzer von Eigenheimen keine andere Regelung bezüglich der Besteuerung ihres „imputed income“ getroffen wird.

---

[12] Vom 26. Januar 1937. In: RGBl. I, S. 99.

[13] § 2, Abs. 1 Ziff. 2 dieser Verordnung war das Gebäude vor dem 1. Januar 1925 bezugsfertig: 3 vom Hundert.

[14] Vgl. oben S. 20 f.

Ist der Übergang zur Richtsatzbesteuerung nichtbuchführender Landwirte vollzogen, läßt sich auch die *exakte Gewinnermittlung bei buchführungspflichtigen, aber nichtbuchführenden Landwirten* durchsetzen. In diesem Zusammenhang wäre jedoch zuerst zu prüfen, ob nicht die Quantität der zu führenden Bücher reduziert und ein gesondertes Veranlagungsformular (mit Anleitungen) herausgegeben werden könnte, um die Buchführung und die Abgabe der Steuererklärung zu erleichtern. Verweigern buchführungspflichtige Landwirte die Vorlage einer exakten Gewinnermittlung, können sie formal wie Nichtbuchführende mit Hilfe der Richtsätze veranlagt werden, wobei jedoch nur der obere Rahmensatz anzuwenden ist. Nach Ansicht des Verfassers stünde keine Bestimmung des Einkommensteuergesetzes oder der Abgabenordnung dem entgegen, in diesen Fällen entweder nach englischem Muster bewußt den Gewinn zu überschätzen oder den Abzug bestimmter Betriebsausgaben (insbesondere Schuldzinsen) nicht zuzulassen.

Es sind dabei jedoch zwei Punkte zu beachten: Einmal werden auch buchführungspflichtige, tatsächlich aber nicht oder nur mangelhaft Bücher führende Gewerbetreibende mit einem Gewinn (Umsatz) bis zu 25 000 (300 000) DM anhand der Richtsätze zur Einkommensteuer veranlangt. Zum andern ist zur größeren Verbreitung der Buchführung eine Vermehrung der Zahl der Buchstellen nötig[15], denn es kann nicht vorausgesetzt werden, alle zur Buchführung veranlaßten Landwirte führten ihre Bücher selbst. Um Landwirte einerseits nicht gegenüber Gewerbetreibenden zu diskriminieren und andererseits einen Ausbau des Buchstellennetzes zu ermöglichen, erscheint es daher angebracht, zunächst nur Landwirte mit dem oben beschriebenen Gewinn oder Umsatz zur Buchführung zu veranlassen. Sukzessive ist diese faktisch bestehende Buchführungspflichtgrenze sowohl für Landwirte als auch für Gewerbetreibende auf die in § 161 AO vorgeschriebene zu senken.

---

[15] Das Mitgliederverzeichnis des Hauptverbandes der landwirtschaftlichen Buchstellen und Sachverständigen e. V. wies 1964 rund 320 Buchstellen aus.

Literaturverzeichnis

A. Bücher und Zeitschriftenartikel

Abel, W.: Agrarpolitik. 2. Aufl., Göttingen 1958.

Aereboe, F.: Agrarpolitik, Berlin 1928.

— Allgemeine landwirtschaftliche Betriebslehre. Berlin 1923.

— Taxation von Landgütern und Grundstücken. Berlin 1912.

Albers, W.: Die Einkommensbesteuerung in Frankreich seit dem Ersten Weltkrieg. Eine Analyse ihrer wirtschaftlichen, sozialen und administrativen Probleme. Kieler Studien, Heft 42. Kiel 1957.

Arendt, H.: Entwicklung und innerer Aufbau der englischen Einkommensteuer. Jena 1931.

Bäcker, G.: Gesetz über die Ermittlung des Gewinnes aus Land- und Forstwirtschaft (GDL). In: Informationen über Steuer und Wirtschaft für die Land- und Forstwirtschaft, Jg. 14 (1965), S. 265 ff.

— Das Gesetz über die Ermittlung des Gewinns aus Land- und Forstwirtschaft nach Durchschnittsätzen. In: DStZ, Ausg. A, LV. Jg. (1965), S. 296 ff.

Baker, R. L.: Tax Accounting Problems of the Farmer. In: The Journal of Accountancy, September 1957, p. 53 seq.

— Special Farm Tax Problems. In: The Journal of Accountancy, April 1961, p. 64 seq.

Balch, B. L.: Individual Income Taxes and Housing. In: NTJ, vol. XI (1958), p. 168 seq.

Beattie, C. N.: Elements of the Law of Income and Capital Gains Taxation. London 1966.

Becker, E.: Die Reichsabgabenordnung vom 13. Dezember 1919. Erläuterte Handausgabe. Berlin 1922.

Becker, J.: Der Einheitswert in der Landwirtschaft. Diss. Bonn 1952.

Beneke, R. R.: Some Effects of Income Tax Regulations on Farming Efficiency. In: JFE, vol. 34 (1952), p. 520 seq.

Betzler, E.: Praktische Erfahrungen bei der Bewertung des landwirtschaftlichen Vermögens. In: DStZ, Ausg. A, XXIV. Jg. (1935), S. 1220 ff.

Bird, R. M.: Initial and Investment Allowances Under the British Income Tax and Counter-Cyclical Policy. In: The Journal of Finance, vol. 17 (1962), p. 501 seq.

Blattau, H.: Die Bewertung der landwirtschaftlichen Grundstücke und Güter für die Veranlagung der Steuer. Berlin 1920.

Blümich, W., und *Falk* L.: Einkommensteuergesetz. Kommentar. 2. Bd., 8. Aufl., Berlin-Frankfurt 1960.

Blümich, W.: Einkommensteuergesetz. Kommentar. 4. Aufl., Berlin 1940.

Blümich, W., und *Schachian*, H.: Das Einkommensteuergesetz vom 10. August 1925. Kommentar. Berlin 1925.

Boesler, F.: Ertragswert und gemeiner Wert in der deutschen Vermögensbesteuerung. In der Reihe: Probleme des Geld- und Finanzwesens, hrsg. von B. Moll, Bd. III. Leipzig 1925.

Borie, F. E.: L'Introduction du forfait dans les impôts sur les revenus. 2e édition, Paris 1924.

Bramson, K.-H.: Die Gewinnschätzungsmethoden im Steuerrecht. Düsseldorf 1957.

Brandes, W.: Buchführung und Kalkulation. Entwickelt aus der Theorie des landwirtschaftlichen Betriebes. Hamburg 1964.

Brand, K.: Guidelines for a Constructive Revision of Agricultural Policy in the Coming Decade. In: JFE, vol. 43 (1961), p. 1 seq.

— Agrarpolitik als Schlüssel zur Freiheit oder Knechtschaft in der dynamischen Wirtschaft der Welt. In: Wirtschaftsfragen der freien Welt — Erhard-Festschrift —, hrsg. von E. v. Beckerath, F. W. Meyer, A. Müller-Armack. Frankfurt am Main 1957, S. 465 ff.

Breininger, H. F.: Why Do Farmers Overinvest? In: JFE, vol. 48 (1966), p. 475 seq.

Bühler, O.: Die englische Einkommensteuer. Ihr heutiger Stand und ihre Handhabung. Berlin 1925.

Büsch, H.: Steuerliche Entlastungen einzelner Wirtschaftsbereiche — ein Problem der sektoralen Finanzpolitik. Diss. Köln 1965.

Busch, W.: Landwirtschaftliche Betriebslehre. Essen 1958.

Cary, W. L.: Pressure Groups and the Increasing Erosion of the Tax Laws. In: Federal Tax Policy for Economic Growth and Stability. Joint Committee on the Economic Report, 84th Congress, 1st session. US Government Printing Office, Washington, D. C., 1955, p. 260 seq.

Cotton, G.: L'Agriculteur et l'impôt sur le revenu. In: Chambres d'Agriculture, 36e année (1965), supplement au no. 314.

Coulbois, P.: Art. „Staatshaushalt und Finanzsystem Frankreichs". In: Handbuch der Finanzwissenschaft. 3. Bd., 2. Aufl., hrsg. von W. Gerloff und F. Neumark, Tübingen 1958, S. 236 ff.

Coutin, P.: Fiscalité et para-fiscalité agricoles en France. In: Revue Economique, 4e année (1953), p. 695 seq.

Diehl, W. D.: Farm — Nonfarm Migration in the Southeast: A Costs-Return Analysis. In: JFE, vol. 48 (1966), p. 1 seq.

Dietze, C. von: Grundzüge der Agrarpolitik. Hamburg-Berlin 1967.

Doris, L.: The American Way in Taxation — The Internal Revenue 1962—1963. Englewood Cliffs, N. J., 1963.

Due, J. F.: Government Finance. 3rd edition, Homewood, Ill., 1963.

Duverger, M.: Finances Publiques. Paris 1965.

Dziegalowski, E., und *Thümen*, G.: Das Reichsbewertungsgesetz. Kommentar. 5. Aufl., Berlin 1940.

Edelmayer, H.: Die Ertragsbesteuerung der Land- und Forstwirtschaft. Veröffentlichung Nr. 19 in der Schriftenreihe des Instituts für Finanzwissenschaft und Steuerrecht in Wien. Wien 1964.

Fauchon, J.: Economie de l'agriculture française. Paris ohne Jahr (um 1954).

Felsmann, W.: Einkommenbesteuerung der Land- und Forstwirte. Bonn 1963.

Fensch, H. L., und *Padberg*, K.: Eigenverbrauch und Marktleistung der deutschen Landwirtschaft. Berlin 1938.

Frank, E.: Grundsätze und Grenzen der steuerlichen Schätzung. Berlin 1938.

Fuß, F. W., und *Färber*, R.: Landwirtschaftliche Betriebstypen als sozialökonomische Einheiten. Bonn 1958.

Gardner, W. D.: Farm Income Tax Compliance. In: JFE, vol. 42 (1960), p. 686 seq.

Gendarme, R.: Etude comparée des régimes fiscaux en agriculture. In: Revue de Science et de Législation Financières, 44e année, (1952), p. 597 seq.

Gerloff, W.: Art. „Steuerwirtschaftslehre". In: Handbuch der Finanzwissenschaft. 2. Bd., 2. Aufl., hrsg. von W. Gerloff und F. Neumark, Tübingen 1956, S. 240 ff.

— Entwicklungstendenzen in der Besteuerung der Landwirtschaft. In: Festschrift für Carl Grünberg. Leipzig 1932, S. 85 ff.

— Art. „Steuerwirtschaftslehre". In: Handbuch der Finanzwissenschaft. 1. Bd., 1. Aufl., hrsg. von W. Gerloff und F. Meisel, Tübingen 1926, S. 436 ff.

Görbing, H.: Sonstige Änderungen und Verbesserungen des Einkommensteuergesetzes durch das Steueränderungsgesetz 1964. In: DStZ, Ausg. A., LII. Jg. (1964), S. 371 ff.

Goldsmith, S. F.: Appraisal of Basic Data Available for Constructing Income Size Distribution. In: National Bureau of Economic Research. Conference on Income and Wealth, vol. 13 (1951), p. 267 seq.

Goode, R.: The Individual Income Tax. Washington, D. C., 1964.

— Imputed Rent of Owner-Occupied Dwellings under the Income Tax. In: Journal of Finance, vol. 15 (1960), p. 504 seq.

Groves, H. M.: Income Tax Administration. In: NTJ, vol. 12 (1959), p. 37 seq.

— Empirical Studies of Income Tax Compliance. In: NTJ, vol. 11 (1958), p. 291 seq.

Haider, L., *Engel*, R., und *Dürschke*, A.: Bewertungsgesetz und Bodenschätzungsgesetz. Kommentar. 3. Aufl., München-Berlin 1954.

Haller, H.: Finanzpolitik. Grundlagen und Hauptprobleme. 4. Aufl., Tübingen-Zürich 1968.

— Die Steuern. Grundlinien eines rationalen Systems öffentlicher Abgaben. Tübingen 1964.

Halstead, H. M.: Federal Income Taxation of Farmers. American Law Institute. Philadelphia 1961.

Hamann, H.: Einkommensordnung im Agrarsektor. 2. Aufl., Berlin 1942.

Hansmeyer, K.-H.: Finanzielle Staatshilfen für die Landwirtschaft. Zur Theorie einer sektoralen Finanzpolitik. Tübingen 1963.

Hardin, Ch. M.: Present and Prospective Problems of US Agriculture: As Viewed by a Political Scientist. In: JFE, vol. 47 (1965), p. 1091 seq.

Harrach, W. Graf: Agrarwirtschaftliche und agrarpolitische Verhältnisse im Vereinigten Königreich von Großbritannien und Nordirland. Frankfurt am Main 1963.

Hartz, B.: Die Einkommensbesteuerung der Landwirtschaft. Anmerkungen zum BFH-Urteil IV 11/64 S vom 5. 11. 64. In: Der Betrieb, Jg. 1964, S. 1784 f.

Haskell, M. A., and *Kauffman*, J.: Taxation of Imputed Income. In: NTJ, vol. 18 (1964), p. 232 seq.

Hathaway, D. E.: Government and Agriculture. Public Policy in a Democratic Society. New York-London 1963.

Heady, E. O.: Agricultural Policy Under Economic Development. Ames, Iowa, 1962.

Heidhus, Th.: Ziel-Mittel-System in der Agrarpolitik. In: Zeitschrift für die gesamte Staatswissenschaft. 122. Bd. (1966), S. 87 ff.

Heller, W. W.: Limitations of the Federal Individual Income Tax. In: Journal of Finance, vol. 7 (1952), p. 185 seq.

Herlemann, H.-H.: Über die Relativität agrarpolitischer Ziele. In: Methoden und Probleme der Wirtschaftspolitik. Gedächtnisschrift für Hans-Jürgen Seraphim, hrsg. von H. Ohm. Berlin 1964, S. 147 ff.

— Grundlagen der Agrarpolitik. 1. Aufl., Berlin-Frankfurt 1961.

— und *Stamer*, H.: Produktionsgestaltung und Betriebsgröße in der Landwirtschaft unter dem Einfluß der wirtschaftlich-technischen Entwicklung. Kieler Studien, Heft 44. Kiel 1958.

Herzog, H.: Grundlagen und Methode der landwirtschaftlichen Einheitsbewertung. In: Handbuch der Landwirtschaft. Bd. 5: Wirtschaftslehre des Landbaus. 2. Aufl., hrsg. von E. Woermann. Berlin-Hamburg 1954, S. 734 ff.

Höfer, A.: Die Besteuerung der Landwirtschaft in Deutschland und Frankreich, dargestellt an den Verhältnissen des Jahres 1954. Diss. Bonn 1954.

Holland, D. M., and *Kahn*, H. C.: Comparison of Personal and Taxable Income. In: Federal Tax Policy, op. cit., p. 313 seq.

Hopfe, V.: Reinertrag und Arbeitsertrag in der bäuerlichen Landwirtschaft. In: Berichte über Landwirtschaft, N. F., Bd. 30 (1952), S. 301 ff.

Institut Finanzen und Steuern: Neuregelungen bei der Einkommen- und Körperschaftsteuer in Frankreich und Großbritannien. Brief Nr. 75. Bonn 1965.

Jacob, H.: Das Bewertungsproblem in den Steuerbilanzen. Wiesbaden 1961.

Jeffrey, A. G.: Records and Accounts for Farm Management. Bulletin No. 176, edited by the Ministry of Agriculture, Fisheries and Food. HMSO. London 1963.

Johnson, D. G.: Effects of Federal Taxation on Agriculture. In: Federal Tax Policy, op. cit., p. 91 seq.

Joly, A.: Les Impôts sur les revenus. Paris 1936.

Kaemmel, E.: Landwirtschaft und Einkommensteuer. In: DStZ, Ausg. A, XXIV. Jg. (1935), S. 660 ff.

Klein, F.: Zum VOL-Urteil des Bundesfinanzhofs. In: FA N. F., Bd. 24 (1965), S. 385 ff.

Knickmann, H.: Durchschnitt- oder Richtsätze bei der Einkommensbesteuerung der nicht buchführenden Landwirte. In: DStZ, Ausg. A, XLII. Jg. (1954), S. 305 ff.

Koch, W.: Eine neue Deutung der Steuergrundsätze. In: FA N. F., Bd. 25 (1966), S. 316 ff.

Krebs, K.: Die Landwirtschaft in Frankreich. Frankfurt am Main 1963.

Krekeler, O., *Uhlich*, M., *Rößler*, R., und *Troll*, M.: Bewertungsgesetz vom 16. Oktober 1934. 6. Aufl., Berlin-Frankfurt 1958.

Kremnitz, H.-J.: Die Besteuerung der nichtbuchführenden Landwirte nach Umsatz und Einkommen. Diss. Hohenheim 1955.

Krill, E.: Die Einkommensteuer der Land- und Forstwirtschaft. 1. Aufl., Herne-Berlin 1954.

— und *Kräusel*, R.: Die Einkommensteuer der Land- und Forstwirtschaft. 2. Aufl., Herne-Berlin 1966.

Kühn, R.: Abgabenordnung, Steueranpassungsgesetz, Finanzverwaltungsgesetze, Nebengesetze. Kommentar. Stuttgart 1963.

Langmandel, L.: Steuervorteile für Landwirte, Forstwirte, Winzer und Gärtner. Wiesbaden 1959.

— Die formelle und sachliche Richtigkeit der Buchführung in der Landwirtschaft vom Standpunkt der Betriebsprüfung. In: DStZ, Ausg. A, IXL. Jg. (1951), S. 139 ff.

Laufenburger, H.: Finances comparées. Etats-Unis, France, Angleterre, URSS. 3e édition, Paris 1957.

— Art. „Die Einkommensbesteuerung". In: Handbuch der Finanzwissenschaft. 2. Bd., 2. Aufl., hrsg. von W. Gerloff, und F. Neumark, Tübingen 1956, S. 448 ff.

Laur, E., und *Howald*, O.: Bewertung, Buchhaltung und Kalkulation in der Landwirtschaft. Methodik und praktische Anwendung. Hamburg-Berlin 1957.

Lhomme, J.: L'Impôt sur le revenu en Angleterre. Paris 1939.

Lipinsky, E. E.: Das Problem des niedrigen Einkommens in der Landwirtschaft der Vereinigten Staaten von Nordamerika. 174. Sonderheft der Berichte über Landwirtschaft, N. F., Hamburg-Berlin 1960.

Littmann, E.: Einkommen und Einkünfte — gesetzessystematische Abgrenzung. In: Deutsches Steuerrecht, Jg. 1 (1962/63), S. 17 ff.

Löwer, K.: Probleme der landwirtschaftlichen Grundsteuer. Diss. Ffm. 1932.

Lotz, K.-M.: Die Besteuerung der französischen Landwirtschaft und ihre praktische Auswirkung. Diss. Bonn 1963.

Mann, F. K.: Steuerpolitische Ideale. Vergleichende Studien zur Geschichte der ökonomischen und politischen Ideen und ihres Wirkens in der öffentlichen Meinung 1600—1935. Finanzwissenschaftliche Forschungen, Heft 5. Jena 1937.

Mann, F. K.: Die Gerechtigkeit in der Steuerpolitik. In: Festschrift für G. v. Schanz, Bd. II. Tübingen 1928, S. 112 ff.

Marcuse, P.: Das neue Einkommensteuergesetz in den Vereinigten Staaten von Amerika. In: FA, Jg. 31 (1914), S. 172 ff.

Marsh, D. B.: Taxation of Imputed Income. In: Political Science Quarterly, vol. 48 (1943), p. 514 seq.

McCrone, G.: The Economics of Subsidizing Agriculture. A Study of British Policy. London 1962.

Meimberg, P.: Landwirtschaftliches Rechnungswesen. Einführung in Buchhaltung, Kostenrechnung, Kalkulation und Betriebsplanung. Stuttgart 1966.

Meisel, F.: Britische und deutsche Einkommensteuer. Ihre Moral und ihre Technik. Tübingen 1925.

Milhau, J., et *Montagne*, R.: L'Agriculture aujourd'hui et demain. Paris 1961.

Mittelbach, R.: Die Schätzung im Besteuerungsverfahren. Herne-Berlin 1961.

Morag, A.: Some Economic Aspects of Two Administrative Methods of Estimating Taxable Income. In: NTJ, vol. 10 (1957), p. 176 seq.

Mrozek, A.: Handkommentar zum Einkommensteuergesetze vom 10. August 1925 in dessen neuester Fassung. Köln 1926.

Müller, A.: Untersuchungen über die Entwicklung und den Stand des landwirtschaftlichen Buchführungswesens in der Bundesrepublik und seine Leistungsfähigkeit für die Betriebsanalyse, Agrarpolitik und Besteuerung. Diss. Gießen 1952.

Müller, G.: Entwicklung und Stand der Buchführung in den Ländern der EWG. In: Agrarwirtschaft, Jg. 9 (1960), S. 269 ff.

— und *Schmidt*, H.: Kapitaleinsatz und Produktivität in Landwirtschaft und Industrie. Berlin-München 1959.

Neumark, F.: Grundsätze der Besteuerung in Vergangenheit und Gegenwart. Wiesbaden 1965.

— Wirtschafts- und Finanzprobleme des Interventionsstaates. Tübingen 1961.

— Systemwidrige Elemente im deutschen Steuerwesen. In: Die Steuerberatung. Sonderausgabe anläßlich der Bundesfachtagung in Essen 1960, S. 7 ff.

— Theorie und Praxis der modernen Einkommensbesteuerung. Bern 1947.

Niehaus, H.: Über das Verhältnis von Mensch und Boden in entwickelten und unterentwickelten Ländern. In: Jahrbücher für Nationalökonomie und Statistik, Bd. 180 (1967), S. 265 ff.

— Leitbilder der Wirtschafts- und Agrarpolitik in der modernen Gesellschaft. Stuttgart 1957.

— Art. „Agrarpolitik (II). Volkswirtschaftlich-politische Problematik". In: Handwörterbuch der Sozialwissenschaften. Bd. 1. Stuttgart-Tübingen-Göttingen 1956, S. 85 ff.

Padberg, K., und *Scholz*, H.: Der Marktanteil der landwirtschaftlichen Betriebsgrößen in der Bundesrepublik. In: Berichte über Landwirtschaft, N. F., Bd. XLI (1963), S. 425 ff.

Pechman, J. A.: Erosion of the Individual Income Tax. In: NTJ, vol. 10 (1957), p. 1 seq.

Plate, R., und *Woermann*, E.: Landwirtschaft im Strukturwandel. In: Agrarwirtschaft, Sonderheft 14. Hannover 1962.

Popitz, J.: Art. „Einkommensteuer". In: Handwörterbuch der Staatswissenschaften. 3. Bd., 4. Aufl., hrsg. von L. Elster, A. Weber und F. Wieser, Jena 1926, S. 400 ff.

Priebe, H.: Kritische Bemerkungen zum Grünen Bericht. Unveröffentlichter Umdruck, Oktober 1966.

— Das grüne Rätsel. In: Der Volkswirt, 20. Jg. (1966), S. 195 ff.

— Realitäten und Hoffnungen in der Agrarentwicklung. In: Freie Gesellschaft und freie Marktwirtschaft. ASM Tagungsprotokoll Nr. 25, Ludwigsburg 1966, S. 87 ff.

Reinhardt, F.: Wareneingangsbuch und Warenausgangsverordnung. 4. Aufl., Berlin-Wien 1943.

Richnow, H. J.: Die Investitionstätigkeit der Landwirtschaft. In: Agrarwirtschaft, Jg. 10 (1961), S. 10 ff.

Robaglia, J.: Le Forfait en matière fiscale. Paris 1926.

Rößler, R., und *Langner*, J.: Neue Einheitswerte für Grundstücke. Darmstadt 1965.

Rothkegel, R.: Die Bedeutung des Betriebsgrößenproblems in der Besteuerung der Landwirtschaft. In: Steuer und Wirtschaft, Jg. 28 (1951), S. 199 ff.

— Geschichtliche Entwicklung der Bodenbonitierungen und Wesen und Bedeutung der deutschen Bodenschätzung. Stuttgart-Ludwigsburg 1950.

— Wissenschaftliche Verarbeitung der Ergebnisse der Bodenschätzung und der Einheitsbewertung des land- und forstwirtschaftlichen Vermögens. In: DStZ, Ausg. A, XXIX. Jg. (1940), S. 605 ff.

Rustemeyer, F. Ch.: Die Produktivität in der Landwirtschaft. Begriff, Messung und Anwendung. Hannover 1964.

Rutton, V. W.: Agricultural Policy in an Affluent Society. In: JFE, vol. 48 (1966), p. 1100 seq.

Sabine, B. E. V.: A History of Income Tax. London 1966.

Schierloh, K.: Fiscal Policy in Großbritannien. Berlin 1964.

Schlotter, H.-G.: Produktionsneutrale Einkommenshilfen an die Landwirtschaft. In: Berichte über Landwirtschaft, N. F., Band XLI (1963), S. 451 ff.

— Produktionsregulative Agrarsubventionen. In: Jahrbücher für Nationalökonomie und Statistik, Bd. 173 (1961), S. 241 ff.

— Die Förderung der westdeutschen Landwirtschaft durch öffentliche Mittel 1949—1956. Schriftenreihe für ländliche Sozialfragen, Heft 30. Hannover 1960.

Schmidt, H.: Die Erfolgsdisparität innerhalb der Landwirtschaft. In: Agrarwirtschaft, 16. Jg. (1967), S. 295 ff.

— Die Bedeutung des Kapitals für die Einkommensbildung im landwirtschaftlichen Betrieb. Heft 41 in der Schriftenreihe des Ifo-Instituts für Wirtschaftsforschung. Berlin-München 1958.

Schmölders, G.: Finanzpolitik. 2. Aufl., Berlin-New York 1965.

— Der fehlende Einkommensbegriff. In: Steuer und Wirtschaft. 37. Jg. (1960), S. 75 ff.

Schomburg, R., und *Kühr*, Ch.: Kommentar zum Mehrwertsteuergesetz. Loseblatt-Sammlung.

Schulte, H.: Schätzung und Pauschalierung in der deutschen Einkommensteuer. Düsseldorf 1968.

Schultz, Th. W.: Production and Welfare of Agriculture. New York 1950.

— Agriculture in an Unstable Economy. New York-London 1945.

Schuster, E.: Was ist Einkommen? In: Allgemeines Statistisches Archiv, Bd. 47 (1963), S. 313 ff.

— Art. „Einkommen". In: Handwörterbuch der Sozialwissenschaften. Bd. 3. Stuttgart-Tübingen-Göttingen 1961, S. 53 ff.

Schweizer, R.: Die Einkommensdisparität zwischen der Landwirtschaft und der Industrie. Winterthur 1958.

Self, P., and *Storing*, H.: The State and the Farmer. London 1962.

Sellien, R.: Wareneingangsbuch und Warenkonto. Wiesbaden, ohne Jahr.

Sennewald, J.: Gedanken zur Bewertung in der Landwirtschaft. In: Deutsche Finanzwirtschaft, 6. Jg. (1952), S. 803 ff.

Seraphim, H. J., und *Burberg*, P.-H.: Strukturwandlungen in der Landwirtschaft. In: SVS, Bd. 26: Wandlungen der Wirtschaftsstruktur in der Bundesrepublik Deutschland, hrsg. von H. König. Berlin 1962, S. 397 ff.

Shepherd, G.: Farm Programs for Farm Incomes. In: JFE, vol. 42 (1960), p. 639 seq.

Simons, H. C.: Personal Income Taxation. Chicago 1938.

Smith, R. F.: The New York Farm Bureau and the Legislation Processes. A Study in Agricultural Politics. In: JFE, vol. 48 (1966), p. 811 seq.

Spicer and *Pegler*'s Income Tax and Profits Tax. Edited by H. A. R. I. Wilson and K. S. Carmichael. 26th edition, London 1965.

Stein, G. F.: Die französische Agrarmarktpolitik in der Europäischen Wirtschaftsgemeinschaft. In: Berichte über Landwirtschaft, N. F., Bd. XLII (1964), S. 393 ff.

Steinhardt, R.: Bewertungsgesetz mit Durchführungsbestimmungen. 4. Aufl., Stuttgart-Köln 1966.

Stempel, P.: Die Stellung der Landwirtschaft in der Steuerpolitik. Diss. Bonn 1961.

Stocker, F. D., and *Ellickson*, J. C.: How Fully Do Farmers Report Their Incomes? In: NTJ, vol. 12 (1959), p. 116 seq.

Strickrodt, G.: Das Subventionsthema in der Steuerpolitik unter besonderer Berücksichtigung der Stellung der Landwirtschaft. Berlin 1960.

Strutz, G.: Kommentar zum Einkommensteuergesetz vom 10. August 1925. Erster und zweiter Band. Berlin 1927 bzw. 1929.

— Handausgabe des Einkommensteuergesetzes vom 29. März 1920. Kommentar. 3. Aufl., Berlin 1921.

— Das Ergänzungssteuergesetz (Vermögensteuer) vom 14. Juli 1893. Kommentar. 4. Aufl., Berlin 1909.

Stucken, R.: Die Besteuerung der deutschen Landwirtschaft. In: FA, Jg. 37 (1930), S. 781 ff.

Studenski, P., and *Krooss*, H. E.: Financial History of the United States. 2nd edition, New York-San Francisco-Toronto-London 1963.

Taschenmacher, W.: Die wichtigsten Änderungen der Vorschriften über die Bewertung des land- und forstwirtschaftlichen Vermögens. In: DStZ, Ausg. A, LV. Jg. (1965), S. 278 ff.

Teichmann, U.: Die Besteuerung der Landwirtschaft. In: Agrarwirtschaft, 6. Jg. (1957), S. 143 ff.

— Die Bestimmungsgründe des Einkommens der landwirtschaftlichen Bevölkerung. In: Mitteilungen des Wirtschaftswissenschaftlichen Instituts der Gewerkschaften, 9. Jg. (1956), S. 30 ff.

Teschemacher, H.: Art. „Die Einkommensteuer". In: Handbuch der Finanzwissenschaft. 2. Bd., 1. Aufl., hrsg. von W. Gerloff und F. Meisel, Tübingen 1927, S. 65 ff.

Thill, F.: Die Einkommensteuerreform in Frankreich von 1948. Diss. Ffm. 1955.

Trotabas, L.: Précis de science et législation financières. 11e édition, Paris 1953.

— et *Cérèze*, J.: L'imposition forfaitaire des bénéfices industriels et commerciaux. Paris 1958.

Uhlich, M.: Grundbegriffe des Reichsbewertungsgesetzes. In: DStZ, Ausg. A, XXIX. Jg. (1940), S. 53 ff.

Ullmann, H.: Richtsatzermittlung — Richtsatzanwendung bei Umsatz und Gewinn gewerblicher Betriebe. Ludwigshafen 1963.

— Der Eigenverbrauch, seine Besteuerung beim Umsatz und Einkommen. Ludwigshafen 1955.

— Die Gewinnermittlung für nichtbuchführende Gewerbetreibende. Berlin 1953.

Valarché, J.: L'Economie rurale. Paris 1959.

Vickrey, W. S.: Agenda for Progressive Taxation. New York 1947.

Wagner, A.: Finanzwissenschaft. Zweiter Theil. Theorie der Besteuerung. Gebührenlehre und allgemeine Steuerlehre. 2. Aufl., Leipzig 1890.

Wallich, H. C.: Taxation of Capital Gains in the Light of Recent Economic Developments. In: NTJ, vol. 13 (1965), p. 133 seq.

Weinschenck, G.: Probleme direkter Einkommensübertragungen. In: Grenzen und Möglichkeiten einzelstaatlicher Agrarpolitik. München-Basel-Wien 1964, S. 128 ff.

Weise, H.: Die Steuern im Vereinigten Königreich unter besonderer Berücksichtigung der Entwicklung seit dem Ersten Weltkrieg. Kieler Studien, Heft 41. Kiel 1957.

— Das britische Einkommensteuerrecht in wirtschaftlicher Sicht. Kieler Studien, Heft 27. Kiel 1954.

Wieneke, K.: Einkommensteuergesetz vom 16. Oktober 1934. Erläuterte Handausgabe. Berlin 1935.

Wirths, H.: Über die Kosten der bäuerlichen Ernährung. In: Agrarwirtschaft, 6. Jg. (1957), S. 341 ff.

Wöhe, G.: Betriebswirtschaftliche Steuerlehre. Bd. I. Berlin-Frankfurt 1964.

World Tax Series. Harvard Law School — International Tax Program —: Taxation in France. Chicago 1966.

World Tax Series. Harvard Law School — International Program in Taxation —: Taxation in the United States. Chicago 1963.

World Tax Series. Harvard Law School — International Program in Taxation —: Taxation in the United Kingdom. Boston - Toronto 1957.

Yates, P. L.: Food, Land and Manpower in Western Europe. London - New York 1960.

Ohne Verfasser: Die Ungültigkeitserklärung der VOL und die neue Übergangsregelung für 1965/66 bis 1967/68. In: Steuerliche Betriebsprüfung, Jg. 1965, S. 329 ff.

B. Statistische Veröffentlichungen

a) BRD

Statistisches Jahrbuch für die Bundesrepublik Deutschland 1967, hrsg. vom Statistischen Bundesamt, Stuttgart - Mainz 1967.

Statistisches Jahrbuch für die Bundesrepublik Deutschland 1964, hrsg. vom Statistischen Bundesamt, Stuttgart - Mainz 1964.

Land- und Forstwirtschaftskammer Hessen - Nassau — Frankfurt am Main: Buchführungsergebnisse landwirtschaftlicher Betriebe in Hessen - Nassau. Wirtschaftsjahr 1965/66.

Land- und Forstwirtschaftskammer Kurhessen — Kassel: Buchführungsergebnisse von 493 landwirtschaftlichen Betrieben. Wirtschaftsjahr 1965/66.

Landwirtschaftskammer Rheinland in Bonn: Betriebsergebnisse der Wirtschaftsjahre 1958/59 bis 1963/64, jeweils I. Teil — A —

Landwirtschaft und Einkommensteuer (Ergebnis der Einkommensteuerstatistik 1961). In: Wirtschaft und Statistik, 17. Jg. (1965), S. 687 ff.

Einkommen und Besteuerung der Einkommensteuerpflichtigen (Ergebnis der Einkommensteuerstatistik 1961). In: Wirtschaft und Statistik, 17. Jg. (1965), S. 287 ff.

Landwirtschaft und Einkommensteuer. Weitere Ergebnisse der Einkommensteuerstatistik 1954. In: Wirtschaft und Statistik 11. Jg. (1959), S. 35 ff.

b) Frankreich

L'Impôt sur le revenu des personnes physiques en 1965. In: Statistiques & Etudes Financières, 19e année, cahier 221, mai 1967, p. 527 seq.

Les Bénéfices industriels et commerciaux en 1964. In: Statistiques & Etudes Financières, 18e année (1966), p. 337 seq.

Résultat du recensement général de la population de 1962. In: Annuaire Statistique de la France 1963. Paris 1963, p. V seq.

c) USA

Agricultural Statistics 1967. US Government Printing Office. Washington, D. C., 1967.

US Bureau of the Census: Statistical Abstract of the United States: 1966. (87th edition). Washington, D. C., 1966.

US Bureau of the Census: Statistical Abstract of the United States: 1965. (86th edition). Washington, D. C., 1965.

US Treasury Department — Internal Revenue Service: Statistics of Income 1964. US Business Tax Returns. US Government Printing Office. Washington, D. C., 1965

US Treasury Department — Internal Revenue Service: Statistics of Income 1963. US Business Tax Returns. US Government Printing Office. Washington, DC., 1963.

d) Großbritannien

Central Statistical Office: Annual Abstract of Statistics. No. 104 HMSO. London 1967.

Central Statistical Office: Annual Abstract of Statistics. No. 102 HMSO. London 1965.

Report of the Commissioners of Her Majesty's Inland Revenue for the year ended 31st March 1967. 110th Report. HMSO. London 1968.

Ninety-Ninth Report of the Commissioners of Her Majesty's Inland Revenue for the year ended 31st March 1956. London 1957.

C. Amtliche und halb-amtliche Veröffentlichungen, wissenschaftliche Gutachten etc.

a) BRD

Landwirtschaftliche Buchführungsergebnisse, Heft 8 (1959/60), Heft 9 (1961/62), Heft 10 (1963/64 und 1964/65), hrsg. vom Bundesministerium für Ernährung, Landwirtschaft und Forsten. Bonn 1962, 1964 und 1966.

Ausführungsanweisung zur Buchführungsstatistik 1965/66, hrsg. vom Bundesministerium für Ernährung, Landwirtschaft und Forsten. Ohne Ort und Jahr.

Grüner Bericht 1968, BT-Drucksache V/2540

Grüner Bericht 1967, BT-Drucksache V/1400

Grüner Bericht 1966, BT-Drucksache V/255

Grüner Bericht 1965, BT-Drucksache IV/2 990

Grüner Bericht 1964, BT-Drucksache IV/1 860

Grüner Bericht 1963, BT-Drucksache IV/940

Grüner Bericht 1962, BT-Drucksache IV/180

Grüner Bericht 1961, BT-Drucksache III/2 400

Grüner Bericht 1960, BT-Drucksache III/1 600

Grüner Bericht 1959, BT-Drucksache III/850

Grüner Bericht 1958, BT-Drucksache III/200

Grüner Bericht 1957, BT-Drucksache II/3 200

Grüner Bericht 1956, hrsg. im Auftrage des Bundesministeriums für Ernährung, Landwirtschaft und Forsten. Bonn - München - Wien 1956.

Finanzbericht 1967, hrsg. vom Bundesministerium der Finanzen. Bonn 1967.

Finanzbericht 1966, hrsg. vom Bundesministerium der Finanzen. Bonn 1966.

Finanzbericht 1964, hrsg. vom Bundesministerium der Finanzen. Bonn 1964.

BR-Drucksache 256/63

BT-Drucksache V/2 423

BT-Drucksache V/1 581

BT-Drucksache IV/3 648

BT-Drucksache IV/3 568

BT-Drucksache *zu* IV/3 568

BT-Drucksache IV/3 441

BT-Drucksache IV/1 488

BT-Drucksache III/1 514

BT-Drucksache III/1 466

BT-Drucksache II/2 544

Verhandlungen des Deutschen Bundestages. 4. Wahlperiode. Stenographische Berichte, Bd. 59. Bonn 1965.

Verhandlungen des Deutschen Bundestages. 4. Wahlperiode. Stenographische Berichte, Bd. 58. Bonn 1965.

Verhandlungen des Deutschen Bundestages. 2. Wahlperiode. Stenographische Berichte, Bd. 32. Bonn 1956.

Wissenschaftlicher Beirat beim Bundesministerium der Finanzen: Gutachten zur Reform der direkten Steuern (Einkommensteuer, Körperschaftsteuer, Vermögensteuer und Erbschaftsteuer) in der Bundesrepublik Deutschland. Heft 9 der Schriftenreihe des Bundesministeriums der Finanzen. Bonn 1967.

Troeger, H. (Hrsg.): Diskussionsbeiträge des Arbeitsausschusses für die Große Steuerreform. Stuttgart 1954.

Wissenschaftlicher Beirat beim Bundesministerium der Finanzen: Organische Steuerreform. Hrsg. vom Bundesministerium der Finanzen. Bonn 1953.

Gewinnermittlungsrichtsätze 1966 der Gruppen Süd, West und Nord/West. Herne - Berlin 1967.

Hauptverband der landwirtschaftlichen Buchstellen und Sachverständigen e. V.: Mitgliederverzeichnis. Ausgabe 1964. Ohne Ort.

Gebührenordnung für Buchführung und Steuerberatung in der Landwirtschaft. „Stader Gebührenordnung“, hrsg. von G. Seidel. 2. Aufl., Bonn 1961. Ergänzungslieferung Mai 1963.

b) Frankreich

Code Général des Impôts. Edition à jour au ler janvier 1966. Paris 1966—67.

Code Rural — Code Forestier. 16e édition, Paris 1965.

Ministère des Finances et des Affaires Economiques — Direction Générale des Impôts: Le Système fiscal français. Edition à jour au ler janvier 1963. Paris 1963.

c) USA

Internal Revenue Code. In: Government Printing Office: United States Code, 1964 Edition, Washington, D. C., 1965.

Supplement I (January 4, 1965 to January 9, 1966). Loc. cit. 1966.

US Treasury Department — Bureau of Internal Revenue: Your Federal Income Tax. 1949 Edition. US Government Printing Office. Washington, D. C., 1949.

d) Großbritannien

Report of the Royal Commission on Income Tax. HMSO. London 1920.

Royal Commission on the Taxation of Profits and Income: First Report. HMSO. Reprint, London 1955.

Royal Commission on the Taxation of Profits and Income: Second Report. HMSO. London 1954.

Royal Commission on the Taxation of Profits and Income: Final Report. HMSO. London 1955.

Wheatcroft, G. S. A. (ed.): British Tax Encyclopedia. 5 vols. Loose-leaf edition.

National Farmer's Union: Taxation. Loose-leaf edition.

Annual Review and Determination of Guarantees 1968. HMSO. London 1968.

Ministry of Agriculture, Fisheries and Food: At the Farmer's Service. HMSO. London 1967/68.

Ministry of Agriculture, Fisheries and Food: Farmer's Book-keeping and Income Tax. 2nd edition. HMSO. London 1964.

Ministry of Agriculture, Fisheries and Food: The Farm as a Business — Introduction to Management. HMSO. London 1963.

Central Office of Information: Agriculture in Britain. Pamphlet No. 43. HMSO. London 1965.

1. Laufende Nummer des Betriebes	1	2	3	4	5	6	7	8	9	10	11	12
Beschreibung des Betriebes												
2. Bodennutzungssystem	GH	GH	HG II	GH	GH	HG II	HG II	GH	H	GH	GH	HG
3. Betriebsgröße ha LN	16,63	17,3	16,3	19,84	19,78	13,4	14,32	15,37	10,20	15,7	9,0	9
3 a. Pachtfläche ha	9,25	0,0	2,25	8,5	13,58	0,0	0,0	1,48	0,0	7.92	0,0	0
4. Umsatz des Betr. (einschl. Eigenverbr.) DM	40.064	37.852	33.676	38.192	36.751	36.984	39.810	34.598	24.235	38.041	22.518	24
5. Einsatz v. Familienarbeitskräften (gemessen in Voll-AK)	1,50	1,09	1,60	1,65	1,62	1,66	1,31	1,15	1,66	1,21	1,14	1,
Ansätze aufgrund der VOL												
6. Einheitswert DM/ha	1.150	1.180	1.230	1.500	1.520	1.500	1.600	1.690	1.742	2.122	900	1,
7. "Steuerlicher" Reinertrag DM/ha	96	98	103	125	127	130	133	141	145	177	75	
8. Einheitswert des Betriebes DM	19.125	20.414	20.049	29.760	20.066	20.904	22.912	25.975	17.768	33.315	8.100	9,
9. "Steuerlicher" Reinertrag des Betriebes DM	1.596	1.695	1.679	2.480	2.512	1.742	1.905	2.167	1.479	2.779	675	
10. Lohnansatz für den Betriebsleiter DM	1.400	1.500	1.500	1.600	1.400	1.300	1.500	1.600	1.400	1.700	1.200	1
11. Lohnansatz für die Ehefrau DM	600	600	600	600	600	600	600	600	600	600	600	
12. Betriebsgewinn aufgrund der VOL DM	3.596	3.795	3.779	4.680	4.512	3.842	4.005	4.367	3.479	5.079	2.475	2
13. Saldo aus Zins- u. Pachteinnahmen sowie -ausgaben DM	- 848	- 3.079	- 183	- 1.270	- 1.780	+ 54	- 816	- 1.392	- 112	- 1.193	- 27	
14. Steuerpflichtiger Gewinn aufgrund der VOL DM	2.748	716	3.596	3.410	2.732	3.896	3.189	2.975	3.367	3.886	2.448	2,
15. Sonderausgabenpauschbeträge DM	1.272	1.272	1.272	1.272	1.272	1.272	1.272	1.272	1.272	1.272	1.272	1,
16. Landwirtschaftlicher Sonderfreibetrag DM	1.000	1.000	1.000	1.000	1.000	1.000	1.000	1.000	1.000	1.000	1.000	1,
17. Einkommensteuerbemessungsgrundlage DM	476	0	1.324	1.138	460	1.624	917	703	1.095	1.614	176	
17 a. Einkommensteuerschuld DM	0	0	0	0	0	0	0	0	0	0	0	
17 b. "Verdeckter" Subventionsbetrag DM	1.184	626	1.892	1.070	2.188	728	1.892	1.710	466	1.218	1.800	2
18. ESt-Bemessungsgrundlage bei einem Kind DM	0	0					0	0		214	0	
18 a. ESt-Schuld bei einem Kind DM	0	0					0	0		0	0	
19. ESt-Bemessungsgrundlage bei zwei Kindern DM		0					0	0		0	0	
19 a. ESt-Schuld bei zwei Kindern DM		0					0	0		0	0	
20. ESt-Bemessungsgrundlage bei drei Kindern DM		0						0		0	0	
20 a. ESt-Schuld bei drei Kindern DM		0						0		0	0	
Ansätze aufgrund des GDL												
21. Hektarsatz DM	100	100	180	100	100	180	180	100	200	100	100	
22. "Steuerlicher" Reinertrag des Betriebes DM	1.663	1.730	2.934	1.984	1.978	2.412	2.378	1.537	2.040	1.570	900	1
23. Lohnansatz für den Betriebsleiter DM	3.300	3.300	3.300	3.300	3.300	3.300	3.300	3.300	3.300	3.300	2.970	3
24. Betriebsleiterzuschlag DM	499	519	489	595	593	402	430	461	306	471	270	
25. Lohnansatz für die Ehefrau DM	1.056	0	1.056	1.584	1.584	898	528	0	55	0	0	
26. Betriebsgewinn aufgrund des GDL DM	6.518	5.849	7.779	7.463	7.455	7.012	6.836	5.298	5.701	3.341	4.140	4
27. Saldo aus Zins- u. Pachteinnahmen sowie -ausgaben	- 848	- 3.079	- 355	- 1.270	- 1.780	+ 54	- 816	- 1.331	- 112	- 792	- 27	
28. Steuerpflichtiger Gewinn aufgrund des GDL DM	5.670	2.770	7.424	6.193	5.675	7.066	6.020	3.967	5.599	4.549	4.113	4
29. Sonderausgabenpauschbeträge DM	1.272	1.272	1.272	1.272	1.272	1.272	1.272	1.272	1.272	1.272	1.272	1
30. Landwirtschaftliche Sonderfreibeträge DM	2.400	2.400	2.400	2.400	2.400	2.400	2.400	2.400	2.400	2.400	2.400	2
31. Einkommensteuerbemessungsgrundlage DM	1.998	0	3.752	2.521	2.003	3.394	2.348	295	1.917	877	441	
31 a. Einkommensteuerschuld DM	0	0	78	0	0	0	0	0	0	0	0	
31 b. "Verdeckter" Subventionsbetrag DM	1.184	626	1.814	1.070	2.188	728	1.892	1.710	466	1.218	1.800	2
32. ESt-Bemessungsgrundlage bei einem Kind DM	798	0					1.148	0		0	0	
32 a. ESt-Schuld bei einem Kind DM	0	0					0	0		0	0	
33. ESt-Bemessungsgrundlage bei zwei Kindern DM		0					0	0		0	0	
33 a. ESt-Schuld bei zwei Kindern DM		0					0	0		0	0	
34. ESt-Bemessungsgrundlage bei drei Kindern DM		0						0		0	0	
34 a. ESt-Schuld bei drei Kindern DM		0						0		0	0	
Ansätze aufgrund des Buchführungsergebnisses												
35. Roheinkommen des Betriebes DM	11.724	11.020	15.224	11.547	17.980	8.421	15.437	15.324	7.211	12.262	14.158	1
36. Saldo aus Zins- u. Pachteinnahmen sowie -ausgaben DM	- 848	- 3.079	- 587	- 1.270	- 1.780	+ 54	- 816	- 1.675	- 112	- 1.193	- 27	
37. Steuerpflichtiger Gewinn DM	10.876	7.941	14.637	10.275	16.210	8.475	14.621	13.649	7.099	11.069	14.130	1
38. Sonderausgabenpauschbeträge DM	1.272	1.272	1.272	1.272	1.272	1.272	1.272	1.272	1.272	1.272	1.272	
39. Einkommensteuerbemessungsgrundlage DM	9.604	6.669	13.365	9.003	14.938	7.203	13.349	12.377	5.827	9.797	12.858	1
39 a. Einkommensteuerschuld DM	1.184	626	1.892	1.070	2.188	728	1.892	1.710	466	1.218	1.800	
40. ESt-Bemessungsgrundlage bei einem Kind DM	8.404	5.469					12.149	11.177		8.597	11.658	1
40 a. ESt-Schuld bei einem Kind DM	956	398					1.664	1.482		990	1.572	
41. ESt-Bemessungsgrundlage bei zwei Kindern DM		3.789					10.469	9.497		6.917	9.978	
41 a. ESt-Schuld bei zwei Kindern DM		78					1.344	1.162		672	1.254	
42. ESt-Bemessungsgrundlage bei drei Kindern DM		1.989						7.697		5.117	8.178	
42 a. ESt-Schuld bei drei Kindern DM		0						820		330	912	

Tabelle 19 a:
Vergleich der Einkommensteuerschuld aufgrund der Durchschnittsatzgewinne und nach Maßgabe des Ergebnisses der Buchführungsstatistik bei 83 Betrieben mit einer Fläche von weniger als 20 Hektar

14	15	16	17	18	19	20	21	22	23	24	25
HG II	GH	GH	GF	GH	GH	GF	GH	GH	GF	GH	GR
8,2	8,2	14,5	13,2	12,4	12,5	13,1	14,9	10,9	11,7	15,4	11,3
0,9	3,0	5,3	15,2	5,3	7,0	0,0	7,5	1,5	4,3	5,2	0,0
3.976	18.647	30.218	21.706	31.136	24.013	14.527	26.224	27.315	19.656	22.592	20.589
1,66	1,44	1.32	1,32	1,24	1,15	1,36	1,28	1,11	1,49	1,28	1,50
1.155	1.200	650	720	720	780	850	859	873	888	925	925
96	100	54	60	60	65	71	72	73	74	77	77
9.430	9.840	9.425	10.944	8.928	9.750	11.135	12.799	9.516	10.390	14.245	10.453
787	820	783	912	744	813	930	1.073	796	866	1.186	870
1.200	1.200	1.200	1.300	1.200	1.200	1.300	1.300	1.200	1.300	1.300	1.300
600	600	600	600	600	600	600	600	600	600	600	600
2.587	2.620	2.383	2.812	2.544	2.613	2.830	2.973	2.596	2.766	3.086	2.770
- 78	- 189	- 725	- 1.079	- 678	- 643	- 734	- 1.013	- 274	- 1.275	- 2.926	+ 271
2.509	2.431	1.878	1.733	1.866	1.970	2.096	1.960	2.322	1.491	160	3.041
1.272	1.272	1.272	1.272	1.272	1.272	1.272	1.272	1.272	1.272	1.272	1.272
1.000	1.000	1.000	1.000	1.000	1.000	1.000	1.000	1.000	1.000	1.000	1.000
237	159	0	0	0	0	0	0	50	0	0	769
0	0	0	0	0	0	0	0	0	0	0	0
580	1.094	2.108	114	1.572	306	0	1.014	990	0	296	1.356
	0	0	0	0	0	0	0	0	0	0	0
	0	0	0	0	0	0	0	0	0	0	0
		0	0	0	0	0	0	0		0	
		0	0	0	0	0	0	0		0	
					0			0			
					0			0			
180	100	100	50	100	100	50	100	100	50	100	100
1.476	820	1.450	760	1.240	1.250	655	1.490	1.090	585	1.540	1.130
2.706	3.300	3.300	3.300	3.300	3.300	3.300	3.300	3.300	3.300	3.300	3.300
246	246	435	456	372	375	393	447	327	351	462	339
0	0	528	528	528	0	528	528	- 0	449	528	343
4.428	3.706	5.713	5.044	5.440	4.925	4.876	5.765	4.717	4.685	5.830	5.112
- 154	- 189	- 725	- 927	- 890	- 888	- 734	- 1.013	- 314	- 1.275	- 3.003	+ 271
4.274	3.517	4.988	4.117	4.550	4.037	4.142	4.752	4.403	3.413	2.827	5.383
1.272	1.272	1.272	1.272	1.272	1.272	1.272	1.272	1.272	1.272	1.272	1.272
2.400	2.400	2.400	2.400	2.400	2.400	2.400	2.400	2.400	2.400	2.400	2.400
602	0	1.316	445	878	365	470	1.080	731	0	0	1.711
0	1.094	0	0	0	0	0	0	0	0	0	0
580	0	2.108	114	1.572	306	0	1.014	990	0	296	1.356
	0	116	0	0	0	0	0	0	0	0	511
		0	0	0	0	0	0	0	0	0	0
		0	0	0	0	0	0	0		0	
		0	0	0	0	0	0	0		0	
					0			0			
					0			0			
7.888	10.627	16.458	8.816	14.272	7.800	4.493	11.011	10.410	4.294	9.225	11.509
- 189	- 189	- 729	- 3.357	- 1.336	- 1.538	- 734	- 1.013	- 512	- 1.275	- 3.003	+ 271
7.699	10.438	15.733	5.259	12.936	6.262	3.759	9.998	9.898	3.019	6.222	11.774
1.272	1.272	1.272	1.272	1.272	1.272	1.272	1.272	1.272	1.272	1.272	1.272
6.427	9.166	14.461	3.987	11.664	4.990	2.487	8.726	8.626	1.747	4.990	10.302
580	1.094	2.108	114	1.572	306	0	1.014	990	0	296	1.356
	7.968	13.261	2.787	10.464	3.790	1.287	7.526	7.426	547	3.750	9.302
	866	1.880	0	1.344	78	0	786	752	[illegible]	68	1.128
		11.581	1.107	8.784	2.110	0	3.846	5.746		2.070	
		1.560	0	1.026	0	0	466	444		0	
					310			3.946			
					0			102			

Quelle:
Land- und Forstwirtschaftskammer in Kurhessen – Kassel: Buchführungsergebnisse von 493 landwirtschaftlichen Betrieben. Wirtschaftsjahr 1965/66.
Land- und Forstwirtschaftskammer Hessen-Nassau – Frankfurt am Main: Buchführungsergebnisse landwirtschaftlicher Betriebe in Hessen-Nassau. Wirtschaftsjahr 1965/66.

Tabelle online abrufbar unter: https://www.duncker-humblot.de/9783428023004_Tabelle_1

1. Laufende Nummer des Betriebes	26	27	28	29	30	31	32	33	34	35	36
Beschreibung des Betriebes											
2. Bodennutzungssystem	HG	HG	GH	GH	GH	GH	GH	GH	HG	GF	GH
3. Betriebsgröße ha LN	13,0	10,5	13,1	11,1	16,5	13,6	19,2	11,7	14,4	20,0	16,7
3 a. Pachtfläche ha	1,0	0,5	0,0	0,9	0,0	7,6	12,8	6,2	0,0	0,0	1,9
4. Umsatz des Betr.(einschl. Eigenverbr.) DM	31.512	25.687	26.410	14.663	32.918	30.831	41.222	25.962	36.979	39.580	29.726
5. Einsatz v. Familienarbeitskräften (gemessen in Voll-AK)	1,30	1,46	1,30	1,34	1,44	1,17	1,31	1,45	1,15	1,32	1,34
Ansätze aufgrund der VOL											
6. Einheitswert DM/ha	928	934	945	1.070	1.080	1.085	1.134	1.247	1.269	1.280	1.352
7. "Steuerlicher" Reinertrag DM/ha	77	78	79	89	90	90	95	104	106	107	113
8. Einheitswert des Betriebes DM	12.064	9.807	14.270	11.877	17.820	14.756	21.673	14.590	18.274	25.600	22.578
9. "Steuerlicher" Reinertrag des Betriebes DM	1.001	819	1.193	988	1.495	1.224	1.824	1.217	1.526	2.140	1.887
10. Lohnansatz für den Betriebsleiter DM	1.300	1.200	1.300	1.300	1.400	1.300	1.500	1.300	1.400	1.600	1.500
11. Lohnansatz für die Ehefrau DM	600	600	600	600	600	600	600	600	600	600	600
12. Betriebsgewinn aufgrund der VOL DM	3.901	2.619	3.093	2.888	3.495	3.124	3.924	3.117	3.526	4.340	3.987
13. Saldo aus Zins- u. Pachteinnahmen sowie -ausgaben DM	1.287	- 60	- 242	- 333	- 644	- 847	- 1.677	- 1.240	- 1.483	- 1.780	- 1.136
14. Steuerpflichtiger Gewinn aufgrund der VOL DM	2.614	2.559	2.851	2.555	2.851	2.277	2.247	1.877	2.043	2.560	2.851
15. Sonderausgabenpauschbeträge DM	1.272	1.272	1.272	1.272	1.272	1.272	1.272	1.272	1.272	1.272	1.272
16. Landwirtschaftlicher Sonderfreibetrag DM	1.000	1.000	1.000	1.000	1.000	1.000	1.000	1.000	1.000	1.000	1.000
17. Einkommensteuerbemessungsgrundlage DM	342	287	573	283	579	5	0	0	0	288	579
17 a. Einkommensteuerschuld DM	0	0	0	0	0	0	0	0	0	0	0
17 b. "Verdeckter" Subventionsbetrag DM	580	1.630	1.424	272	2.086	0	1.560	192	2.772	0	1.322
18. ESt-Bemessungsgrundlage bei einem Kind DM	0	0	0	0	0	0	0	0	0	0	0
18 a. ESt-Schuld bei einem Kind DM	0	0	0	0	0	0	0	0	0	0	0
19. ESt-Bemessungsgrundlage bei zwei Kindern DM	0		0	0		0	0		0	0	0
19 a. ESt-Schuld bei zwei Kindern DM	0		0	0		0	0		0	0	0
20. ESt-Bemessungsgrundlage bei drei Kindern DM						0			0		
20 a. ESt-Schuld bei drei Kindern DM						0			0		
Ansätze aufgrund des GDL											
21. Hektarsatz DM	180	180	100	100	100	100	100	100	200	50	100
22. "Steuerlicher" Reinertrag des Betriebes DM	2.340	1.890	1.310	1.110	1.650	1.360	1.920	1.170	2.880	1.000	1.670
23. Lohnansatz für den Betriebsleiter DM	3.300	3.300	3.300	3.300	3.300	3.300	3.300	3.300	3.300	3.300	3.300
24. Betriebsleiterzuschlag DM	390	315	453	333	495	408	573	351	432	600	501
25. Lohnansatz für die Ehefrau DM	528	132	528	290	1.056	0	528	449	0	528	528
26. Betriebsgewinn aufgrund des GDL DM	6.558	5.637	5.791	5.033	6.501	5.068	6.321	5.270	6.612	5.428	5.999
27. Saldo aus Zins- u. Pachteinnahmen sowie -ausgaben	- 1.287	- 111	- 242	- 333	- 644	- 952	- 1.741	- 1.240	- 1.483	- 1.780	- 1.136
28. Steuerpflichtiger Gewinn aufgrund des GDL DM	5.271	5.526	5.549	4.700	5.857	4.116	4.580	4.030	5.129	3.648	4.863
29. Sonderausgabenpauschbeträge DM	1.272	1.272	1.272	1.272	1.272	1.272	1.272	1.272	1.272	1.272	1.272
30. Landwirtschaftliche Sonderfreibeträge DM	2.400	2.400	2.400	2.400	2.400	2.400	2.400	2.400	2.400	2.400	2.400
31. Einkommensteuerbemessungsgrundlage DM	1.999	1.854	1.877	1.028	2.185	444	908	358	1.457	0	1.191
31 a. Einkommensteuerschuld DM	0	0	0	0	0	0	0	0	0	0	0
31 b. "Verdeckter" Subventionsbetrag DM	580	1.630	1.424	272	2.086	0	1.560	192	2.772	0	1.322
32. ESt-Bemessungsgrundlage bei einem Kind DM	799	0	0	0	985	0	0	0	257	0	0
32 a. ESt-Schuld bei einem Kind DM	0	0	0	0	0	0	0	0	0	0	0
33. ESt-Bemessungsgrundlage bei zwei Kindern DM	0		0	0		0	0		0	0	0
33 a. ESt-Schuld bei zwei Kindern DM	0		0	0		0	0		0	0	0
34. ESt-Bemessungsgrundlage bei drei Kindern DM	0					0			0		
34 a. ESt-Schuld bei drei Kindern DM						0			0		
Ansätze aufgrund des Buchführungsergebnisses											
35. Roheinkommen des Betriebes DM	9.022	13.356	12.624	6.449	16.269	5.467	15.494	6.926	20.650	1.880	12.742
36. Saldo aus Zins- u. Pachteinnahmen sowie -ausgaben DM	- 1.287	- 137	- 242	- 333	- 644	- 952	- 2.630	- 1.240	- 1.483	- 1.780	- 1.136
37. Steuerpflichtiger Gewinn DM	7.735	13.219	12.182	6.119	15.625	4.515	12.864	5.686	19.167	100	11.606
38. Sonderausgabenpauschbeträge DM	1.272	1.272	1.272	1.272	1.272	1.272	1.272	1.272	1.272	1.272	1.272
39. Einkommensteuerbemessungsgrundlage DM	6.463	11.947	10.910	4.844	14.353	3.243	11.592	4.414	17.895	0	10.334
39 a. Einkommensteuerschuld DM	580	1.630	1.424	272	2.086	0	1.560	192	2.772	0	1.322
40. ESt-Bemessungsgrundlage bei einem Kind DM	5.263	10.747	9.710	3.644	13.153	2.043	10.392	3.214	16.695	0	9.134
40 a. ESt-Schuld bei einem Kind DM	332	1.402	1.196	44	1.846	0	1.332	0	2.532	0	1.094
41. ESt-Bemessungsgrundlage bei zwei Kindern DM	3.583		8.030	1.964		363	8.712		15.015	0	8.454
41 a. ESt-Schuld bei zwei Kindern DM	34		876	0		0	1.014		2.210	0	956
42. ESt-Bemessungsgrundlage bei drei Kindern DM						0			13.215		
42 a. ESt-Schuld bei drei Kindern DM						0			1.868		

39	40	41	42	43	44	45	46	47	48	49	50	51	52	53	54
HG II	GF	HG II	GF	GH	GH	GF	HG II	HG II	GF	GH	HG II	GF	GH	GH	HG I
10,6	12,3	11,9	16,0	9,0	7,7	18,8	16,7	11,1	14,9	15,3	12,7	13,3	12,2	13,7	13,3
0,3	1,2	2,0	0,0	2,3	0,0	3,5	0,0	2,1	6,9	0,0	2,4	13,3	0,3	1,0	2,8
26.447	30.356	25.847	25.184	18.792	13.213	31.358	43.236	30.604	26.433	24.526	31.153	37.280	23.314	31.537	29.965
1,65	1,66	1,54	1,33	1,32	1,48	1,50	1,59	1,44	1,53	1,48	1,60	1,29	1,65	1,42	1,22
1.380	1.380	1.400	1.400	700	1.600	690	782	820	820	850	890	900	1.000	1.096	1.100
115	115	117	117	58	133	58	65	68	68	71	74	75	83	91	92
14.628	16.974	16.660	22.400	6.300	12.320	12.972	13.059	9.102	12.218	13.015	11.303	11.970	12.200	15.015	14.630
1.219	1.415	1.392	1.872	522	1.024	1.090	1.086	755	1.013	1.086	940	998	1.013	1.247	1.224
1.300	1.400	1.400	1.500	1.200	1.300	1.300	1.300	1.200	1.300	1.300	1.300	1.300	1.300	1.300	1.300
600	600	600	600	600	600	600	600	600	600	600	600	600	600	600	600
3.119	3.415	3.392	3.972	2.322	2.924	2.990	2.986	2.555	2.913	2.986	2.840	2.898	2.913	3.147	3.124
- 307	- 174	- 305	+ 16	- 565	- 277	- 1.745	- 284	- 1.220	- 529	- 704	- 1.828	- 812	- 1.355	- 269	- 431
2.812	3.241	3.087	3.988	1.767	2.647	1.245	2.702	1.335	2.384	2.282	1.012	2.086	1.558	2.878	2.693
1.272	1.272	1.272	1.272	1.272	1.272	1.272	1.272	1.272	1.272	1.272	1.272	1.272	1.272	1.272	1.272
1.000	1.000	1.000	1.000	1.000	1.000	1.000	1.000	1.000	1.000	1.000	1.000	1.000	1.000	1.000	1.000
540	969	815	1.716	0	375	0	430	0	112	10	0	0	0	666	421
0	0	0	0	0	0	0	0	0	0	0	0	C	0	0	0
1.036	2.348	1.550	0	0	102	1.630	3.880	968	1.538	228	752	216	0	2.614	1.116
		0	516	0	0	0		0	0	0		0		0	0
		0	0	0	0	0		0	0	0		0		0	0
			0	0								0			0
			0	0								0			0
															0
															0
180	50	180	50	100	100	50	180	180	50	100	180	50	100	100	240
1.908	615	2.142	800	900	770	950	3.006	1.998	745	1.530	2.286	665	1.220	1.370	3.192
3.300	3.300	3.300	3.300	3.300	2.541	3.300	3.300	3.300	3.300	3.300	3.300	3.300	3.300	3.300	3.300
318	369	357	480	270	231	564	501	333	447	459	381	399	366	411	399
1.584	607	502	528	0	0	1.056	1.584	290	1.056	1.056	713	528	581	977	0
7.110	4.891	6.301	5.108	4.140	3.542	5.870	8.391	5.921	5.548	6.345	6.680	4.892	5.467	6.058	6.891
- 307	- 134	- 381	+ 16	- 662	- 277	- 1.717	- 284	- 1.265	- 405	- 704	- 2.096	- 479	- 1.360	- 278	- 585
6.803	4.757	5.920	5.124	3.478	3.265	4.153	8.107	4.656	5.143	5.641	4.584	4.413	4.107	5.780	6.306
1.272	1.272	1.272	1.272	1.272	1.272	1.272	1.272	1.272	1.272	1.272	1.272	1.272	1.272	1.272	1.272
2.400	2.400	2.400	2.400	2.400	2.400	2.400	2.400	2.400	2.400	2.400	2.400	2.400	2.400	2.400	2.400
3.531	1.085	2.248	1.452	0	0	481	4.435	984	1.471	1.969	912	741	435	2.108	2.634
22	0	0	0	0	0	0	192	0	0	0	0	0	0	0	0
1.014	2.348	1.550	0	0	102	1.630	3.698	968	1.538	228	752	216	0	2.614	1.116
		1.048	252	0	0	0		0	271	769		0		706	1.434
		0	0	0	0	0		0	0	0		0		0	0
			0	0								0			0
			0	0								0			0
															0
															0
10.430	17.171	13.185	- 2.928	4.932	5.498	15.360	24.449	11.022	13.783	6.548	10.693	6.584	5.295	18.864	11.132
- 307	- 174	- 381	+ 16	- 432	- 277	- 2.124	- 284	- 1.265	- 998	- 704	- 2.096	- 812	- 1.879	- 480	- 585
10.123	16.997	12.804	- 2.912	4.500	5.221	13.236	24.165	9.757	12.785	5.844	8.597	5.772	3.416	18.384	10.547
1.272	1.272	1.272		1.272	1.272	1.272	1.272	1.272	1.272	1.272	1.272	1.272	1.272	1.272	1.272
8.851	15.725	11.532		3.228	3.949	11.964	22.893	8.485	11.513	4.572	7.325	4.500	2.144	17.112	9.275
1.036	2.348	1.550		0	102	1.630	3.880	968	1.538	228	752	216	0	2.614	1.116
		10.332		2.028	2.749	10.764		7.285	10.313	3.372		3.300		15.912	8.075
		1.322		0	0	1.402		740	1.310	0		0		2.382	888
				348								1.620			6.395
				0								0			570
															4.595
															228

Tabelle online abrufbar unter: https://www.duncker-humblot.de/9783428023004_Tabelle_2

1. Laufende Nummer des Betriebes	55	56	57	58	59	60	61	62	63	64	65
Beschreibung des Betriebes											
2. Bodennutzungssystem	GH	HG II	GH	GH	GH	HG II	F I	F I	GH	GF	GF
3. Betriebsgröße ha LN	12,1	15,3	18,0	10,6	14,0	16,7	7,6	7,9	5,3	7,5	9,6
3 a. Pachtfläche ha	0,0	8,3	2,8	6,7	3,3	1,0	0,0	4,6	0,9	0,0	0,61
4. Umsatz des Betr. (einschl. Eigenverbr.) DM	11.151	34.700	40.590	17.819	31.794	44.140	11.134	10.902	12.259	13.958	15.427
5. Einsatz v. Familienarbeitskräften (gemessen in Voll-AK)	1,32	1,29	1,30	1,39	1,20	1,15	1,52	1,47	1,3	1,14	1,37
Ansätze aufgrund der VOL											
6. Einheitswert DM/ha	1.110	1.130	1.233	1.240	1.270	1.300	495	548	601	756	779
7. "Steuerlicher" Reinertrag DM/ha	93	94	103	103	106	108	41	46	50	63	65
8. Einheitswert des Betriebes DM	13.431	17.239	22.194	13.144	17.780	21.710	3.762	4.329	3.185	5.670	7.478
9. "Steuerlicher" Reinertrag des Betriebes DM	1.125	1.438	1.854	1.092	1.484	1.804	312	363	265	473	624
10. Lohnansatz für den Betriebsleiter DM	1.300	1.400	1.500	1.300	1.400	1.500	1.200	1.200	1.200	1.200	1.200
11. Lohnansatz für die Ehefrau DM	600	600	600	600	600	600	600	600	600	600	600
12. Betriebsgewinn aufgrund der VOL DM	3.025	3.438	3.954	2.992	3.484	3.904	2.112	2.163	2.065	2.273	2.424
13. Saldo aus Zins- u. Pachteinnahmen sowie -ausgaben DM	- 73[illegible]	- 811	- 2.736	- 1.294	- 462	+ 259	- 228	- 275	- 416	+ 68	- 491
14. Steuerpflichtiger Gewinn aufgrund der VOL DM	2.287	2.627	1.218	1.698	3.022	4.163	1.884	1.888	1.649	2.341	1.933
15. Sonderausgabenpauschbeträge DM	1.272	1.272	1.272	1.272	1.272	1.272	1.272	1.272	1.272	1.272	1.272
16. Landwirtschaftlicher Sonderfreibetrag DM	1.000	1.000	1.000	1.000	1.000	1.000	1.000	1.000	1.000	1.000	1.000
17. Einkommensteuerbemessungsgrundlage DM	15	355	0	0	750	1.861	0	0	0	0	0
17 a. Einkommensteuerschuld DM	0	0	0	0	0	0	0	0	0	0	0
17 b. "Verdeckter" Subventionsbetrag DM	638	1.732	1.982	740	1.390	3.022	0	124	136	0	444
18. ESt-Bemessungsgrundlage bei einem Kind DM	0	0	0	0	0	661	0	0	0	0	0
18 a. ESt-Schuld bei einem Kind DM	0	0	0	0	0	0	0	0	0	0	0
19. ESt-Bemessungsgrundlage bei zwei Kindern DM	0	0	0	0	0	0			0	0	0
19 a. ESt-Schuld bei zwei Kindern DM	0	0	0	0	0	0			0	0	0
20. ESt-Bemessungsgrundlage bei drei Kindern DM					0	0				0	
20 a. ESt-Schuld bei drei Kindern DM					0	0				0	
Ansätze aufgrund des GDL											
21. Hektarsatz DM	100	180	100	100	100	180	100	100	100	50	50
22. "Steuerlicher" Reinertrag des Betriebes DM	1.210	2.754	1.800	1.060	1.400	3.006	760	790	530	375	480
23. Lohnansatz für den Betriebsleiter DM	3.300	3.300	3.300	3.300	3.300	3.300	2.508	2.607	1.749	2.475	3.168
24. Betriebsleiterzuschlag DM	363	459	540	318	420	501	228	237	159	225	288
25. Lohnansatz für die Ehefrau DM	528	528	528	158	0	0	0	0	0	0	0
26. Betriebsgewinn aufgrund des GDL DM	5.401	7.041	6.168	4.836	5.120	6.807	3.496	3.634	2.438	3.075	3.936
27. Saldo aus Zins- u. Pachteinnahmen sowie -ausgaben	- 738	- 869	- 2.728	- 1.274	- 442	+ 187	- 228	- 523	- 461	+ 68	- 482
28. Steuerpflichtiger Gewinn aufgrund des GDL DM	4.663	6.172	3.440	3.562	4.678	6.994	3.296	3.111	1.977	3.143	3.454
29. Sonderausgabenpauschbeträge DM	1.272	1.272	1.272	1.272	1.272	1.272	1.272	1.272	1.272	1.272	1.272
30. Landwirtschaftliche Sonderfreibeträge DM	2.400	2.400	2.400	2.400	2.400	2.400	2.400	2.400	2.400	2.400	2.400
31. Einkommensteuerbemessungsgrundlage DM	991	2.500	0	0	1.006	3.322	0	0	0	0	0
31 a. Einkommensteuerschuld DM	0	0	0	0	0	0	0	0	0	0	0
31 b. "Verdeckter" Subventionsbetrag DM	638	1.732	1.982	740	1.390	3.022	0	124	136	0	444
32. ESt-Bemessungsgrundlage bei einem Kind DM	0	1.300	0	0	0	2.122	0	0	0	0	0
32 a. ESt-Schuld bei einem Kind DM	0	0	0	0	0	0	0		0	0	0
33. ESt-Bemessungsgrundlage bei zwei Kindern DM	0	0	0	0	0	442			0	0	0
33 a. ESt-Schuld bei zwei Kindern DM	0	0	0	0	0	0			0	0	0
34. ESt-Bemessungsgrundlage bei drei Kindern DM					0	0				0	
34 a. ESt-Schuld bei drei Kindern DM					0	0				0	
Ansätze aufgrund des Buchführungsergebnisses											
35. Roheinkommen des Betriebes DM	8.736	15.331	17.946	10.271	12.544	20.257	3.260	5.299	5.878	4.320	7.526
36. Saldo aus Zins- u. Pachteinnahmen sowie -ausgaben DM	- 738	- 1.576	- 2.862	- 1.685	- 588	+ 134	- 228	+ 14	- 504	+ 68	- 518
37. Steuerpflichtiger Gewinn DM	7.998	13.755	15.084	8.586	11.956	20.391	3.032	5.313	5.374	4.388	7.008
38. Sonderausgabenpauschbeträge DM	1.272	1.272	1.272	1.272	1.272	1.272	1.272	1.272	1.272	1.272	1.272
39. Einkommensteuerbemessungsgrundlage DM	6.726	12.483	13.812	7.314	10.684	19.119	1.760	4.041	4.102	3.116	5.736
39 a. Einkommensteuerschuld DM	638	1.732	1.982	740	1.390	3.022	0	124	136	0	444
40. ESt-Bemessungsgrundlage bei einem Kind DM	5.526	11.283	12.612	6.114	9.484	17.919	560	2.841	2.902	1.916	4.536
40 a. ESt-Schuld bei einem Kind DM	410	1.504	1.754	512	1.162	2.772	0	0	0	0	216
41. ESt-Bemessungsgrundlage bei zwei Kindern DM	3.846	9.603	10.932	4.434	7.804	16.239		1.161	1.222	236	2.856
41 a. ESt-Schuld bei zwei Kindern DM	90	1.184	1.436	192	842	2.440		0	0	0	0
42. ESt-Bemessungsgrundlage bei drei Kindern DM					6.004	14.439				0	
42 a. ESt-Schuld bei drei Kindern DM					500	2.096				0	

Tabelle 19 a (Fortsetzung)

	68	69	70	71	72	73	74	75	76	77	78	79	80	81	82	83
	F I	F I	GH	GF	GK	GF	HG II	F I	F I	GH	F I	GF	GH	GH	GH	HG
	13,61	17,0	13,6	19,0	15,1	16,47	10,72	10,8	18,07	18,21	16,25	19,0	15,7	16,75	14,1	11,08
	0,0	1,5	3,0	0,0	0,0	0,67	0,0	0,8	0,0	0,81	1,00	0,0	2,0	4,18	0,5	2,55
	21.858	27.863	27.812	26.942	28.464	26.319	22.898	13.921	34.207	36.529	38.578	43.244	21.148	19.380	19.303	19.235
	1,66	1,17	1,40	1,31	1,42	1,61	1,31	1,41	1,25	1,62	1,45	1,14	1,30	1,22	1,13	1,45
	491	503	510	514	537	580	625	631	679	690	680	703	740	794	810	839
	41	42	43	43	45	48	52	53	57	58	57	59	62	65	68	70
	6.683	8.551	6.936	9.766	8.109	9.553	6.700	6.815	12.270	12.565	11.050	13.357	11.618	13.300	11.421	9.296
	558	714	585	817	680	791	557	572	1.030	1.056	926	1.121	973	1.089	959	776
	1.200	1.200	1.200	1.200	1.200	1.200	1.200	1.200	1.300	1.300	1.300	1.300	1.300	1.300	1.300	1.200
	600	600	600	600	600	600	600	600	600	600	600	600	600	600	600	600
	2.358	2.514	2.385	2.617	2.480	2.591	2.357	2.372	2.930	2.956	2.826	3.021	2.873	2.989	2.859	2.576
	- 626	- 386	- 102	- 413	+ 76	- 1.861	+ 172	- 96	- 1.988	- 83	- 1.032	- 323	- 1.124	- 1.340	- 415	- 609
	1.732	2.128	2.283	2.204	2.556	730	2.529	2.276	942	2.873	1.734	2.698	1.749	1.649	2.444	1.967
	1.272	1.272	1.272	1.272	1.272	1.272	1.272	1.272	1.272	1.272	1.272	1.272	1.272	1.272	1.272	1.272
	1.000	1.000	1.000	1.000	1.000	1.000	1.000	1.000	1.000	1.000	1.000	1.000	1.000	1.000	1.000	1.000
	0	0	11	0	248	0	257	4	0	601	0	426	0	0	172	0
	0	0	0	0	0	0	0	0	0	0	0	0	0	0	0	0
	262	1.824	1.298	956	1.424	706	1.356	592	614	2.544	2.508	2.086	204	68	1.060	718
		0	0	0	0		0	0	0		0	0	0	0	0	0
		0	0	0	0		0	0	0		0	0	0	0	0	0
		0	0	0			0		0			0	0	0	0	
		0	0	0			0		0			0	0	0	0	
		0										0		0	0	
		0										0		0	0	
0	100	100	100	50	100	50	180	100	100	100	100	50	100	100	100	180
3	1.361	1.700	1.360	950	1.510	824	1.930	1.080	1.807	1.821	1.625	950	1.570	1.675	1.410	1.994
0	3.300	3.300	3.300	3.300	3.300	3.300	3.300	3.300	3.300	3.300	3.300	3.300	3.300	3.300	3.300	3.300
4	408	510	408	570	453	494	322	324	542	546	488	570	471	503	423	332
3	953	0	960	528	1.056	1.584	190	211	528	1.584	1.584	0	528	0	0	285
0	6.022	5.510	6.028	5.348	6.319	6.202	5.742	4.915	6.177	7.251	6.997	4.820	5.869	5.478	5.133	5.991
0	- 626	- 473	- 231	- 437	+ 76	- 1.861	+ 172	- 119	- 1.988	- 117	- 1.056	- 323	- 1.330	- 1.340	- 431	- 609
0	5.396	5.037	5.797	4.911	6.395	4.341	5.914	4.796	4.189	7.134	5.941	4.497	4.539	4.138	4.702	5.382
2	1.272	1.272	1.272	1.272	1.272	1.272	1.272	1.272	1.272	1.272	1.272	1.272	1.272	1.272	1.272	1.272
0	2.400	2.400	2.400	2.400	2.400	2.400	2.400	2.400	2.400	2.400	2.400	2.400	2.400	2.400	2.400	2.400
8	1.724	1.365	2.125	1.239	2.723	669	2.242	1.124	517	3.462	2.269	825	867	466	1.030	1.710
0	0	0	0	0	0	0	0	0	0	10	0	0	0	0	0	0
0	262	1.824	1.298	956	1.424	706	1.356	592	614	2.534	2.508	2.086	204	68	1.060	718
0		165	925	39	1.523		1.042	0	0		1.069	0	0	0	0	210
0		0	0	0	0		0	0	0		0	0	0	0	0	0
0		0	0	0			0		0			0	0	0	0	
0		0	0	0			0		0			0	0	0	0	
		0										0		0	0	
		0										0		0	0	
81	6.683	14.790	11.737	10.146	12.065	10.244	11.640	7.895	9.884	18.192	18.931	15.960	7.144	6.365	11.322	9.030
80	- 626	- 510	- 231	- 437	+ 76	- 1.861	+ 172	- 119	- 1.988	- 130	- 1.056	- 323	- 1.429	- 1.340	- 1.114	- 609
01	6.057	14.280	11.506	9.709	12.141	8.383	11.812	7.776	7.896	18.062	17.875	15.637	5.715	5.025	10.208	8.421
72	1.272	1.272	1.272	1.272	1.272	1.272	1.272	1.272	1.272	1.272	1.272	1.272	1.272	1.272	1.272	1.272
29	4.785	13.008	10.234	8.437	10.868	7.111	10.540	6.506	6.624	16.790	16.603	14.365	4.443	3.753	9.008	7.149
00	262	1.824	1.298	956	1.424	706	1.356	592	614	2.544	2.508	2.086	204	68	1.060	718
29		11.808	9.034	7.237	9.668		9.340	5.306	5.424		15.403	13.165	3.243	2.553	7.808	5.949
72		1.596	1.070	728	1.196		1.128	364	386		2.280	1.858	0	0	842	490
49		10.128	7.354	5.557			7.660		3.744			11.485	1.563	873	6.128	
0		1.276	752	410			808		68			1.538	0	0	524	
		9.328										9.685		0	4.328	
		1.128										1.196		0	182	

Tabelle online abrufbar unter: https://www.duncker-humblot.de/9783428023004_Tabelle_3

1. Laufende Nummer des Betriebes	1	2	3	4	5	6	7	8	9	10	11	
Beschreibung des Betriebes												
2. Bodennutzungssystem	GH	GH	GH	GH	HG II	HG II	HG II	GH	HG II	GH	GH	BG
3. Betriebsgröße ha LN	20,20	45,58	25,33	32,50	20,71	22,00	38,14	28,60	27,55	46,1	34,10	2
3 a. Pachtfläche ha	4,60	0,2	1,25	1,00	0,0	8,70	5,0	15,47	27,19	12,5	14,13	
4. Umsatz des Betr. (einschl. Eigenverbr.) DM	44.359	119.648	48.988	60.333	53.473	52.976	90.926	55.541	51.794	115.619	68.507	62
5. Einsatz von Familienarbeitskräften (gemessen in Voll-AK)	1,58	1,28	1,52	1,30	1,39	1,45	1,60	1,60	1,60	1,62	1,26	
Ansätze "in Anlehnung an" die VOL												
6. Einheitswert DM/ha	1.234	1.283	1.349	1.470	1.630	1.678	1.686	1.693	1.764	1.870	1.916	2
7. "Steuerlicher" Reinertrag DM/ha	309	341	312	368	408	420	422	423	441	465	479	
8. Einheitswert des Betriebes DM	24.927	58.479	34.170	47.775	33.757	36.916	64.304	48.420	48.598	86.207	65.336	52
9. "Steuerlicher" Reinertrag des Betriebes DM	6.242	14.620	8.543	11.944	8.439	9.229	16.076	12.105	12.150	21.552	16.336	13
10. Lohnansatz für den Betriebsleiter DM	1.500	2.050	1.700	1.900	1.700	1.800	2.125	1.900	1.900	2.600	2.200	1
11. Lohnansatz für die Ehefrau DM	600	600	600	600	600	600	600	600	600	600	600	
12. Betriebsgewinn "in Anlehnung an" die VOL DM	8.342	17.270	10.843	14.440	10.739	11.629	18.801	14.605	14.650	24.752	19.134	15
13. Saldo aus Zins- u. Pachteinnahmen sowie -ausgaben DM	- 2.040	- 2.735	- 3.698	- 845	- 1.470	- 2.596	- 1.754	- 2.574	- 4.931	- 5.348	- 9.923	+ 1
14. Steuerpflichtiger Gewinn "in Anlehnung an" die VOL DM	6.302	14.535	7.145	13.595	9.269	9.033	17.047	12.031	9.719	19.404	9.211	16
15. Sonderausgabenpauschbeträge DM	1.272	1.272	1.272	1.272	1.272	1.272	1.272	1.272	1.272	1.272	1.272	1
17. Einkommensteuerbemessungsgrundlage DM	5.030	13.263	5.873	12.323	7.997	7.761	15.775	10.759	8.447	18.132	7.939	14
17 a. Einkommensteuerschuld DM	306	1.880	466	1.698	876	832	2.348	1.402	956	2.822	866	2
17 b. "Verdeckter" Subventionsbetrag DM	696	3.730	582	626	1.220	- 832	- 356	2.812	- 956	414	466	-
18. ESt-Bemessungsgrundlage bei einem Kind DM		12.063	4.673	11.123		6.561				16.932	6.739	13
18 a. ESt-Schuld bei einem Kind DM		1.652	238	1.470		604				2.580	638	1
19. ESt-Bemessungsgrundlage bei zwei Kindern DM		10.383		9.443							5.059	11
19 a. ESt-Schuld bei zwei Kindern DM		1.332		1.150								1
20. ESt-Bemessungsgrundlage bei drei Kindern DM												10
20 a. ESt-Schuld bei drei Kindern DM												1
Ansätze aufgrund des GDL												
21. Hektarsatz DM	100	100	100	100	180	180	180	100	180	100	100	
22. "Steuerlicher" Reinertrag des Betriebes DM	2.020	4.558	2.533	3.250	3.728	3.960	6.865	2.860	4.959	4.610	3.410	4
23. Lohnansatz für den Betriebsleiter	3.300	3.300	3.300	3.300	3.300	3.300	3.300	3.300	3.300	3.300	3.300	3
24. Betriebsleiterzuschlag DM	606	1.367	760	975	621	660	1.144	858	827	1.383	1.023	
25. Lohnansatz für die Ehefrau DM	1.586	528	1.056	528	1.584	1.056	1.584	1.584	1.584	1.056	528	
26. Betriebsgewinn aufgrund des GDL DM	7.512	9.753	7.649	8.053	9.223	8.976	12.393	8.602	10.670	10.349	8.261	8
27. Saldo aus Zins- u. Pachteinnahmen sowie -ausgaben DM	- 1.712	- 2.709	- 3.519	- 653	- 1.470	- 2.596	- 671	- 1.461	- 4.869	- 3.786	- 8.608	+ 1
28. Steuerpflichtiger Gewinn aufgrund des GDL DM	5.800	7.044	4.130	7.400	7.763	6.380	12.222	7.141	5.801	6.563	- 347	9
29. Sonderausgabenpauschbeträge DM	1.272	1.272	1.272	1.272	1.272	1.272	1.272	1.272	1.272	1.272		1
30. Landwirtschaftliche Sonderfreibeträge DM	2.400	2.400	2.400	2.400	2.400	2.400	2.400	2.400	2.400	2.400		2
31. Einkommensteuerbemessungsgrundlage DM	2.128	3.372	458	3.728	4.091	2.708	8.550	3.469	2.129	2.891		5
31 a. Einkommensteuerschuld DM	0	0	0	68	136	0	980	10	0	0		
31 b. "Verdeckter" Subventionsbetrag DM	1.002	5.610	1.048	2.256	1.960	0	992	4.194	0	2.200	1.332	1
32. ESt-Bemessungsgrundlage bei einem Kind		2.172	0	2.336		1.508				1.691		4
32 a. ESt-Schuld DM bei einem Kind		0	0	0		0				0		
33. ESt-Bemessungsgrundlage bei zwei Kindern DM		492		656								3
33 a. ESt-Schuld bei zwei Kindern DM		0		0								
34. ESt-Bemessungsgrundlage bei drei Kindern DM												1
34 a. ESt-Schuld bei drei Kindern DM												
Ansätze aufgrund des Buchführungsergebnisses												
35. Roheinkommen des Betriebes DM	11.958	33.501	13.856	17.745	17.148	- 8.976	16.782	28.028	7.521	21.575	21.619	12
36. Saldo aus Zins- und Pachteinnahmen sowie -ausgaben DM	- 2.040	- 2.735	- 3.698	- 845	- 1.470	- 2.596	- 1.754	- 2.574	- 4.931	- 5.348	- 9.923	+ 1
37. Steuerpflichtiger Gewinn DM	9.918	30.766	10.158	16.900	15.678	- 11.572	15.028	25.454	2.590	16.227	11.696	13
38. Sonderausgabenpauschbeträge DM	1.272	1.272	1.272	1.272	1.272		1.272	1.272	1.272	1.272	1.272	1
39. Einkommensteuerbemessungsgrundlage DM	8.646	29.494	8.886	15.628	14.406		13.756	24.182	1.318	14.955	10.424	12
39 a. Einkommensteuerschuld DM	1.002	5.610	1.048	2.324	2.096		1.972	4.204	0	2.200	1.332	1
40. ESt-Bemessungsgrundlage bei einem Kind DM		28.294	7.686	14.428						13.755	9.224	10
40 a. ESt-Schuld bei einem Kind DM		5.274	820	2.096						1.972	1.104	1
41. ESt-Bemessungsgrundlage bei zwei Kindern DM		26.614		12.748							7.544	9
41 a. ESt-Schuld bei zwei Kindern DM		4.820		1.778							786	1
42. ESt-Bemessungsgrundlage bei drei Kindern DM												7
42 a. ESt-Schuld bei drei Kindern DM												

14	15	16	17	18	19	20	21	22	23	24
GH	GF	GF	GH	GF	GF	GH	GH	GH	GF	HG II
40,10	29,2	44,4	25,8	42,5	25,7	49,6	34,3	35,3	35,0	36,9
10,0	29,2	44,4	0,5	3,0	0,0	0,0	0,0	0,7	2,0	0,0
85.253	56.473	73.970	86.713	88.188	25.186	145.373	74.300	72.133	127.215	93.158
1,56	1,37	1,64	1,57	1,45	1,49	1,29	1,27	1,62	1,23	1,29
2.165	824	866	869	881	911	1,015	1.132	1.304	1.350	1,414
541	206	217	217	220	128	254	283	326	338	354
86.817	24,061	38.450	22.420	37.443	23.413	50.344	38.827	46.031	47.250	52.177
21.704	6.015	9.613	5.605	9.361	5.853	12.586	9.707	11.508	11.813	13.066
2.600	1.400	1.800	1.500	1,800	1,500	1.975	1,800	1,900	1.900	1.975
600	600	600	600	600	600	600	600	600	600	600
24,904	8.015	12,013	7.705	11,761	7.953	15.161	12.107	14.008	14.313	15.641
- 3.729	- 1.343	- 9.413	- 439	- 1.170	- 951	- 1.392	- 517	- 2.612	- 6.101	+ 554
21.175	6.672	2.600	7.266	10.591	7.002	13.769	11.590	11.396	8.212	16.195
1,272	1.272	1.272	1.272	1.272	1.272	1.272	1.272	1.272	1.272	1.272
19.903	5.400	1.328	5.994	9.319	5.730	12.497	10.318	10.124	6.940	14.923
3.190	386	0	490	1.128	444	1.732	1.310	1.276	672	2.188
- 1.070	1.894	1.026	2.160	3.900	- 444	3.200	3.198	- 1.004	- 107	1.678
18.703	4.200			8,116	4.530	11.297	9.118		5.681	13.723
2.934	158			900	216	1.504	1.082		432	1.960
						9.617	7.438		4.001	12.043
						1.184	762		114	1.640
100	50	50	100	50	50	100	100	100	50	180
4.010	1.460	2.220	2.580	2.125	1.285	4.960	3.430	3.530	1.750	6,042
3.300	3.300	3.300	3.300	3.300	3.300	3.300	3.300	3.300	3.300	3.300
1.230	876	1.332	774	1.275	771	1.488	1,029	1.059	1.050	1.107
1.056	1.056	1.584	1.584	1.056	1,056	528	528	1.584	528	528
9.596	6.692	8.436	8.238	7.756	6,412	10.276	8.287	9.473	6.628	10.977
- 1.642	- 1.343	- 6.749	- 385	- 660	- 951	- 1.392	- 517	- 2.506	- 5.525	+ 554
7.954	5.349	1.687	7.853	7.096	5.461	8.884	7.770	6.967	1.103	11.531
1.272	1.272	1.272	1.272	1.272	1.272	1.272	1.272	1.272	1.272	1.272
2.400	2.400	2.400	2.400	2.400	2.400	2.400	2.400	2.400	2.400	2.400
4.282	1.677	0	4.181	3.424	1.789	5.212	4.098	3.295	0	7.859
170	0	0	148	10	0	342	136	0	0	842
1.950	2.280	1.026	2.502	5.018	0	4.590	4.372	272	570	3.024
995	477			2.224	589	4.012	2.898		0	6.659
0	0			0	0	124	0		0	614
						2.332	1,218		0	4.979
						0	0		0	296
19.529	18.016	19.447	19.015	30.643	5.409	29.721	27.200	8.719	13.825	23.542
- 3.729	- 1.343	- 9.413	- 439	- 1.360	- 951	- 1.392	- 517	- 2.612	- 6.160	+ 554
15.800	16.673	10.034	18.576	29.283	4.458	28.329	26.683	6.107	7.665	24.096
1.272	1.272	1.272	1.272	1.272	1.272	1.272	1.272	1.272	1.272	1.272
14.528	15.041	8.762	17.304	28.011	3.186	27.057	25.411	4.835	6.393	22.824
2.120	2.280	1.026	2.650	5.028	0	4.932	4.503	272	570	3.866
13.328	14.201			26.811	1.986	25.857	24.211		3.193	21.624
1.892	2.052			4.868	0	4.616	4.204		342	3.582
						24.177	22.531		3.513	19.944
						4.188	3.794		22	3.204

Tabelle 19 b:
Vergleich der Einkommensteuerschuld aufgrund der Durchschnittsatzgewinne und nach Maßgabe des Ergebnisses der Buchführungsstatistik bei 51 Betrieben mit einer Fläche von mehr als 20 Hektar

Quelle:
Cf. Quellenangabe zu Tabelle 19 a

Tabelle online abrufbar unter: https://www.duncker-humblot.de/9783428023004_Tabelle_4

1. Laufende Nummer des Betriebes	25	26	27	28	29	30	31	32	33	34	35
Beschreibung des Betriebes											
2. Bodennutzungssystem	GH	GH	GH	GF	HG II	GH	GF	GH	GH	GF	GF
3. Betriebsgröße ha LN	21,4	38,0	38,9	29,9	24,9	26,8	21,9	27,8	28,8	40,0	40,0
3 a. Pachtfläche ha	0,0	0,0	0,0	0,0	0,0	0,0	2,9	0,0	0,0	0,0	0,0
4. Umsatz des Betr. (einschl. Eigenverbr.) DM	46.738	71.794	97.561	62.431	59.262	57.352	58.451	60.854	68.083	82.200	77.000
5. Einsatz von Familienarbeitskräften (gemessen in Voll-AK)	1,28	1,37	1,63	1,41	1,39	1,29	1,29	1,28	1,30	1,60	1,60
Ansätze "in Anlehnung an" die VOL											
6. Einheitswert DM/ha	1.420	1.530	1.580	1.588	1.600	1.750	1.768	994	1.225	1.415	1.421
7. "Steuerlicher" Reinertrag DM/ha	355	383	395	397	400	438	442	249	306	356	355
8. Einheitswert des Betriebes DM	30.388	58.140	61.462	47.481	39.840	46.900	38.719	27.633	35.280	56.600	56.840
9. "Steuerlicher" Reinertrag des Betriebes DM	7.597	14.540	15.366	11.870	9.960	11.725	9.680	6.909	8.820	14.150	14.210
10. Lohnansatz für den Betriebsleiter DM	1.700	2.050	2.125	1.900	1.800	1.900	1.800	1.600	1.800	2.050	2.050
11. Lohnansatz für die Ehefrau DM	600	600	600	600	600	600	600	600	600	600	600
12. Betriebsgewinn "in Anlehnung an" die VOL DM	9.897	17.190	18.091	14.370	12.360	14.225	12.080	9.409	11.220	16.800	16.860
13. Saldo aus Zins- u. Pachteinnahmen sowie -ausgaben DM	- 471	- 3.154	- 2.295	- 757	- 1.494	- 54	- 745	- 278	- 547	- 160	- 600
14. Steuerpflichtiger Gewinn "in Anlehnung an" die VOL DM	9.426	14.036	15.796	13.613	10.866	14.171	11.335	9.131	10.673	16.640	16.260
15. Sonderausgabenpauschbeträge DM	1.272	1.272	1.272	1.272	1.272	1.272	1.272	1.272	1.272	1.272	1.272
17. Einkommensteuerbemessungsgrundlage DM	8.154	12.764	14.524	12.341	9.594	12.899	10.063	7.859	9.401	15.368	14.988
17 a. Einkommensteuerschuld DM	900	1.778	2.130	1.698	1.174	1.800	1.264	842	1.140	2.280	2.200
17 b. "Verdeckter" Subventionsbetrag DM	900	- 1.778	424	194	- 822	1.390	2.006	3.212	3.712	3.074	4.122
18. ESt-Bemessungsgrundlage bei einem Kind DM	6.954	11.564		11.141	8.394	11.699	8.862	6.659	8.201		
18 a. ESt-Schuld bei einem Kind DM	672	1.550		1.470	946	1.572	1.036	614	912		
19. ESt-Bemessungsgrundlage bei zwei Kindern DM	5.274					10.019	7.183	4.979	6.521		
19 a. ESt-Schuld bei zwei Kindern DM	352					1.254	718	296	592		
20. ESt-Bemessungsgrundlage bei drei Kindern DM											
20 a. ESt-Schuld bei drei Kindern DM											
Ansätze aufgrund des GDL											
21. Hektarsatz DM	100	100	100	50	180	100	50	100	100	50	50
22. "Steuerlicher" Reinertrag des Betriebes DM	2.140	3.800	3.890	1.495	4.482	2.680	1.095	2.780	2.880	2.000	2.000
23. Lohnansatz für den Betriebsleiter	3.300	3.300	3.300	3.300	3.300	3.300	3.300	3.300	3.300	3.300	3.300
24. Betriebsleiterzuschlag DM	642	1.140	1.167	897	747	804	657	834	864	1.200	1.200
25. Lohnansatz für die Ehefrau DM	528	528	1.584	1.056	1.056	528	528	528	528	1.584	1.584
26. Betriebsgewinn aufgrund des GDL DM	6.610	8.768	9.941	6.748	9.585	7.312	5.580	7.442	7.532	8.084	8.084
27. Saldo aus Zins- u. Pachteinnahmen sowie -ausgaben DM	- 471	- 3.154	- 2.295	- 757	- 1.494	- 54	- 474	- 278	- 547	- 160	- 600
28. Steuerpflichtiger Gewinn aufgrund des GDL DM	6.139	5.614	7.646	5.981	8.091	7.258	5.106	7.164	7.025	7.924	7.484
29. Sonderausgabenpauschbeträge DM	1.272	1.272	1.272	1.272	1.272	1.272	1.272	1.272	1.272	1.272	1.272
30. Landwirtschaftliche Sonderfreibeträge DM	2.400	2.400	2.400	2.400	2.400	2.400	2.400	2.400	2.400	2.400	2.400
31. Einkommensteuerbemessungsgrundlage DM	2.467	1.942	3.974	2.319	4.419	3.586	1.434	3.432	3.353	4.252	3.812
31 a. Einkommensteuerschuld DM	0	0	114	0	192	44	0	22	0	158	78
31 b. "Verdeckter" Subventionsbetrag DM	1.800	0	2.430	1.892	160	3.146	3.270	4.032	4.852	7.196	6.244
32. ESt-Bemessungsgrundlage bei einem Kind	1.267	742		1.119	3.219	2.386	234	2.292	2.152		
32 a. ESt-Schuld DM bei einem Kind	0	0		0	0	0	0	0	0		
33. ESt-Bemessungsgrundlage bei zwei Kindern DM	0					706	0	612	473		
33 a. ESt-Schuld bei zwei Kindern DM	0					0	0	0	0		
34. ESt-Bemessungsgrundlage bei drei Kindern DM											
34 a. ESt-Schuld bei drei Kindern DM											
Ansätze aufgrund des Buchführungsergebnisses											
35. Roheinkommen des Betriebes DM	14.595	6.384	20.345	15.369	7.992	21.199	22.272	25.187	28.570	36.760	33.840
36. Saldo aus Zins- und Pachteinnahmen sowie -ausgaben DM	- 471	- 3.154	- 2.295	- 757	- 1.494	- 54	- 745	- 278	- 547	- 160	- 600
37. Steuerpflichtiger Gewinn DM	14.124	3.230	18.050	14.612	6.498	21.145	21.527	24.909	28.023	36.600	33.240
38. Sonderausgabenpauschbeträge DM	1.272	1.272	1.272	1.272	1.272	1.272	1.272	1.272	1.272	1.272	1.272
39. Einkommensteuerbemessungsgrundlage DM	12.852	1.958	16.778	13.340	5.226	19.873	20.255	23.637	26.751	35.328	31.968
39 a. Einkommensteuerschuld DM	1.800	0	2.544	1.892	352	3.190	3.270	4.054	4.852	7.354	6.322
40. ESt-Bemessungsgrundlage bei einem Kind DM	11.652	758		12.140	4.026	18.673	19.055	22.437	25.552		
40 a. ESt-Schuld bei einem Kind DM	1.572	0		1.664	124	2.934	3.010	3.766	4.538		
41. ESt-Bemessungsgrundlage bei zwei Kindern DM	9.972					16.993	17.375	20.757	23.871		
41 a. ESt-Schuld bei zwei Kindern DM	1.254					2.590	2.662	3.378	4.114		
42. ESt-Bemessungsgrundlage bei drei Kindern DM											
42 a. ESt-Schuld bei drei Kindern DM											

Tabelle 19 b (Fortsetzung)

	38	39	40	41	42	43	44	45	46	47	48	49	50	51
	GF	GH	GF	HG II	GF	HG I	GH	HG II	HG II	HG I	HG II	HG II	GF	HG II
	34,5	32,84	32,84	33,34	34,5	27,0	29,5	49,5	49,9	38,[illegible]	35,4	43,69	33,69	42,0
	2,0	0,0	0,0	0,0	0,0	0,0	25,0	9,0	0,0	3,2	23,2	24,19	19,85	42,0
66	72.657	66.008	65.943	86.151	75.348	83.106	87.674	155.925	157.734	115.403	106.271	100.094	88.739	110.208
	1,28	1,44	1,44	1,27	1,45	1,46	1,39	1,19	1,45	1,43	1,10	1,09	1,52	1,47
33	1.493	1.717	1.717	1.722	1.865	2.035	983	2.041	2.192	2.646	2.750	2.854	1.200	1.671
58	376	429	429	430	466	509	243	510	548	662	688	713	300	418
87	51.509	56.386	56.386	57.411	64.343	54.945	28.999	101,030	107.408	102.136	97.350	124.691	40.428	70.182
97	12.877	14.097	14.097	14.353	16.086	13.736	7.250	25.260	26.852	25.594	24.332	31.175	10.107	17.546
60	1.975	2.050	2.050	2.050	2.125	1.975	1.600	2,800	2.800	2.800	2.800	2.800	1.800	2.300
00	600	600	600	600	600	600	600	600	600	600	600	600	600	600
47	15.452	16.747	16.747	17.003	18.811	16.311	9.450	28.660	30.252	28.934	27.732	34.573	12.507	20.446
67	- 1.208	- 131	- 460	- 133	- 69	- 216	- 4.042	- 5.990	- 7.350	- 892	- 8.815	- 5.767	- 2.965	- 5.586
90	14.244	16.616	16.287	16.870	18.742	16.095	5.408	22,670	22.902	28.042	18.917	28.806	9.342	14.860
72	1.272	1.272	1.272	1.272	1.272	1.272	1.272	1.272	1.272	1.272	1.272	1.272	1.272	1.272
18	12.972	15.344	15.015	15.598	17.470	14.823	4.136	21.398	21,630	26.770	17.645	27.534	8.270	13.588
70	1.824	2,268	2.210	2.314	2.686	2.176	136	3.528	3.582	4.868	2.722	5.062	922	1.938
74	2.8[illegible]	1.028	624	4.044	2.294	1.448	2.836	- 2.002	- 1.576	4.120	4.726	666	8.086	3.058
18	11.772	14.144	13.815	14.398	16.270	13.623	2.936	20.198	20.430	25.570	16.445	26.334	7.070	12.388
42	1.596	2.080	1.982	2.086	2.450	1.948	0	3.258	3.310	4.554	2.486	4.742	694	1.710
	10.092			12.718				18.518			14.765	24.654		
	1.276			1.766				2.896			2.166	4.308		
											12.965	22.854		
											1.824	3.866		
80	50	100	50	180	50	180	100	540	540	720	540	540	50	540
74	1.725	3.284	1.642	6,001	1.725	4.860	2.950	26.730	26.460	27.792	19.116	23.593	1.685	22.680
00	3.300	3.300	3.300	3.300	3.300	3.300	3.300	3.300	3,300	3.300	3.300	3.300	3.300	3.300
79	1.035	985	985	1.000	1.035	810	885	1.485	1.497	1.158	1.062	1.311	1.011	1.260
56	528	1.056	1.056	528	1.056	1.056	1.056	0	1.056	1.056	0	0	1.056	1.056
09	6.588	8.625	6.983	10.829	7.116	10.026	8.191	31.515	32.313	33.306	23.478	28.204	7.052	28.296
57	- 721	- 131	- 460	- 133	- 69	- 216	- 4.042	- 5.990	- 7.350	- 892	- 8.815	- 5.767	- 2.576	- 5.586
52	5.867	8.494	6.523	10.696	7.047	9.810	4.149	25.525	24.963	32.414	14.663	22.437	4.476	22.710
72	1.272	1.272	1.272	1.272	1.272	1.272	1.272	1.272	1.272	1.272	1.272	1.272	1.272	1.272
00	2.400	2.400	2.400	2.400	2.400	2.400	2.400	2.400	2.400	2.400	2.400	2.400	2.400	2.400
80	2.195	4.822	2.851	7.024	3.375	6.138	477	21.853	21.291	28.742	10.991	18.765	804	19.038
46	0	272	0	694	0	524	0	3.638	3.500	5.408	1.446	2.946	0	3.010
98	4.632	3.024	2.834	5.664	4.980	3.100	2.972	- 2.112	- 1.494	3.580	6.002	2.782	9.008	1.986
90	1.343	3.622	1.651	5.824	2.175	4.938	0	20.653	20.091	27.542	9.791	17.565	0	17.838
18	0	44	0	466	0	296	0	3.364	3.230	5.078	1.218	2.698	0	2.760
	0			4.144				18.973			8.111	15.885		
	0			148				2.996			900	2.370		
											6.311	14.085		
											558	2.028		
06	28.359	21.773	19.967	33.473	28.532	23.274	24.161	18.662	22.589	42.454	45.701	36.962	44.572	34.104
57	- 4.208	- 131	- 460	- 133	- 69	- 216	- 4.042	- 5.990	- 7.350	- 892	- 8.815	- 5.767	- 2.965	- 5.586
49	27.151	21.642	19.507	33.340	28.463	23.058	20.119	12.672	15.239	41.562	36.886	31.195	41.607	28.518
72	1.272	1.272	1.272	1.272	1.272	1.272	1.272	1.272	1.272	1.272	1.272	1.272	1.272	1.272
77	25.879	20.370	18.235	32.068	27.191	21.786	18.847	11.400	13.967	40.290	35.614	29.905	40.335	27.246
44	4.632	3.296	2.834	6.358	4.980	3.624	2.972	1.526	2,006	8.988	7.448	5.728	9.008	4.996
77	24.679	19.170	17.035	30.868	25.991	20.586	17.647	10.200	12.767	39.090	34.414	28.723	39.135	26.046
14	4.324	3.036	2.590	6.006	4.662	3.350	2.722	1.298	1.778	8.584	7.072	5.390	8.604	4.678
	22.999			29.188				8.520			32.734	27.043		
	3.910			5.524				980			6.556	4.932		
											30.934	25.243		
											6.022	4.446		

Tabelle online abrufbar unter: https://www.duncker-humblot.de/9783428023004_Tabelle_5

FSC
www.fsc.org
MIX
Papier | Fördert gute Waldnutzung
FSC® C083411

Kolibri 360 GmbH
Ferdinand-Jühlke-Straße 7
99095 Erfurt, Deutschland
produktsicherheit@kolibri360.de

Druck:
CPI Druckdienstleistungen GmbH
im Auftrag der
Kolibri 360 GmbH
Ferdinand-Jühlke-Str. 7
99095 Erfurt